KB071064

# 애국가는 없다

## 1 노랫말

## 일러두기

- 본문 속 '삼천 리', 혹은 '3천 리'는 형벌용어를 나타내는 '삼천리 유배형'의 경우 붙여서 사용합니다.
- '무궁화 삼천리'와 같이 애국가 가사 속에 고정된 형태의 '삼천리' 역시 붙여서 사용합니다.

# 애국가는 없다

## 1 노랫말

───── 강효백

" 애국가에 숨은 친일코드 "

친일과 왜색으로 위장된
애국가의 민낯을 모조리 파헤친
국가(國歌) 바로 세우기 프로젝트!

지식공감

모든 진실은 세 가지 단계를 밟는다.

1. 조롱당한다.
2. 격렬한 저항을 받는다.
3. 명백한 것으로 받아들인다.

··· A. 쇼펜하우어

애국가는 음악만이 아니다.
애국가는 한 나라의 지(知)와 정(情),
정치·경제·사회·문화, 과거·현재·미래가
농축된 최고 결정체이다.

백두산의 웅장한 정기를 타고 삼면 바다의 반도 나라로 대
양을 내다보고서 멀리 나아가려는 기상과 동방의 새 문명의
창조자로 이상을 강조하는 가사를 제정하자.

··· 최현배 한글학회장

애국가의 가장 큰 문제점은 우리나라 국토가 만주까지라는 것을 강조해야 함에도 '무궁화 삼천리'로 영토를 한정시켜 일제의 반도 사관과 흡사하다는 것이다.

··· 안호상 초대 문교부 장관

우리는 이제 새로운 애국가, 우리만 즐겨 부르는 애국가, 진짜 해방으로서 통일을 일구어낼 노래를 하나 새로 만들어야만 한다.

··· 백기완 통일문제연구소장

변화된 시대정신이 담기고 애국심과 자긍심을 불러일으킬 수 있는 '새로운 국가(國歌)제정'을 위한 국민적 공감대를 광복회가 조성해 나가겠다.

··· 김원웅 광복회장

## 목차

# 민족 만대에 전할
# 국가 제정의 계기가 되길…

우리는 3·1혁명과 대한민국임시정부 수립 100주년을 넘기고, 새로운 100년을 시작하고 있다. 빼앗긴 나라를 되찾은 건국을 통해 민주공화제의 뿌리를 내리고, 경제 발전과 세계화로서 선진국의 대열에 당당하게 진입했다. 아직도 분단체제가 지속되고, 경제적 양극화가 심하며, 민주화의 중간지점에서 방종이 활개 치는 등 해결해야 할 과제가 산적해 있지만, 우리 국민은 힘차게 전진하여 오늘에 이르렀다.

우리는 지난 100년의 성과를 바탕으로, 늦었지만 그동안 내재된 모순과 일제 잔재를 청산하고 새로운 시대를 열어야 할 때가 되었다. 독립운동·한국전쟁·경제건설·민주화의 숨가쁜 도정에서 왜곡되거나 가치 전도된 분야가 없지 않았다. 알고도 바꾸지 못한 경우도 있었다.

이제 세계사적으로 선진 문명을 주도해야 하는 대한민국이 정신·사상·문화적 측면에서 몇 가지 바로잡아야 할 과제가 제시된다. '국가의 상징'에 관한 재인식과 평가가 그것이다.

근대국가들은 어느 나라를 막론하고 국가·국기·국립묘소·국화 등을 통해 나라의 상징으로 삼는다. 우리의 경우 국가는 제정되지 않고 〈애국가〉가 그 자리를 대신해왔다. 오래전부터 애국가의 작사자와 작곡자를 둘러싸고 논란이 일어왔다. 특히 작곡자 안익태의 친일·친나치 행적이 드러나면서 국민의 자존심을 크게 뒤집어 놓았다. 애국가의 가사에도 퇴행성이 지적돼왔다. 최근에는 일본군 장교 출신들의 국립묘소 안장과 관련 분노·개탄하는 국민이 적지 않았다.

이런 시점에 강효백 교수의 애국가 속에 숨은 친일 코드의 출간은 시의적절하다. 시류에 좇아 날림으로 펴낸 책이 아니라 긴 세월 온축된 학구의 결실이라 더욱 값지고 의미깊다. 애국가에 관한 많은 자료를 수집하고 이를 엄정하게 비판하면서 대안을 제시하는 학자의 모습을 보여준다.

낡은 이념의 프리즘을 통해 내 편, 네 편을 가르지 말고 선진문명국 시민의 자격으로 이 문제를 본원적으로 접근하는 성숙한 역사 인식이 필요한 시점이다. 대통령 소속 '3·1운동 및 임시정부 수립 100주년 추진위원회'에서도 이 문제가 논의되다가 임기 만료로 더 이상 진척되지 못하고 말았다. 그런 문제를 강효백 교수가 혼자서 힘든 역할을 해내었다.

이 책의 출간을 계기로 대한민국 상징물과 상징장소에 관한 본격적인 논의가 전개되고, 새로운 100년 아니 천년·만년에 길이 전할 나라의 상징이 정해지길 기대한다. 다시 한번 강 교수의 노작에 경의와 치하의 말씀을 전한다.

··· *김삼웅* 전 독립기념관장

◇◆◇ 추천의 글

# 대한민국에 진실과 정의가
# 실현되는 날이 오기를…

　내가 강효백 교수를 처음 만난 것은 20년 전 국회의원 시절 베이징을 방문했을 때입니다. 그는 주중 대사관 외교관이었는데 한국독립운동사에 남다른 열정이 깊었습니다. 상하이 대한민국임시정부에 관한 기사를 『인민일보』에 대서특필하게 했으며, 한국인 최초로 기고문을 싣기도 하였습니다.

　윤봉길 의사가 의거 후 일경에 잡혀가는 일본 『아사히신문』 사진이 가짜라는 사실을 당시 현지 외국 신문 보도를 찾아내 입증한 바 있습니다. 예사 지식인들이 아무도 맞추지 못하는 과녁을 맞히려고 애를 쓸 때, 강 교수는 아무도 보지 못하는 과녁을 맞혀 왔습니다.

　강 교수는 평소 "친일파란 원래 종일 매국노들이 '일본과 친한 게 뭐 어때서?'라며 종일(從日) 매국노들이 물타기 용어로 만든 조어다. 백범과 대다수 순국선열은 민족반역자들을 단순히 친일파로 칭한 적이 없다. 이제부터 그들을 친일파로 하지 말고 민족반역자로 분명하게 부르자."라고 강조하는데, 100번 공감하는 바입니다.

강효백 교수의 글을 읽다 보면 올바른 민족정기를 어떻게 하면 제대로 선양할 수 있을지 깊이 고심하게 됩니다. 민족정기 선양은 방법 못지않게 그 방향이 매우 중요한데, 우리가 무심결에 선양하여 온 방법이 과연 올바른 것이었는지, 행여 허울뿐이지는 않았는지 되새기게 됩니다.

우리 국민 대다수는 애국가의 문제점이 작곡자의 친일 행적과 불가리아 민요를 표절한 데에 있는 줄만 알았습니다. 더 심각한 문제는 무궁화를 한민족 전통의 나라꽃으로, 삼천리를 대한의 고유영토로 오도하는 등 가사가 왜색 일색으로 점철된 데에 있었습니다. 애국가 가사가 일제의 대한영토 참절과 식민의식 침투의 주술이라는 사실을 강 교수의 연구를 통해서 더 깊이 알게 되었습니다.

강 교수가 『아주경제』에 칼럼을 연재하기 전까지 우리 국민들은 잘 알지 못했고, 이 같은 사실을 알리는 이 또한 드물었을 뿐만 아니라 이와 관련된 기사를 알리는 언론도 찾기 힘들었습니다. 강 교수가 개인적인 이메일로 "목숨 걸고 글을 썼다."라던 심정을 충분히 읽을 수가 있었습니다.

저는 최근 애국가 관련 공청회에 참석하여 "애국가는 이미 나라 사랑을 일깨우는 위상을 상실했다. 애국가를 함부로 바꿀 수 없다는 국민 인식이 있는데, 그렇지 않다. 프랑스는 7번, 오스트리아와 루마니아는 5번 바꿨다. 안 바꾼 나라가 일본과 한국뿐이다. 그것마저 일본을 따라 하느냐?"라고 말해 국민들의 호응을 받은 바 있습니다.

대한민국을 애국의 대상으로 만들기 위해서는 우리 사회의 종일매국 (從日賣國) 잔재를 해소해야 합니다. 종일매국 잔재가 온존하는 한, 대한민국은 자라나는 세대에게 애국의 대상이 될 수 없기 때문입니다.

도산 안창호 선생님께서는 "진리는 따르는 자가 있고, 정의는 이루는 날이 있다."라는 말씀을 하셨습니다. 오늘날 강 교수에게 가장 어울리는 말이 아닐까 합니다.

선열들이 되찾아주신 대한민국을 진정한 애국의 대상으로 돌려놓기 위한 강 교수의 의미깊은 노력에 지지를 보내며 대한민국에 진실과 정의가 실현되는 날이 오기를 간절히 기원합니다.

··· 김원웅 광복회장

# 근본이 불분명하고 왜색 넘치는 〈애국가〉를 국가로 불러야 하는가?

배움(學)이란 무엇인가? 깨닫는 것이다. 그렇다면 깨달음(覺)이란 무엇인가? 그릇됨(非)을 깨닫는 것이다. 그릇된 건 어떻게 깨달을 수 있을까? 평소 사용하는 말(言)에서 그릇됨을 깨달아야 한다.

— 다산 정약용, 『아언각비(雅言覺非)』

학문(學問)은 '물음'을 배우는 것이지 '답'을 배우거나 기록 암기하는 '학답(學答)'도 '기답(記答)'도 아니다. 학문은 세상의 모든 마침표를 물음표로 바꾸는 데서 시작한다.

— 영고삼 강효백

나는 음치다. 이는 생애 최초로 공개하는 나의 치명적 약점이다.

"하면 된다."라고? 아니더라. 아무리 해도 안 되는 것도 있더라. 천성이 영민하지 못한 나는 "영원한 고3처럼 공부하다 죽겠노라 내 이름은 영고삼"을 외치며 노력을 중시한다.

하지만 제아무리 노력해도 안 되는 건 안 되더라. 돌아가면서 노래를 꼭 불러야 하는 자리에 가면 언제나 좌불안석. 자연히 노래의 멜로디나 작곡자, 가수보다 가사와 작사자를 더 중시한다. 일종의 도피이자 부득이한 '선택과 집중'이다.

반백 년을 끓어왔다. 코흘리개 개구쟁이 어린 시절부터 지금껏 나의 가슴에는 모든 노랫말 중에 애국가가 가장 '졸작'이라는 불온(?)한 물음표들이 부글거려왔다. 왜 물이 산보다 먼저 나오지? 동해 물이 마르다니? 백두산이 닳다니? 무궁화? 꽃무늬가 척 보면 욱일기 아닌가? 삼천리? 광활한 만주 땅은 어쩌고? 금수강산이라 하는데 웬 화려강산? 절개 곧은 선비의 상징 소나무가 일본 사무라이처럼 철갑을 두르다니? 왜 바람과 서리가 붙은 '바람서리'라 할까? '공활'이 뭐람? 우리나라가 위성국인가, 위성 '달'은 왜 나오지? 선율은 왜 이리 활기차지 못하고 침울한 장송곡 같지? 작곡자가 엄마라면 작사자는 아빠인데, 작곡자는 친일파, 작사자는 미상이라니, 애국가가 아버지가 누군지도 모르는 사생아인가?

가장 큰 의문부호는 세계 대다수 국가(國歌)는 그 나라를 대표하는 애국지사와 문학가와 음악가, 또는 자기 나라를 가없이 사랑한 보통사람이 자기 나라의 이상과 기개를 노래한 것인데 왜 우리나라만 '근본이 불분명하고 왜색 넘치는 〈애국가〉를 국가로 불러야 하는가?'였다.

1995년~2003년 중국 주재 외교관 시절 나는 주말과 휴가를 이용해 광활한 대륙 방방곡곡을 누비며 항일독립운동 유적을 답사했다. 여정에서 줄곧 만주에서 활동하던 독립운동가들을 노래한 것으로 알려졌던 〈선구자〉를 마음속으로 열창했다.

2001년 초여름 어느 날 현지 답사차 방중한 윤경빈 광복회장 일행과 함께 연변조선족자치주 용정의 일송정에 올라 〈선구자〉를 목청껏 불렀다. 귀로에서 누군가 〈애국가〉 대신 〈선구자〉를 국가(國歌)로 정하면 좋겠다는 의견을 피력하자 모두 함께 박수로 화답했다.

얼마 후 나는 〈선구자〉가 노래한 '일송정'을 《중국 내 한민족 독립운동 100대 사적지》의 하나로 넣어 이를 시디롬으로 제작 출간했다(동방미디어, 2001.8). 나 자신이 무척 자랑스러웠다.

그러나 2년도 채 안 되어 자랑스러움은 참담한 부끄러움으로 급전직하했다. 2003년 6월 〈선구자〉가 친일 노래라는 놀라운 사실이 밝혀진 것이다. 친일파 윤해영이 쓴 〈용정의 노래〉라는 시에 역시 친일파 조두남이 곡을 붙인 노래로 용정의 처녀가 말 탄 일본군 장교를 짝사랑하는 가사였다. '선구자'라는 제목 자체도 우리말이 아니라 당시 일제가 즐겨 쓴 단어로, 일제 침략 정책에 공로가 있는 자들에게 일제가 부여한 칭호였다.

망치로 머리를 얻어맞은 필자는 한동안 아무것도 생각할 수 없었다. 한없이 부끄러웠다. 또 다른 〈선구자〉를 부르고, 말하며 확고한 지식으로 여기고 있지는 않았는지 처음부터 다시 의심해야 한다. 이것이 내가 〈애국가〉를 톺아보기 시작한 계기다.

불길한 예감은 틀리지 않았다. 애국가의 진실에 한걸음 씩 다가갈수록 외로웠고 괴로웠다.

애국가가 유구한 역사와 문화, 자유와 독립을 위한 투쟁, 민족의 이상과 기개를 담고 대한민국 국민의 합의로 만들어진 거라면, 애국가 가사 후렴과 4개 절, 16개 마디, 50개 낱말, 57개 출현음, 7·5조, 10개 음계, 136개 글자 중 단 하나라도 왜색이 아니었다면, 아래 50개의 '~

라면' 중 단 한 개만 정말 그렇더라면 노년의 황금빛 벼 이삭 같은 2년 6개월 세월을 불살라가며 몹시 불편한 진실로 가득 찬 이 책을 쓰지 않았을 거다.

1. 애국가가 대한민국의 주권과 독립, 역사와 전통 가치관 목표를 반영한 노래라면?

2. 애국가가 주권자인 국민의 뜻과 관계없이 국가로 불리는 반민주적, 반헌법적 상황이 아니라면?

3. "국민의 85%, 새로운 국가를 제정하자."라는 여론조사 결과가 없더라면?

4. 각계 지도층 인사들과 선행연구자들이 오래전부터 끊임없이 애국가 교체를 주장하지 않았더라면?

5. 애국가가 우리나라에서 가장 법적인 노래가 아니라면?

6. 가사와 선율, 작사자와 작곡자, 법적 지위 등 총체적으로 문제가 없더라면?

7. 작사자와 작곡자 모두 친일매국노 혐의가 없더라면?

8. 작사자를 누구로 상정하느냐에 따라 가사에 그득한 왜색이 사라질 수 있더라면?

9. 애국가의 '국'이 한국이 아니고 일본이나 일본의 보호국이라도 상관이 없더라면?

10. 애국가 출현과 관계 깊은 독립협회와 독립신문의 배후가 일본이 아니었다면?

11. 국가의 명칭 '애국가'가 일제의 군가, 애국가, 전시가요 등 '애국가류'와 같지 않았더라면?

12. 진취적이며 장엄하고 활기에 넘친 가사였다면?

13. 바다와 물이 산보다 먼저 나오는 해양국 일본 특유어법이 아니라면?

14. 우리나라 대표 산과 대표 바다를 '마르고 닳도록'이라고 저주하지 않았더라면?

15. '도카이(東海)에서 하쿠산(白山)까지' 일본 신사참배 노선이 아니었더라면?

16. '하느님'이 정교분리원칙을 규정한 헌법 제20조 위반 요소가 없거나 일본인의 하느님(天照大神)이 아닌 것이 분명하다면?

17. '보우하사 우리나라 만세'가 일제의 애국가류 어구가 아니라면?

18. 무궁화가 한반도에 야생 개체 하나 없는 외래종이자 꽃으로 위장한 욱일기가 아니라면?

19. 원래 4천 리 대한영토를 3천 리로 축소, 국토를 참절하지 않았더라면?

20. 일제 괴뢰국 만주국 국가 가사에 '3천만'이 나오지 않았다면?

21. '화려'가 '사치'와 동의어가 아니고, '강산'이 '정치적 자치권이 없거나 취약한 영지(領地)'라는 뜻이 아니라면?

22. '화려강산'이 옛날 우리말에도 없었고, 현대 국어사전에 없는 낱말이 아니라면?

23. 하마마쓰(浜松)시 등 일본 각지에 철갑 두른 소나무 '개괘송(鎧掛松)'이 없더라면?

24. '바람서리'가 태풍으로 입는 농작물의 피해라는 뜻의 일본 고유 단어가 아니었다면?

25. '공활(空豁)'이라는 난해 한자어가 한·중 양국에선 사어(死語), 일본에선 일부 현학자들의 애용단어가 아니라면?

26. 항성 없이 위성 '달'만 있는 동서고금 유일한 국가가 아니라면?

27. '자유' 없이 '충성'만 있는 동서고금 유일한 국가가 아니라면?

28. 동해, 보우하사, 만세, 소나무, 바람서리, 충성 등 일본 애국가 류의 빈출 단어와 같지 않았다면?

29. '위에', '저' 등 부사격 조사와 지시대명사까지 일본식 어법이 아니라면?

30. 일본 『찬미가』에 일본국가가 수록되었듯 한국 『찬미가』에 애국가가 수록되지 않았다면?

31. 19세기말 이후 출현한 세계 국가 중 작사자가 미상인 국가가 한국과 미크로네시아 단 두 나라뿐이 아니라면?

32. 국사편찬위원회가 애국가 작사자를 윤치호로 확정하고 언론에서 발표까지 않았다면?

33. 윤치호가 애국가 작사 당시에 진짜 독립지사였고 일제에 대한제국의 정책결정권을 상납한 늑약을 체결하지 않았더라면?

34. 안창호 등 애국지사가 애국가를 작사했다고 해서 가사에 그득한 친일 코드가 사라질 수만 있다면?

35. 안익태가 나치 독일제국 음악원 정회원(회원증 번호 RKKA115)이 아니었다면?

36. 안익태를 프랑스가 기피 인물로 선포하지 않았고 미국이 입국 금지하지 않았더라면?

37. 안익태의 후견인 에하라 고이치가 일제 고위 간첩이 아니었다면?

38. 에하라 고이치 작시에 안익태가 곡을 붙인 〈만주환상곡〉 피날레 〈한국환상곡〉이 애국가의 모태가 아니었다면?

39. 애국가의 선율에 우리나라 고유의 문화와 정서가 있더라면?

40. 애국가의 옛 선율은 일본 대표 창가 선율을, 현재 선율은 불가리아 민요를 모방하지 않았더라면?

41. 애국가 선율이 일본 군가의 선율의 보편적 특징 7·5조, 16마디, 최고음E, 음계10과 같지 않았다면?

42. 애국가가 헌법과 법률은 물론 하위 법령에도 없는 세계에서 유례가 드문 법외(法外)국가가 아니라면?

43. 국가의 교체를 통일될 때까지 기다려야 할 정당하고 합리적인 사유가 있더라면?

44. 국가를 교체해서 피해를 보는 한국인이나 특정 계층이 있다면?

45. 국가의 교체가 나라의 진화를 반영하지 않는다면?

46. 가사와 곡조 공모전, 국민청원 등 아래에서 위로 방식으로 국가를 교체한 나라가 미국, 호주, 러시아, 멕시코 등 20여 개국이나 되지 않았다면?

47. 국가를 바꾼 나라가 프랑스 7회, 오스트리아와 태국 5회, 체코와 몽골 3회, 미국과 중국 2회 등 108개국이나 되지 않았다면?

48. 식민지에서 독립한 국가들 대다수가 국가를 교체하지 않았다면?

49. 독창성 높기로 유명한 우리나라 사람이 참다운 애국가 하나 제정할 창조력이 없더라면?

50. 현재 대한민국이 세계 10위권 신흥강국이자 주권 독립 국가가 아니고 일본의 식민지 또는 위성국이라면?

이 책은 『아주경제』에 연재해 온 「강효백의 신경세유표」중 애국가 관련 글들을 골라 모아 2019년말에 일단 초고를 완성했다. 이후 십여 차례 판을 갈아엎고 수백 차례 골을 파고 북돋우어 보완한 것이다.

애국가 50개 낱말 중 후렴의 핵심어 '무궁화'만 별도로 꺼내 2020년 6월 『두 얼굴의 무궁화 - 국가상징 바로잡기』로 펴낸 바 있다.

지난 30개월 나는 천학비재한 학식과 재능을 불굴의 노력으로 상쇄하려고 밤낮을 잊고 애국가에 집중했다. 옛말에 "글은 글에서 나오고 책은 책에서 나온다."라는 말이 있듯 국가(國歌)에 관한 것이라면 우리나라를 비롯한 세계 각국의 모든 문헌을 모두 읽고 배우고 느끼고자 했다. 애국가를 거울에 비추어 보듯 193개 UN회원국의 국가를 비롯한 동서고금의 국가, 국민가요, 군가 등 애국가 류(類) 800여 곡의 가사와 곡, 작사자와 작곡자, 법적 지위, 발생과 변화과정 등을 전수 비교 분석해 보았다. 그중에서 청취가 가능한 300여 곡은 직접 들어보면서 살다시피 했다.

진리 추구의 주적은 선입견과 편견이다. 애국가 작사자와 작곡자가 친일매국노라 해서 그들의 작품도 반드시 친일매국이라는 법은 없다고 생각한다. 이를 기반으로 애국가 작사자와 작곡자를 블라인드 처리해 선입견과 편견을 배제하고 그들의 작품, 특히 가사를 '냉철한 이성의 메스(mes)'로 해부하듯 톺아보고자 했다.

애국가는 가사가 문제의 핵심인데 작곡자와 곡에 국한하는, 만주는 20세기 초까지도 우리 땅인데 아득한 고구려 발해 시대에만 가둬두는, 법은 고치라고 있는 것인데 악법도 지켜야만 한다는 프레임, 그 악마의 프레임을 깨뜨리고 싶었다.

이 책의 방법론과 지향점을 사자성어로 표현하자면 옛것을 익혀 새로운 것을 알자는 온고지신(溫故知新)과 과거를 계승하여 미래를 열자는 계왕개래(繼往開來)이다. 아는 자로 머물지 말고 배우는 자로서 애국가 관련 선행연구성과를 배우고 이를 계승 보완하여 더욱 넓고 높은 새로운 지평을 열기 위해 오만상을 찌푸리며 오만가지 노력을 다했다.

애국가를 시간(역사)과 공간(지리)의 양축이 교차하는 지점에 올려놓고 문·사·철과 정치·경제·사회·문화를 융·복합한 인문·사회과학접근법을 총동원하여 발견한 놀라운 사실을 목숨 걸고 한 글자 한 문구 피로써 쓰듯 온 심혈을 쏟아부었다. 우리 함께 진정한 대한민국 국가(國歌)를 부를 수 있는 날을 앞당기기 위해…

백과사전처럼 넓고 다양하게, 신문같이 시사성 있으며, 시처럼 참신하고 아름답게, 소설만큼 재미있게 이야기하되, 주제가 주제인 만큼 학술논문보다 깊고 정확하게 쓰려고 애썼다. 그러다 보니 책 곳곳에서 과욕의 흔적과 반대로 부족한 부분도 많다. 미흡한 점을 보완해가는 것을 앞으로의 과제로 남기겠다. 강호제현 여러분 열린 마음의 격려와 이해, 선입견과 편견 없는 가르침을 주시기 바란다.

우선 이 책을 쓰도록 나에게 생명을 주신 신(神)과 부모님께, 또한 그 생명을 보람차게 해주신 여러 스승님께 감사드린다. 이 땅에 자주독립의 태양이 뜨기 전, 칠흑같이 어두운 역경의 시대를 살다 간 선인들을 기리며, 또 그 헤아릴 수 없는 고통과 비탄의 강물을 생각하며 그분들께 이 책을 바친다.

일찍이 애국가의 문제점을 지적하고 새 국가 제정을 주창하여 이 책을 출판하게 된 동기와 용기를 부여해주신 윤석중, 정균식, 박종홍, 김붕구, 김영삼, 박제순, 이흥렬, 김종갑, 최현배, 왕학수, 양제칠, 이유선, 안호상, 한갑수, 김화남, 이응백, 노동은, 백기완(시간순) 등 선각자 제위의 영전에 깊은 존경과 흠모의 마음을 고한다.

특히 『아주경제』에 연재를 허락해주신 곽영길 아주경제 회장과 과찬의 추천사를 써 주신 김삼웅 전 독립기념관장과 김원웅 광복회 회장께 깊은 경애와 감사의 말씀을 올린다.

끝으로 이 책을 출판해주신 지식공감의 김재홍 대표와 꼼꼼하게 원고를 다듬어준 전재진 편집부장에게 심심한 사의를 표한다.


2020. 3.
경희대학교 서울캠퍼스에서
⋯ 강효백

# 이 책을 쓰면서 항상 상기한 아포리즘 8선

1. "나는 우리가 끊임없이 사물을 다른 각도에서 보아야 한다는 걸 잊지 않으려고 내 책상 위에 서 있는 거야(I stand upon my desk to remind myself that we must constantly look at things in a different way)."
   – 영화 〈죽은 시인의 사회(Dead Poets Society)〉 명대사

2. 나무만 보지 말고 숲을 보자는 말은 식상하다. 큰 바닷새 앨버트로스가 창공에서 아래를 내려다보듯 나무와 숲만 볼 게 아니라 산과 산맥을, 아시아와 세계를 줌인 – 줌아웃하며 통찰하라. 새 앎이 보이고 새로운 길이 열리리라.

3. 사람들은 사전이나 법전, 교과서는 물론 권위 있는 매체의 글과 말, 지도, 사진과 영상 등을 사실로 믿어버리는 경향이 있는데… 한시라도 잊지 말라! 그것들 역시 불완전한 사람이 만든 거라는 진실을!

4. 나는 의문한다. 고로 존재한다.
   학문은 세상의 모든 마침표를 물음표로 바꾸는 데서 시작한다. 정박 중인 배는 안전하지만, 배의 목적은 그곳이 아니다. 지식이 멈추어 선 곳, 전제를 해버린 곳에서부터 새롭게 출발하고자 한다. 근본적인 의문을 던지고자 한다. 낚싯바늘을 닮은 갈고리 모양의 무수한 '?' 들을 낡은 가치와 규범의 바다에 주낙으로 드리우고자

한다. 당연하게 '사실'로 받아들여지던 것에 의문을 제기해 볼 때, 이전에 알지 못했던 새로운 세계가 열린다. '과연 그럴까? 왜 그렇지? 더 나은 최선은 없는가?'라는….

5. 나는 비판한다. 고로 존재한다.

비판 없는 발전 없다. 더욱 정의롭게 더욱 인간답게 끊임없는 비판적 성찰에 호소하고자 한다. 거기에는 어떤 교의나 도그마가 있을 수 없다. 철저히 비판적이며 자기 비판적이고자 한다. 우리 사회에 만연한 일방적이고 기계적이며 검증 없이 수용하는 메커니즘을 혁파하고자 한다.

자율적이고 참여하는 비판적 사고의 네트워크를 생성하고자 한다. 그리하여 아직 잠자고 있는 진실의 어깨를 흔들어 깨워서 세상으로 나오게 하고자 한다. 그리고 '새내기 진실'에 동조하는 사람이 적다고 상심하지는 않겠다. 새로운 진실은 오래된 착오보다 지지자가 적은 법이니, 진실의 극치는 비극이며 진실은 비극을 각오해야 한다는 역설의 진리에 온몸으로 나는 울었나니.

6. 나는 창조한다. 고로 존재한다.

비판 없는 발전은 없다. 그러나 대안 없는 비판은 백해무익하다. 사회과학에서 창조는 대안 제시다. 국가상징 포함 제도개혁을 핵심으로 하는 융복합 인문사회과학도 나는 진단 비판만 하기 위해서 글을 쓰지 않는다. 대안과 처방책을 제시하기 위해 글을 쓴다. 정해진 답에 삶을 꿰맞추는 건 끝났다. 누가 왜 만들어 놓는지도 모르는 텍스트를 암송하며 미리 정해져 있던 길을 따라 이어가는 삶은 무슨 의미가 있는가. 더욱 깊은 의미, 더욱 높은 목표, 더욱 귀한 가치로 접근하기 위해 필요한 지능은 변화의 지능 SQ(Spiritual quotient)이다. 그것은 배를 출항하게 하고 경계를 허문다. 전체를 아우르는 통찰과 미래의 비전을 제시한다. 기득권에 영합하는 체계내적 사고에서 탈피하여 체계 선도적 사고를 하게 한다.

7. 육체적 성장판과 달리 정신적 성장판은 나이와 상관없다.
반짝이는 생각을 받아들이고 새로운 지평을 찾아내는 일을 즐기는 사람의 정신적 성장판은 영원히 닫히지 않는다.

8. 만리장성에 오르지 못한 자는 사나이가 아니다(不到長城非好漢).
- 마오쩌둥
만리장성에 올라서도 한쪽 면만 보는 자는 사나이가 아니다(到長城只看一面非好漢).
- 강효백

# 애 국 가

느리고 장중하게

안 익 태 작곡

1.동 해 - 물과 백 두 산 이 무 마 르 고 닳 도 록
2.남 산 - 위에 저 소 나 무 철 갑을 두 른 듯 이 여
3.가 을 - 하늘 공 활 한 데 높 고 구 름 없 이
4.이 기 - 상과 이 맘 으 로 충 성을 다 하 여

하 - 느 님 이 리 보 우 - 하 사 우 리 나 라 만 세
바 - 람 서 리 불 변 - 함 은 우 리 기 상 일 세
밝 - 은 달 은 우 리 - 가 슴 일 편 단 심 일 세
괴 - 로 우 나 즐 거 우 나 나 라 사 랑 하 세

후렴

무 - 궁 화 삼 - 천 리 화 려 강 - 산

대 - 한 사 람 대 한 - 으 로 길 이 보 전 하 세

# 애국가 가사

- 1절

東海 물과 白頭山이 마르고 닳도록
하느님이 保佑하사 우리나라 萬歲

- 2절

南山 위에 저 소나무 鐵甲을 두른 듯
바람서리 不變함은 우리 氣像일세

- 3절

가을 하늘 空豁한데 높고 구름 없이
밝은 달은 우리 가슴 一片丹心일세

- 4절

이 氣像과 이 맘으로 忠誠을 다하여
괴로우나 즐거우나 나라 사랑하세

- 후렴

無窮花 三千里 華麗江山
大韓 사람 大韓으로 길이 保全하세

# 애국가 – 왜국가 스모킹건 16선

|   | 문제 부분 | 내역 |
|---|---|---|
| 제목 | 애국가 | 애국가의 명칭과 내용이 일본 1850년대 막부 말기부터 유행하기 시작한 군가, 애국가, 전시가요 등 '애국가류'의 영향 |
| 1절 | 동해 물과 백두산이 | 물이 산보다 먼저 나오는 해양국 일본 특유어법, 山窮水盡 등 일본 고유의 사자성어. '동해'는 일본의 태평양 연안 핵심부이자 수질 좋은 도카이(東海) 지방. 동해(도카이)에서 백산(하쿠산)까지 일본 신토 신앙 성지 필수 참배노선 |
| | 마르고 닳도록 | 일본 국가 기미가요의 긍정적, 성장적 가사와 대조되는 부정적 소멸적 대구(對句) |
| | 하느님 | 국교 불인정과 정교분리원칙 헌법 제20조 위반, 일본, 하느님만 신토의 최고신 천조대신과 같은 카미사마(神樣)로 번역 |
| | 보우하사~ 만세 | '천신 보우하사 우리 일본 만세' 일제 군가 애국가류와 일본 신토와 불교의 상용어 |
| 2절 | 남산 위에 | 남산 '위에' 일본 특유의 처소격조사로 일본식 고유 어법 |
| | 소나무 철갑을 두른 | '철갑'은 사무라이의 상징 – 하마마스(浜松)시 소재 도쿠가와 이에야스의 철갑 두른 소나무(鎧卦松 요로이가케마스) |
| | 바람서리 | 폭풍으로 인한 농작물의 피해 뜻, 우리나라에서 쓰이지 않는, 태풍피해 심한 일본 상용어 |
| | 불변함은– 우리기상 | 일본 〈막말애국가〉 모방, '수난의 폭풍에조차 변하지 않음은 일본의 정기' |

| | 문제 부분 | 내역 |
|---|---|---|
| 3절 | 공활 | '텅 비고 황량한 골짜기'라는 부정적 의미의 난해 극희소 한자어(영조 25년 승정원일기 단 1회 등장) |
| | 달 | 가사에 위성 '달'만 나오는 동서고금 유일 국가. 한국은 일본해(항성)의 빛을 받는 달(위성). 한국을 일본의 위성국으로 만들려 한 이토 히로부미 조선 통감의 구상과 직결 |
| | 일편단심일세 | 달의 신 츠쿠요미는 태양신 아마테라스를 청명심, 단심, 경외심으로 모셨다. 〈출원국풍토기〉 |
| 4절 | 충성을 다하여 | 세계 각국 국가의 최다 빈출단어 '자유' 없이 '충성'만 있는 동서고금 유일 국가 |
| | 괴로우나~나라 사랑 | 국민의 일방적 충성 요구. 자유민주 헌법정신에 배치. 헌법 제1조 이반 |
| 후렴 | 무궁화 | 꽃나무로 위장한 욱일기. 한반도에 야생 개체가 전혀 없는 외래종. 황해도 이북 지역에 재배 불가. 무궁화나무 나라 부상(扶桑)국 일본의 신화(神花). 욱일기와 일장기의 원형(히노마루). 갑오경장 이후 일본에서 본격 도입되어 한국의 국화(격)로 신분 세탁한 트로이 왜(倭) 꽃. 일본화의 핵심 문양. 대한민국 거의 모든 국가상징을 지배 |
| | 삼천리 | 『조선왕조실록』, 『사고전서』 한·중 대다수 문헌 '4천 리'로 조선 강역 표기. '삼천리유배' 형벌용어를 1876년 강화도 조약 체결부터 일제와 친일파에 의해 영토개념으로 변조. 한국인의 고유영토관 4천 리를 '삼천리'로 축소 만행. 북방영토 상실과 동북공정의 단초 |
| | 화려강산 | 구한말 이전 한국 문헌은 물론 현행 국립국어원 출간 『표준국어대사전』에도 없는 일본식 조어. 애국지사 매국노 가리지 않고 한국인이라면 누구나 '금수강산'이라 했음 일본 외무성 자료와 애국가에만 '화려강산' |
| | 대한 사람 보전하세 | 일본제국의 보호국 대한제국으로 영원히 보존하자는 의미 |

# 애국가 가사 50개 낱말 특징

## 1. 1895년 이전 한국의 낱말 대비

① 한국에 전혀 없던 낱말 : 바람서리, 무궁화, 화려강산

② 완전 변질된 낱말 : '삼천리(원래 유배형벌용어)'

③ 한국사상 단 1회 출현 희소어(1747년) : 공활

## 2. 동서고금 국가 가사 대비

① 애국가에만 있는 낱말 : 마르다, 달, 일편단심, 리(거리 단위)

② 애국가와 일제 괴뢰국 만주국 국가에만 있는 낱말 : '3천'

③ 애국가에만 단독으로 있는 낱말 : '충성'

   (네덜란드와 나미비아 국가에는 '충성'이 '자유'와 함께 나옴)

**3. 세계 각국 국가에는 없으나 애국가와 일본 애국가류에만 있는 어휘와 어휘 순**

① 어휘 : 동해, 보우하사, 만세, 남산 위에, 저 소나무, 철갑, 높고 구름 없이, 우리 가슴, 기상, 충성을 다하여

② 어휘 순 : '물'이 '산'보다 먼저 나옴, '괴로우나'가 '즐거우나'보다 먼저 나옴, 지시대명사 '저(소나무)'가 '이(기상)'보다 먼저 나옴.

제1장

# 애국가 친일코드

— 논쟁의 흐름과 쟁점 —

# 새 국가(國歌) 제정
# 논쟁 75년사

우리가 정부를 새로 수립하고 만방에 독립을 선언하는 새 나라의
재건에 있어서 반드시 우리는 국가를 새로 제정해야 한다.

— 정균식 제헌 의원 1948. 9. 9.


국가를 시급히 제정해야한다. 시간적으로 그럴 여유가 없다면
지금의 애국가 가사라도 고쳐 부르도록 해야 한다. 애국가 가사는
너무 소극적이다. 좀 더 적극성 있는 표현으로 고쳐야 한다.

— 이흥렬 숙명여대 음악대학 학장 1962. 1. 1.


지금의 애국가는 나라 사랑의 마음을 일깨우는 노래로써 이미 그
위상을 상실했다. 민족 공동체의 이상과 명예를 생각할 수 있는
자랑스러움이 깃들어있는 애국가를 만들자

— 김원웅 광복회장 2021. 1. 1.

잊어버린 것 외엔 새로운 것은 없다. 해방 75년사에 새 국가를 제정해야 한다는 목소리는 전혀 없었을까? 아니다. 끊임없이 이어져 왔다. 1945년 해방공간부터 2020년대 현재까지 국가교체 논쟁사를 시대별로 약술해보고자 한다.

### ■ 해방공간

해방공간은 일제 잔재 음악을 청산하고 민족통일국가를 수립하려는 민족음악의 시대를 합의하고 있었다. 한국 근현대사 자주적인 민족국가 수립과 국민 모두 함께 부를 수 있는 국가의 제정이야말로 절실하게 요청하고 있는 과제였다.

1945년 12월 15일 동아일보사는 한국사상 최초로 새로운 애국가 모집을 공고했다.[1]

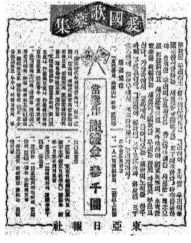

당선작 사례금 3천 원
(현재가 환산 약 2,300만 원)

---

1 「동아일보」 1945년 12월 15일 1면, 「애국가모집」 '당선작 사례금 3천 원

## 당선작 사례금 3천 원

"해방된 우리 영토 민중 그리하여 부흥될 우리의 신국가를 사랑하는 새로운 애국가를 천하에 구한다. 시공을 통하여 자강한 우리의 전통과 격조를 새로운 이념으로 재인식하고 새로운 각도로 재음미하여 국가민족의 영원한 번영을 축복하는 새로운 국가를 마음껏 힘껏 부르고 싶다. 가슴속으로 뼛속으로 우러나오는 격정의 노래를 하루바삐 부르고 싶다. 그리하여 해방된 삼천리강산과 해방된 삼천만 심금에 선율 위에 무한 풍요를 누리게 하자."

## 응모규정

1. 동해 물과 백두산이라는 애국가가 구한말 시대부터 있으나 이는 가사나 곡조가 새 시대에 맞지 않는 점이 있음으로 이 민족의 애국열에 적합하지 않고 새로운 호흡으로 제작할 것
1. 문체와 격조는 임의로 하되 실내악이나 행진곡으로나 작곡하여 자유자재로 적용할 수 있도록 할 것
1. 애국가의 주제와 정신은 홍익인간에 맞게 씩씩하고도 순박하고 웅위하고도 평이하여 노소불문하고 누구나 어디서든지 부를 수 있을 것
1. 투고는 동아일보 편집국 내로 우편으로 부치고 기한은 명년 1월 말일까지 함
1. 당선작 1편에 사례금 3천 원을 증정함

『동아일보』는 이듬해 1946년 1월 2일자 1면에 다시 1월 말을 기한으로 하는 새 애국가 재모집 공고를 냈다.[2]

1946년 1월 17일 『중앙신문』도 애국가 가사 현상모집 공고를 냈다. 애조를 피하고, 진취적이고 건설적이며, 민족의 유구성이 있는 웅장한 리듬일 것을 요구했다.[3]

1946년 8월 16일 아동문학가 윤석중은 『자유신문』에 새로운 애국가 작사를 발표하면서 조선아동협회에서 이 가사에 붙일 작곡을 모집한다고 공고했다.[4]

: 우리나라 노래
아득한 역사를 꿈에 품고 구비처 흐르는 두만강물
세계의 하늘과 자유와 평화의 우리 하늘 (하략)

해방공간에서 애국가에 가장 신랄한 비판을 제기한 사람은 음악평론가 박영근이다.

새 시대의 조선사람에게 하나님 타령이 무슨 소용이 있으며,
망국적 애조의 악보가 무슨 상관이 있다는 말인가! 우리 인민의
참다운 애국의 부르짖음이 없는 곳에 무슨 애국가 있고 우리
인민의 참다운 애국의 행진이 없는 곳에 무슨 애국선율이

---

2 『동아일보』 1946년 1월 2일 "애국가모집 '당선작 사례금 3천 원'"
3 『중앙신문』 1946년 1월 17일 "애국가 가사 현상모집 공고"
4 『자유신문』 1946년 8월 16일 "새 애국가를 발표, 兒協서 작곡 모집"

있을손가! 참으로 조선 인민의 마음으로부터 우러나오는 애국의
정조, 애국의 선율 여기에 있어서만 새 시대의 애국가는 창조되어질
것이다.[5]

안익태 씨 곡도 역시 8·15 이전 것이며 그 멜로디와 리듬에
망명객을 위한 실내적 위무 가치는 있을지 모르나 애국적인 감격이
표현되지 못한 작품이다. 시위 행렬 시에 애국 부인들이 부르는
소리를 들으면 마치 전도부인들이 겨울밤에 부르고 다니는 처량한
소리 그것임을 들어 알 것이다.[6]

## ■ 제1공화국 시대

1948년 9월 9일 대한민국 제헌국회는 제61차 본회의를 열고 다음과
같이 의결했다.

"지금 국기와 국가를 새로 제정하는 것은 결국 통일에 지장을
주어 분단을 영구히 할 우려가 있으므로…. 적당한 시기에 남북 전
민족의 의사로 제정하고자 하는 의미에서 논의를 통일될 때까지
보류하기로 결의한다."

---

5   박영근, 「악단시평」, 『인민』 제1권 제2호, 인민사, 1946, 107쪽.
6   박영근, 「악단의 제문제-민족음악건설을 중심으로」, 『예술신문』, 1946.8.17.

이러한 결의 직전 본회의는 정균식 의원 등이 새로운 국가제정을 주창하면서 제안한 '국가(國歌)와 국기 제정에 관한 건'에 대해 토론했으나 채택되지 않았다.[7] 이날 국회의 결의에 따라 새로운 국가 제정은 보류되고, 기존의 '동해 물과 백두산이'를 국가에 준하여 잠정적으로 부르기로 한 것이 오늘날까지 관행적으로 이어져 오고 있다.

한국음악학회 회장과 중앙대 국악대학장을 역임한 노동은 교수는 "제1공화국 국회를 구성했던 의원들은 일제의 식민지 유산과 기독교적 영향에서 서양음악(찬송가를 포함하여)이나 일본음악으로 학습 받았다. 더욱이 초대 이승만 대통령과 영부인은 기독교로 길들어져 서양 음악적 감수성으로 조건화되었다."라고 지적했다.[8]

1955년 7월 28일 국사편찬위원회는 애국가 작사자를 '윤치호 확정 11대(對) 미확정 2'로 압도적 다수로 윤치호로 결론을 내렸다. 그 후 국사편찬위원회는 1년간의 심층적 검증을 거쳐 1956년 8월 8일 애국가 작사자를 윤치호로 최종 결론 내렸다고 일간지에 공식발표까지 했다.

---

**7** 정균식(鄭均植, 1904~1957년 대한독립청년연맹)제헌의원 발언
"애국가는 '안' 무엇이라고 하는 작곡가의 곡조라고 합니다마는, 그 가사를 보건대 지금 여러 학자나 지식인 문화예술인들이 구시대적인 그런 느낌이 있다고 그렇게 지적들 합니다. 우리가 정부를 새로 수립하고 만방에 독립을 선언하는 새 나라의 재건에 있어서 반드시 우리는 국가를 새로 제정해야 합니다. 국가는 애국가와 달라서 새로운 정신을, 즉 우리의 혼탁한 머리를 좀 더 향상할 만한 번뜻한, 예술적으로 모든 부문에 있어서 번뜻한 우리 국가를 새로이 창조하자고 하는 그런 뜻이 올시다.('제헌의회 1회 61차 국회속기록」, 국회사무처, 1948년 9월 9일.)

**8** 노동은, 「친일음악론」, 민속원, 2017, 36쪽.

윤치호 씨로 결론, 애국가 작사자에 종지부,

국사편찬위원회 불원 문교부 장관에게 보고하리라 한다.

– 『국도신문』 1956년 8월 31일


그러나 후일 정부는 작사자 미상으로 처리했다.[9]


## ■ 제2공화국 시대

새 국가 제정 움직임이 재개된 것은 1960년 4·19혁명 직후였다. 1960년 8월 15일 광복절에 윤석중 새싹회 이사장은 '보우(保佑)니 공활(空豁)이니' 하는 어려운 가사가 아닌 쉬운 가사로 바꾸자고 주장했다.

스코틀랜드의 민요곡에 맞추어 일정 때 숨어 부르다가 안익태의
신곡을 만난 애국가 "동해물과 백두산…"이 어느 틈에 국가 행세를
하고 있기는 하나 로켓 시대에 남산 위에 저 소나무 철갑을 두른
듯 너무도 낙후하다. "밝은 달은 우리 가슴 일편단심" 역시 시대에
뒤떨어졌다. 누가 지었느냐로 안창호 설과 윤치호 설이 서로
맞서다가 작자 미상으로 낙착되었거니와 애국가는 애국가대로
부르기로 하고 남녀노소가 아껴 부를 수 있는 국가를 공모해서
새로 마련하라. 국가란 어린이들도 부를 수 있고 어린이들도

---

9  「애국가 작사자 윤치호, 정부는 이미 알고 있었다…증거발굴 」, 『뉴시스』 2013월 6월
   17일. 이에 관한 상세한 내용은 2권 작사자 편에서 상술하기로 한다.

알아들을 수 있어야 하겠으므로 가사나 곡조가 쉬어야 할 것은 말할 것도 없다. '보우(保佑)니 공활(空豁)'이니 하는 어려운 낱말이 내달아서는 딱하다.[10]

1960년 8월 24일(장면 총리 내각 출범일), 박종홍 서울대학교 대학원장 겸 한국철학회 회장은 "국가를 물이 마르고 산이 닳도록 하는 식의 수동적인 가사를 피하여 용왕진취(勇往進取)의 웅혼한 적극성을 띤 것으로 바꾸되 곡조 역시 그에 부합한 것으로 고치자."라고 주창했다.

김붕구 서울대학교 불문학과 교수는 "국가를 장엄하고도 신이 나는 가사와 곡으로 바꾸자 그렇지 않아도 피곤한데 그 동해 물과 백두산을 들으면 그대로 주저앉아 까부라지고 싶은 기분이다. 서로 주먹싸움을 하다가도 한번 국가가 울려오면 어느덧 한 덩어리가 되어 합창하는 프랑스의 라 마르세예즈처럼."이라며 통렬한 비판과 함께 통쾌한 대안을 제시했다.[11]

1960년 9월 제5대 국회가 개원되자, 김영삼·박준규·김재순 등 민주당 신·구파 젊은 의원들은 전근대적인 유산인 애국가를 털어내야 한다고 주창했다. 애국가는 국가가 아닐뿐더러 그 가사가 좋지 않고 지극히 전근대적인 상징이기에, 무궁화는 좀 더 우리 민족성을 나타내는 다른 꽃으로 4·19혁명을 계기로 깨끗이 고쳐버려야 한다는 의견을 공동 발표했다.

---

10  윤석중, 「이런 것도 새롭게」, 『경향신문』 1960년 8월 18일 4면
11  「제2공화국에 긴급동의한다」, 『동아일보』 1960년 8월 24일 4면

그해 11월 4~5일 개최된 예산 심의 당시 문교위원인 유청(민주당) 의원은 문교부 장관에게 국기와 국가 등을 고칠 의향이 있는지 질의하자 문교부 장관은 국무회의에서 논의하겠다고 답변했다.[12] 그러나 이듬해 박정희의 5·16 군사 쿠데타로 끓어오르던 국가 교체론은 물거품이 되고 말았다.

## ■ 제3공화국 시대

1962년 1월 1일 이흥렬 숙명여자대학교 음악대학장은 『조선일보』신년 특집호에 국가 제정이 시급하며 애국가 가사를 바꾸자고 주장했다.

"국가를 시급히 제정해야겠다. 시간적으로 그럴 여유가 없다면
지금의 애국가 가사라도 고쳐 부르도록 해야 한다. 애국가 가사는
너무 소극적이다. 좀 더 적극성 있는 표현으로 고쳐야 한다."[13]

1964년 2월 7일 고광만 문교부 장관이 국회문교공보분과위원회에서 새 국가를 구상하고 있으며 문교부 내에 국가제정위원회가 구성되었다고 언명했다. 이를 계기로 『조선일보』에서는 좌담회를 개최했다.[14]

---

**12** '정계여백' 「국기·국가·국화의 개체론」, 『경향신문』 1960년 11월 6일. 4면

**13** 「혁명정부에 대한 200자 제언」, 『조선일보』 1962년 1월 1일 6면.

**14** 「어떻게 다뤄야 하나 국기 국가 국화」, 『조선일보』 1964년 2월 11일 3면.

1964년 2월 11일 『경향신문』에서 헌정사상 최초로 국기·국가·국화에 대한 국민의 의견과 수정 의사에 관해 설문조사를 실시했다.[15] 이 중 국가 관련 설문 내용은 다음과 같다.

　　① 지금 우리가 부르고 있는 애국가는 국가라고 생각하십니까?
　　② 달리 국가가 만들어진다고 하면 그 가사며 곡조는 어떻게 강조되
　　　기를 원하십니까?

　　먼저 "〈애국가〉가 국가인가?"라는 질문에 대해 응답자의 52%가 국가가 아니라고 잘라 말했다. 국가라고 답한 이는 26%뿐으로, 이들 가운데는 "그럭저럭 국가가 되어버리지 않았느냐?"라고 반문한 사람도 포함되어 있다.

　　그러나 국가이든 아니든 그것을 새로 제정하는 것이 좋겠다는 의견은 아주 지배적이었다. 국가를 새로 제정하는 의견은 83%, 그대로 부르자는 견해는 15%, 나머지 2%의 사람들은 '통일이 될 때까지'라고 조건을 달았다. 국가를 새로이 제정하자는 의견이 85%로 압도적이었다.

---

15 「어떻게 고쳐져야 하나(2)」, "국가·국기·국가·국화에 대한 의견", 『경향신문』 1964년 2월 11일, 5면.

## ■ 곡조보다 가사가 문제

국가를 새로 제정하자고 주장하는 이들은 곡조보다 가사에 대해 많은 관심을 보였다. '동해 물과 백두산이 마르고 닳도록'이란 구절은 비판이 대단했다.

홍이섭 연세대 사학과 교수는 '극한적인 표현'이라고 질색했다. 이진구 이화여대 불문학과 교수는 "삼천리, 금수강산, 삼천만, 반만년 따위의 어휘만은 들어가지 않도록 하자."라고 주장했다. 박용구 음악평론가는 "헌법 제1조 1항의 '민주공화국', 제2항의 '주권은 국민에게', 제5조의 '자유·평등·창의'가 가사에 포함되도록 하자."라는 주장을 내세웠다. 천경자 홍익대학 미술대학 교수는 '대중적이면서도 예술적'인 국가를, 홍진표 성악가는 '오랫동안의 식민지 생활로 인한 비애감과 자탄이 없는 노랫말'을 국가로 하자는 견해를 밝혔다.

그렇다면 새로 국가를 제정할 경우 '가사 내용은 어떻게 했으면 좋겠는가?'라는 설문에 대해 응답자 대부분은 '진취적'이라고 답하였으며, '장엄하고 활기에 넘치는' 가사를 기대하는 사람들도 상당수였다. '현대적인 느낌'을 담자는 주장은 10% 정도였다.

현행 〈애국가〉를 국가로 제정해 그대로 부르자는 견해는 소수였다. 민속학자 최상수는 "지금 부르고 있는 것은 애국가이고 국가는 아니지만 실상은 국가나 조금도 다름이 없다. 국외에서 널리 불리고 있지 않은가? 그러므로 지금의 애국가를 국가로 제정하면 될 것이다. 시비를 거는 이가 있으나 애국가는 역사성으로나 현실성으로 보아서 국가로 될 여러 가지 점을 구비하고 있다."라고 했다. 작곡가 박태현도 "현재의 애국가가 국가로 되어도 좋다."라는 의견을 피력하였고, 고정기 여원사 주간, 김리석 소설가, 김기두 서울대 법대 교수 등도 같은 견해를 보였다. 다만, 전광용 서울대 문리대 교수는 '남북통일 때까지' 〈애국가〉 제정 문제를 미루자는 견해를 밝혔다.

## ■ 공모로 국가 제정 의견 지배적

국가 제정 방법으로는 공모가 지배적이었다. 왕학수 고려대 교육대학 원장은 공모를 주장하며 그 가사는 문필가·시인·교육자·군인으로 구성된 심사위원회를 구성하여 모집하자고 주장했다.

나운영 연세대 음악대학 교수는 "지금의 애국가는 '서양찬송가'라고 말하면서, 새로 제정할 국가의 곡조는 7·5조를 피하자."라고 했다. 즉, '한국적인 곡조로 하자는 견해였다. 김원룡 서울대 고고학 교수는 "우리나라 기후풍토가 반영된 한국적이면서 전혀 새로운 것"을 기대하였고, 박용구 음악평론가는 "헌법 제1장 제1조의 '민주공화국', 제2조의 '주권은 국민에게', 제5조의 '자유 평등 창의'가 가사 속에 포함되도록 하자"고 했다. 곡조 역시 공모로 하자는 의견이 강했다.

특히 최현배 한글학회 이사장(연세대학교 부총장)은 "백두산의 웅장한 정기를 타고 삼면 바다의 반도 나라로 대양을 내다보고서 멀리 나아가려는 기상과 동방의 새 문명의 창조자로 이상을 강조하는 가사를 제정하자."라고 강력히 주장했다.[16]

---

16  김도훈, 「애국가 작사자 관련 논쟁에 대한 검토」, 『한국독립운동사연구』 제64집, 2018.11, 280~283쪽.

1971년 양제칠 어문연구회 대표는 지금의 애국가는 국가의 환경이 달라져 노래 자체의 감각이 현실에 맞지 않다고 지적, 현실감각에 알맞은 새로운 국가를 제정할 것을 각계 인사의 서명을 받아 정부에 건의했다. 이 건의서에 따르면 ① 구한말과 오늘에는 국가의 환경이 다르고 ② 1절에서 '마르고 닳도록'이라는 표현이 좋지 않고 또 '하느님이 보우하사 우리나라 만세' 부분과 후렴의 '대한 사람 대한으로 길이 보전하세' 부분이 상이한 이념을 담고 있으며 ③ 4절은 본래 황실 부분을 찬양한 것으로 다소 고치기는 했으나 후렴과 중복되고 있음을 지적했다.[17]

## ■ 제4공화국 시대

1976년 이유선 중앙대 교수는 『한국양악백년사』에서 안익태 작곡의 애국가의 불가리아 표절 문제를 거론하며 "대한민국은 완전한 민주 독립국가이니만큼 하루속히 국가를 새로 제정해야 할 것이다."라고 썼다.[18] 이에 안익태 기념사업회 측은 반론자료와 함께 정부 각 부처에 진정서를 보냈다.

그러자 문화공보부는 정부의 공식 입장을 발표했다.

"애국가가 30년 동안 국가 역할을 한 점으로 볼 때 '명확한 근거 없이 표절 여부를 논하는 것은 바람직하지 않은 일'이며 새 애국가를 제정한다면 혼란을 가져올 염려가 있다. 또한 새로운 애국가를 제정한다 하더

---

**17** 「어문연구회 새 국가 제정 건의」 『동아일보』 1971년 8월 16일 5면

**18** 이유선, 『한국양악백년사』, 중앙대학교, 1976, 153쪽.

라도 '과연 민족으로 얼룩진 애국가[19]'만큼 공감을 줄 수 있는가는 의문시되고 있다."라며 국가 제정안을 묵살했다.

국회사무처 역시 "애국가가 실제상 국가의 역할을 해온 점을 감안할 때 명확한 근거 없이 표절 여부를 논하는 것은 어불성설이므로, 금후 〈애국가〉의 권위를 손상시키는 불미스러운 일이 없도록 정부 당국에 강력한 조치를 촉구하겠다."라는 내용의 회신을 보냈다.[20]

1977년 1월 26일 한국음악협회의 회장 조상현은 애국가의 표절 의혹과 함께 가사와 선율의 불일치, 소극적인 내용의 가사 등을 이유로 들어 총회에서 새 국가를 만들 것인지 여부를 결정한 다음 통과되면 이를 정부에 건의하기로 발표했다. 이날 개최된 토론회에서 박찬석 서울교대 교수는 새로운 국가 제정의 필요성을 역설하면서 여태까지 국가가 제정되지 않은 이유로 다음의 4가지를 꼽았다.

① 현재 잘 보급된 애국가가 있지 않느냐는 주장
② 통일 이후에 국가를 만들자는 논의
③ 특정인이 국가를 작곡할 수 있느냐는 소아병적 태도
④ 국민과 당국이 예술 특히 음악에 무관심한 점

---

**19** 도대체 어느 '민족'으로 얼룩진 어느 '나라'의 '애국가'인가? 이러한 관계 당국의 사실을 호도하는 반민주, 반헌법, 반시대적, 무사안일, 전례답습, 권위주의, 나태한 타성의 상투적 의식행태가 오늘날까지 국가사회발전을 가로막는 최대 장애 요인이 되고 있다.

**20** 「애국가는 불가리아의 민요곡」, 『한국일보』 1976년 10월 21일.

그러면서 애국가는 가사가 국가로서 미흡하고 적성 국가인 불가리아 민요곡을 닮았다는 설이 일부에 나돌고 있는 사실이 불유쾌한데다, 서양적인 작곡이어서 차제에 우리나라다운 리듬 박자·음계·화성법에 입각한 우리 분위기가 있는 새 국가를 제정하는 것이 좋겠다고 덧붙였다.

이러한 지적에 대해 안익태기념사업회의 이세영은 〈애국가〉 곡조는 표절이 아니라 독창적이라고 반박했다. 작곡가 김상두는 국가 제정 문제는 음악협회가 다룰 문제가 아니라 전 국민에게 물어보는 형식을 취해야 할 것이라는 의견을 제시하고, 작곡가 김형주는 음악협회 집행부에서 연구 과정을 거쳐 정부에 건의하는 형식이 좋을 것이라는 견해를 밝혔다.[21]


## ■ 제5공화국 시대

1981년 12월 1일, 사회운동가 김종갑은 뚜렷한 건국이념과 겨레의 얼을 담은 새로운 국가 제정을 주창하는 기고문을 발표했다.[22] 새 국가를 제정해야만 하는 이유를 가장 명확하게 밝힌 문장으로 평가된다.

"지금까지 우리나라에서는 국가 없이 애국가가 국가를 대용하고
있었다. 국가를 제정 못하고 애국가로 대용하고 있는 이유는
국제관계에 있어서 관성 때문이겠지만 일제 식민주의 치하에서

21 「애국가 논의에 종지부 : 音協 정기총회의 토론내용」, 『동아일보』 1977년 1월 28일 5면

22 김종갑, 「애국가 아닌 국가 제정을」, 『경향신문』 1981년 12월 1일 7면.

스스로 주체 정신을 찾을 수 없었고 보수적이며 나태한 타성을 과감히 탈피 못한 지난날의 쓰라린 역사 때문이다.

이제 우리나라는 법치국가로서 새 역사를 창조하고 세계로 비약하고자 하는 이때 새로운 시각에서 애국가가 아닌 국가가 제정되어야 한다. 국가 제정에 있어서 국가는 독립주권국의 건국이념이 뚜렷하고 투철한 민족의 얼이 내포되어 있어야 하며 고질적이고 나태 의타적 소극적 내용은 배제되어야 한다. 시대적 요청이나 생동하는 세계 경쟁에 약진하는 내용이어야 한다.

민주 주권국가는 온 국민이 주인이기 때문에 국민 스스로 국가를 부름으로써 웅대한 기상과 가슴을 찌르는 숙연한 마음을 가질 수 있도록 해야 한다.

1982년 10월, 전두환 정부는 국가제정추진위원회를 결성했다. 위원장에 안호상(초대 문교부 장관, 학술원 원로회원), 부위원장에 한갑수(한글학자)·박병배(전 국회의원), 전형위원에 나운영(음악가)·김종갑(사회운동가)·백시영(전 언론인), 고문에 유진오·백낙준·이희승·류달영 등이 추대되었다. 안호상 국가제정추진위원장은 1983년 4월 각계인사 5,000여 명에게 새로운 국가의 제정 필요성을 설명하고 제정 방법 등을 묻는 설문서를 보냈다.[23]

설문서엔 "현재의 〈애국가〉 가사와 곡은 나라 노래로서는 부적합하다. 가사도 고종 때 국운이 완전히 기울어져 있을 무렵 만들어져 지나치게 감상적이고 의존적이다.", "자유·평화· 화합·단결·개국 이념 등

---

23 「국가를 새로 만들자」, 『동아일보』 1983년 4월 29일 11면

을 나타낼 수 있는 국가 제정이 필요하다."라는 설명이 담겨있었다. 국가제정추진위원회가 지적한 가사와 곡의 문제점은 다음과 같다.

: 가사의 문제점
① 우리나라 국토가 만주까지라는 것을 강조해야 하는데도 '무궁화 삼천리'로 영토를 한정시켜 일제의 반도사관과 흡사하다.
② '동해 물과 백두산이 마르고 닳도록'이라는 표현은 소멸적이며 하소연하는 의미다.
③ '하느님이 보우하사'라는 표현은 독립적이 아니라 의존적이다.
④ '남산 위의 저 소나무'라는 가사는 세계로 뻗어가는 오늘의 기상과는 거리가 멀다.

: 곡조의 문제점
① 겨레의 기백을 담고 있지 않다.
② 고유의 리듬이나 장엄 활기찬 면이 없다.
③ 불가리아 민요와 16소절 중 8소절이 비슷한 서양곡이다.
④ 당초 안익태가 국가가 아닌 환상곡으로 작곡한 것이다.

이에 대한 5,000명의 답신에 대한 경과나 결과 등 피드백은 거의 없었다. 다만 내무부 등 정부 관계자들은 '신중히 다루어져야 할 문제'라는 고식적 자세를 견지했다는 뒷담화만 흘러나왔다.[24]

1983년 5월 3일 한국기독교지도자협의회는 신라호텔에서 기자회견

---

24 「국가 새로 만들자 움직임 번져」, 『조선일보』, 1983년 4월 30일 11면

을 열고 "최근 일부 인사들이 국가제정추진위원회를 결성하여 현재의 〈애국가〉 대신 새로운 국가를 제정하려는 움직임에 대해 경악을 금치 못한다."라고 하면서 즉각 중지할 것을 촉구하는 성명서를 발표했다. 기독교 지도자 10여 명이 배석한 가운데 가진 이날 기자회견에서 오경린 회장은 "애국가는 지난날 일제의 탄압과 공산주의자들과의 투쟁 속에서 우리 얼을 지키며 불러온 애환이 담겨있는 민족의 국가"라고 지적하고, 특히 "전 국민의 화합과 단결이 요망되는 이 때에 국가제정이란 불필요한 문제를 야기하게 하는 것은 반국가적 행위로 즉각 철회할 것을 촉구한다."라고 목소리를 높였다.[25]

## ■ 제6공화국 시대

　1987년 6월 항쟁의 결과로 제6공화정 시대가 개막되었다. 1988년 2월 노태우 정부는 애국가와 무궁화를 공식국가와 국화로 지정하는 방안을 추진하기로 했다. 총무처는 그해 10월 7일 국가상징자문회를 열었으나 "애국가 곡이 너무 어렵고 노랫말도 시대에 맞지 않는 등 우리나라를 상징하기에 부적합하다."라는 이유로 공식국가 격상은 백지화되었다.
　김영삼 정부 시절인 1996년 10월 11일, 김화남 국회의원(무소속)은 총무처 국정감사에서 애국가와 무궁화의 교체를 주장했다. 그는 "우리 민족이 언제나 동해 물과 백두산이 마르고 닳도록 없어지는 극한적인 상황을 전제로 살아야 하느냐?"라며 국가는 곡과 가사의 분위기가 침울

---

25 「새국가 제정운동 중지를. 기독교지도자 협회 성명」, 『경향신문』 1983년 5월 3일 7면

하기보다는 밝고 희망적이며, 민족의 의지가 담겨야 한다고 강조했다.

김화남 의원은 무궁화에 대해서도 "무궁화를 사랑해 집에 심는 사람이 없다. 우리 땅 어디에나 심어도 잘 자라고 국민들이 모두 좋아해 꽃이 만개 됐을 때 국민적 축제를 벌일 수 있는 꽃으로 대체해야만 한다."라고 주장했다. 그는 이어 "아직 우리나라가 국가와 국화를 공식적으로 지정하지 않은 채 관행적으로 사용하고 있는 것은 주권국가로서 부끄러운 일"이라며 광복 50여 년이 지난 현시점에서 새로운 상징물로 대체해 공식지정할 것을 촉구했다.

이에 대해 조해녕 총무처 장관은 "애국가가 나름대로 우리 민족의 정서를 대변해온 점을 무시할 수는 없다."라며 말하고 "국가상징자문위원회에서 다각적인 검토를 벌이고 있다."라고 밝혔다.[26]

1997년 5월 6일 김영삼 정부는 '제2 애국가'를 만든다고 발표했다. 현재의 애국가는 곡이 너무 어렵고 노랫말도 시대에 맞지 않는 등 한국을 대표해 사용되기 부적절하다는 지적을 받아왔기에 공청회를 거쳐 전문 음악인 등에 의뢰해 제작된 2~3개의 곡을 지정, 정부 공식행사 등에 애국가를 대신해 사용할 수 있도록 하겠다고 밝혔다.[27]

1998년 2월 25일 출범한 김대중 정부는 〈상록수〉(거치른 들판에 푸르른 솔잎처럼), 〈임을 위한 행진곡〉 등을 애국가와 함께 공식행사에서 선택적으로 부를 수 있게 했다. 특히 〈상록수〉는 IMF(국제통화기금) 사태 이후 '국민가요'로 널리 불리게 되었다. 상록수처럼 푸른 기상을 갖고 온갖 어려움을 이겨내고 승리하자는 가사가 국민의 마음을 움직였다. 〈상

---

**26** 「김화남 의원 애국가 무궁화 새 상징물로 바꿔야」, 『경향신문』, 1996년 10월 11일 5면.

**27** 「제2 애국가 만든다」, 『경향신문』 1997년 5월 6일 1면

록수〉는 1998년 8월 15일 정부 수립 50주년 기념 TV 캠페인 광고의 주제 음악으로 사용되었고 2002년 3월 1일 83주년 삼일절 기념식장에서 〈상록수〉는 기존 애국가와 더불어 제2의 애국가로 당당히 울려 퍼졌다.[28]

2002년 겨울 16대 대선 때 노무현 대통령 후보가 직접 기타를 치면서 부른 〈상록수〉는 2003년 2월 25일 노무현 대통령 취임식 행사 피날레에 합창되었다. 노무현 정부는 애국가의 문제점을 파악하고 있었던 것일까? 2007년 1월 26일 태극기와 애국가를 함께 법률상 국가상징으로 격상시키자는 일각의 주장을 물리치고 태극기만 국기로 규정하는 〈국기법〉(법률 제8272호)만을 제정 공표했다.[29]

2008년 2월 25일 출범한 이명박 정부가 '747 공약'과 '4대강 복원사업'과 '자원외교'에 집중하면서 새 국가 제정론은 물론 공식행사에서 제2의 애국가 격으로 불린 〈상록수〉나 〈임을 위한 행진곡〉은 완전히 사라졌다.[30]

2010년 7월 27일 이명박 대통령은 애국가를 〈국민의례규정〉(대통령 훈령 272호) 제4조②항 2에 삽입했다.[31] 그러나 〈국민의례규정〉은 법령이 아닌 대통령 훈령으로서 행정기관의 내부관계에서 하급관청에 대하여

---

28 「3.1절 83돌 전국서 다채로운 행사」, 『연합뉴스』 2002년 3월 1일.

29 「국기법 올 7월 시행 '국기에 대한 맹세' 어디로」, 『문화일보』 2007년 5월 3일.

30 2009년 5월 23일~29일. 고 노무현 대통령 국민장 기간인 일주일 동안 대한민국은 〈상록수〉의 공화국이었다. 그 선율은 29일 서울 경복궁에서 열린 노무현 대통령의 영결식에 이어 서울광장에서 열린 노제에서 가수 양희은의 열창으로 절정을 이루었다. 그늘진 곳 달래는 노래 '상록수' 노제서 울려 퍼지다. (『국민일보』 2009년 5월 29일)

31 애국가 제창 : 1절부터 4절까지 모두 제창하거나 1절만 제창

발하여지는 것이기 때문에 대외적으로 법으로 인정되지 않는다(본서 2권 선율과 법률 편에서 상술).

2012년 6월 15일 이석기 국회의원(통일민주당) "애국가는 나라를 사랑하는 노래 중 하나이고, 독재정권에 의해 굳어진 것인데 그걸 마치 국가인 양 생각하는 것"이라고 지적했다. 오히려 민족의 '정한'이 담긴 아리랑[32]을 국가로 해야 한다고 주장하여 파란을 불러일으켰다.[33]

박근혜 정권 원년 2013년 4월 25일 장윤석 국회의원(새누리당)과 한국입법학회 주최로 국회도서관 대강당에서 '애국가법 제정을 위한 학술토론회'가 열렸다. '애국가법 제정 왜 필요한가'라는 주제로 열린 이 토론회에서는 애국가 제정을 둘러싼 입법화 여부를 검토했다.[34] 박근혜 정부는 그의 부친 박정희 대통령이 애창한 일본 대표 국민가 〈애국행진곡〉가사와 유사한 〈내 나라 내 겨레(동해의 태양)〉[35]를 삼일절과 광복절 등 공식행사에 제창하게끔 했다.[36]

2017년 5월 10일 대선에서 승리한 문재인 대통령은 취임 즉시 국정역사 교과서 폐기와 〈임을 위한 행진곡〉 제창을 지시했다.[37]

---

**32** "아리랑은 일제하에 일본음악적 요소라는 점과 지난 시기의 분명한 의미체계를 민요라는 점에서 국가로서는 부정적이라 말하지 않을 수 없다." (노동은, 「애국가 가사는 언제, 누가 만들었나」, 「역사비평」 1994년 5월, 41~42쪽.)

**33** 「박원석, 통합진보, 행사서 애국가 부를 수 있다」, 「아주경제」 2012년 5월 24일.

**34** 「'애국가법 제정' 학술토론회」, 「한국경제」 2013년 4월 21일.

**35** 강효백, 「한국 〈애국가〉와 일본 〈애국행진곡〉의 관계는?」, 「아주경제」 2000년 1월 18일.

**36** 「숭고한 넋 기리자…전국 곳곳에서 3·1절 기념행사」, 「연합뉴스」 2014년 3월 1일.

**37** 이명박 정부 첫해인 2008년까지 '제창' 형식으로 불렸다. 하지만 2009년부터 '합창' 형식으로 바뀌면서 논란이 빚어졌던 것을 문재인 정부가 원상회복 조치했다. (「문 대통령, 국정 역사교과서 폐기·임을 위한 행진곡 제창 지시」, 「매일경제」 2017년 5월 12일)

2019년 2월 애국가의 작곡가인 안익태에 대해 친일 행적에 이은 독일 나치 연관설이 나와 애국가를 바꿔야 한다는 주장이 제기되었다.

2019년 8월 8일, 안민석 더불어민주당 의원(문화체육관광위원장)의 주최로 국회 의원회관에서 "안익태 곡조 애국가, 계속 불러야 하나?"라는 제목의 긴급 국회공청회가 열렸다. 공청회에는 이부영 자유언론실천재단 이사장, 함세웅 천주교정의구현전국사제단 고문, 김원웅 광복회장, 윤경로 친일인명사전편찬위원장 등이 참석했다.

이부영 이사장은 공청회에 앞서 국회 정론관에서도 기자회견을 열고 "올해는 3·1독립운동 100주년을 맞는 해다. 친일·친나치 경력이 드러난 안익태의 애국가를 계속해서 부를지 여부를 매듭지어야 한다는 여론이 거세게 일어났다."라며 "이제는 잘못된 과거를 바로잡아야 한다. 반성해야 한다."라고 촉구했다. 그는 "안익태 씨의 친일, 더 나아가 일독(日獨)협회를 통한 나치 부역 행위는 그 죄상이 너무 명백하며 1945년 이후 보여준 안익태 씨의 표변은 충격적이기까지 하다."며 "안익태 씨가 독일에서 일독협회의 지원을 받아 일제 괴뢰국 만주국환상곡을 작곡하고 지휘할 때, 우리 독립군들은 일제가 만든 만주군 토벌대의 총탄에 쓰러져갔다."라고 규탄했다.

김정희 한국예술종합학교 교수는 '안익태의 표절과 자기표절'이란 발제에서 (안익태 애국가) 전체 16마디 중 4마디를 제외한 나머지 부분에서 선율의 유사성이 매우 높다."라며 "애국가의 출현음 총 57개 중 맥락과 음정이 일치하는 음도 모두 33개로 58%의 일치도를 보였다. 변주된 음까지 포함하면 모두 41개로 유사도(일치도) 72%로 높아진다."라고 설명하면서 "국민 모두가 〈애국가〉를 오랫동안 불러왔다고 해서 그 부끄러움이 해소되는 것은 아니다."라고 목소리를 높였다.

김원웅 광복회장은 "순진하고 어릴 때 애국가를 부르면 가슴이 뭉클하고 뜨거움이 용솟음쳤다. 애국가는 나라 사랑의 정신을 일깨우는 노래로 자리 잡아야 한다."라면서 "뒤늦게 이 노래의 작사, 작곡이 친일 반민족 인사라는 사실에 대해서 형용할 수 없는 배신감을 느낀다."라고 지적했다. 그는 "지금의 애국가는 나라 사랑의 마음을 일깨우는 노래로써 이미 그 위상을 상실했다. 애국가를 부를 때 께름칙하다면 이미 그 생명력을 상실한 노래다. 민족 공동체의 이상과 명예를 생각할 수 있는 자랑스러움이 깃들어있는 애국가를 만드는데 이 자리가 중요한 계기가 되길 바란다."라고 결론 맺었다.[38]

2021년 1월 1일 김원웅 광복회장은 "표절과 친일·친나치 행위로 얼룩진 애국가 작곡가(안익태)에 대한 역사적 심판과 함께, 새로운 국가(國歌) 제정을 위한 국민적 공감대를 광복회가 조성해 나가겠다."라고 밝혔다.[39] 김원웅 광복회장이 2021년 신년사에서 "애국가 교체를 위한 국민적 공감대 형성"을 천명한 이유는 애국가 교체는 국민의 동의가 가능한 사안이고, 작곡자와 작사자의 친일, 표절 의혹, 시대성 부족 등 여러 가지 문제점이 있기 때문이다.[40]

**38** 「안익태 애국가 국회 세미나…, 애국가 재지정해 잘못된 과거 청산」, 『국회뉴스』 2019년 8월 8일.

**39** 「광복회장, 새 애국가 제정 위해 국민적 공감대 조성할 것」, 『연합뉴스』 2021년 1월 1일.

**40** 「시대성 뒤떨어지는 애국가, 굳이 고집할 필요 있나」, 『오마이뉴스』 2021년 1월 4일.

## ▪ 새 국가 제정론 75년사 요약

1945년 해방공간부터 1990년대말까지 각계 인사와 선행연구자들은 좌우와 보혁 가릴 것 없이 역사 전개의 매시기마다 애국가의 문제점(주로 가사)을 지적하면서 새 국가 제정을 주창해왔다. 2000년대에 들어오면서부터 가사에 관한 언급은 사라지고 작곡자의 친일과 곡의 표절이 논점의 주를 이루고 있다.

새 국가 제정 움직임이 가장 활발한 시기는 해방공간이었다. 신문사가 거액의 사례금을 내건 새 국가를 공모하는 광고까지 냈었다. 친일 인사를 중용한 이승만 정권 시대 내내 애국가에 대한 이의제기는 입도 벙긋 못하는 분위기가 계속되었다.

4·19 직후 애국가 교체론이 끓어올랐으나 5·16 군사 쿠데타로 물거품이 되었다. 3공과 5공 군사정권 시절 초기, 1964년과 1983년 새 국가 제정 움직임을 보였는데, 주로 가사에 중점을 두었다.

김영삼, 김대중, 노무현 정부 시대는 제2의 국가 제정론과 함께 〈상록수〉, 〈임을 위한 행진곡〉 등이 제2의 애국가 격으로 불렸다.

이명박, 박근혜 정부 시대는 기존의 애국가를 공식국가로 입법화하자는 '애국가 격상론'까지 대두되었다.

문재인 정부 시대에 애국가 문제 논의가 재개되었으나, 작곡자와 곡이 주요 쟁점으로 머물러 있다.

가장 핵심인 애국가 가사는 금단의 성역인가? 언급조차 하지 않는 요해 불가한 이상한 흐름이 십여 년째 계속되고 있다.

## 국가 교체론 vs 국가 유지론 75년사 일람표

| 시대 | | 기간 | 주요 동향 | 주요 쟁점 |
|---|---|---|---|---|
| 해방공간 | | 1945~1948 | 새 국가 제정 동향 가장 활발<br>(새 국가 공모전) | 가사 |
| 제1공화국 | | 1948~1960 | 애국가를 국가로 잠정 결정,<br>작사자 논란 윤치호 확정 | 작사자 |
| 제2공화국 | | 1960~1961 | 새 국가 제정논의 재개되었으나<br>5·16 쿠데타로 무산 | 가사 |
| 제3공화국 | | 1961~1972 | 1964년 애국가 여론 조사<br>국가 바꾸자 85% | 가사 |
| 제4공화국 | | 1972~1980 | 작곡자와 곡<br>문제 제기된 바 있음 | 작곡자 |
| 제5공화국 | | 1980~1987 | 1983년 국가제정추진위원회 결성,<br>기독교계 반발 | 가사와 곡 |
| 제6공화국 | 노태우 | 1987~1992 | 국가상징 자문회<br>애국가를 공식국가로 | 공식 국가화 |
| | 김영삼 | 1993~1997 | 국가상징 자문위원회<br>김화남 의원 국가 교체 주장 | 가사와 곡 |
| | 김대중 | 1998~2002 | 〈상록수〉, 〈임을 위한 행진곡〉 등<br>제2 애국가격으로 부상 | 제2애국가 |
| | 노무현 | 2003~2007 | 애국가의 문제점을 인식<br>애국가 공식 국가화 반대 | 제2애국가 |
| | 이명박 | 2008~2012 | 애국가를 대통령 훈령으로 규정 | 공식 국가로 격상 |
| | 박근혜 | 2013~2017 | 국가로 공식화하려는 애국가법 제<br>정론 | 공식 국가로 격상 |
| | 문재인 | 2017.5~ | 〈임을 위한 행진곡〉 제창 복원, 작곡<br>자와 곡의 친일성 문제 제기 | 작곡자와 곡 |

# 일제에 빙의된 애국가

대다수 신생 독립국의 국가(國歌)는 제국주의 나라의 국가의 영향을
절대적으로 받아 작사되었다.

– 마이클 가이슬러(Michael Geisler)


새로운 국가 제정 경연대회를 개최하자. 영국의 식민지 시절
군국주의 가사의 찬가는 사라져야 한다.

– 아일랜드 대표 일간지 〈Irish Times〉, 2020. 3. 10.


1895년~1910년은 한국이 독립국이었다는 시대 인식의 치명적
착오가 왜색의 〈애국가〉를 낳았다.

– 강효백

## ■ 일본군이 경복궁에 난입,
고종을 체포한 날이 일제 강점기 시작일

청일전쟁 전야다. 1894년 7월 23일 0시 30분 일본군의 경복궁 점령 작전이 개시됐다. 오토리 게이스케(大鳥圭介) 주한 일본 공사가 용산주 둔 일본군 제5사단 혼성여단장 오시마 요시마사에게 "계획대로 실행하라."라는 급전을 보낸 것이다.

중무장한 1,000여명의 일본군의 야습에 경복궁을 수비하던 장위영과 통위영 병사들이 격렬히 대항했으나 중과부적이었다. 새벽 5시 일본군은 영추문을 폭파하고 경복궁으로 난입, 고종과 민왕후를 체포했다. 2대대장 야마구치 케이조 소좌가 칼을 빼 들고 고종을 위협하여 조선군을 무장해제 하라고 지시했으나 고종은 듣지 않았다. 이에 일본군은 조선인 첩자를 시켜 고종의 가짜 명령서를 만들어 끝까지 저항하던 조선군을 무장 해제시켰다. 일본군은 그날부터 1894년 2월 11일까지 약 8개월간 왕과 왕비를 경복궁 내에 연금했다.[41]

> 일본 군사들이 대궐로 들어왔다. 이날 새벽에 일본군 2개 대대가
> 영추문(迎秋門)으로 들어오자 시위 군사들이 총을 쏘면서 막았으나
> 고종이 중지하라고 명했다. 이날 대원군(大院君)이 명을 받고
> 입궐하여 개혁을 실시할 문제를 주관하였는데, 일본 공사 오토리
> 게이스케도 뒤에 입궐했다.[42]

---

**41** 황태연, 『갑오왜란과 아관망명』, 청계출판사, 2017년, 47~103쪽.
**42** 『고종실록』, 고종 31년(1894) 6월 21일 병인 1번째 기사

일본군은 효창원 일대를 숙영지로 삼아 기지를 두고, 만리창에 임시 사령부를 둔 뒤 김홍집 친일 내각을 구성했다. 김홍집, 김윤식, 김가진 등 종일매국노 일색으로 구성된 친일 내각은 청나라와의 모든 조약을 파기하는 조선독립을 선포하고 일본군이 청나라 북양군을 조선에서 몰아내도록 허용했다.

일본군에 의해 경복궁을 점령당하고 왕과 왕비가 체포된 1894년 7월 23일은 최초의 국치일이자 일제강점기 시작일이었다. 그날 이후 1910년 8월 29일 경술국치까지 한반도의 사실상 최고권력 중심은 주한일본 공사관과 조선통감부였다.[43]

■ 구한말 한국이 독립국이었다는 시대 인식의 치명적 착오가
  왜색의 애국가를 낳았다

1895년 4월 17일 청일전쟁에서 최종승리한 일본은 청나라와 시모노세키조약[44]을 체결하여 한국의 지배권을 획득하고 대만을 식민통치했다. 일본은 본격적으로 한국의 정치 경제 사회 문화 전 분야를 일본의,

---

**43** 1896년~1908년 애국가의 출현과 관계 깊은 독립협회와 독립문, 『독립신문』, 대한협회 등 일체는 일제에 의해 내밀히 기획, 운영, 배후 조종되었다. 책 2권에서 관련 비밀 문건 공개와 함께 상술하기로 한다.

**44** 「시모노세키 조약」, 〈제1조〉. 청은 조선이 완결 무결한 자주 독립국임을 확인하며 무릇 조선의 독립 자주 체제를 훼손하는 일체의 것, 예를 들면 조선이 청에 납부하는 공헌, 전례 등은 이 이후에 모두 폐지하는 것으로 한다./ 〈2조〉. 청이 관리하고 있는 지방(랴오둥 반도, 타이완 섬, 펑후 제도 등)의 주권 및 해당 지방에 있는 모든 성루, 무기 공장 및 관청이 소유한 일체의 물건을 영원히 일본 제국에 양도한다. (이하 생략)

일본에 의한, 일본을 위한, 일본식으로 개조했다. 1895년 한국은 이미 일본의 준식민지 또는 위성국이었다.

길게는 50년간, 짧게는 36년간 일본 하늘 아래서 살았던 우리는 언어, 사상, 제도, 관습, 표준, 학술, 음악과 미술 등 예술문화 전반, 심지어 애국가와 나라꽃까지 일본적인 것의 침윤을 받았다. 일본의 손을 탄 것들이 한국 고유의 것으로 둔갑, 한국인에게 세뇌 주입 각인되었다.[45] 1895년~1945년 한반도의 시공은 한국인들이 음악 속에 깃든 일본 정신과 정서를 이데올로기적으로 자신도 모르게 체화하도록 사회적 토대가 조성되었고, 또 일본식 음악을 매체로 민족의 사회문화적 시스템을 기만하게 만들었다.[46]

〈애국가〉는 일제의 준식민지 또는 위성국 시절(1895~1910년)에 작사되었고 일제의 완전한 식민지 시절(1910~1945년)에 작곡되었다. 1895년~1910년은 한국이 독립국이었다는 시대 인식의 치명적 착오가 오늘날 친일 잔재의 유지 또는 옹호 현상과 함께 왜색의 〈애국가〉를 낳았다.


## ■ 막말 애국가와 구한말 애국가

보통명사로서의 '애국가(愛國歌 patriotic song)'는 '나라를 사랑하는 노래'다. 고유명사로서의 〈애국가〉는 1902년부터 1910년까지 대한제국의

---

45  노동은, 「친일음악 연구현황과 과제」, 『민족문제연구』 1996년 여름호(통권 11호), 38쪽.

46  노동은, 「일제하 친일음반과 대중가요계」, 『한국음악학』 1996년 (통권 6호), 5~6쪽.

국가[47]와 1809년부터 1834년까지 포르투갈 왕국의 국가, 1991년부터 2000년까지 러시아의 비공식 국가의 이름이었다. 현재 국가의 명칭이 〈애국가〉인 나라는 한국과 북한[48], 리투아니아[49] 세 나라뿐이다. 엄밀히 말해 국가의 이름을 〈애국가〉라 함은 우리나라 국호가 '대한민국'이 아니라 '사랑해(愛) 국가(國家)'라는 꼴이다.

애국가는 나라의 이상과 기개를 나타낸, 의식 때 부르도록 지어진 노래이다. 그렇다면 우리나라 〈애국가〉 어디에서 대한민국의 이상과 기개를 찾을 수 있는가?

원래 '애국가(愛國歌)'의 어원은 19세기 중반 일본의 에도 막부 시대 (1603~1868년) 말기에 발생한 것으로 군가, 국민가, 국민가요 등 일본 애국가 류의 한 종류를 의미한다.[50] 1868년 메이지 유신(명치유신) 이전 일본이 300여 개의 번국(藩國)으로 할거할 시기, 애국(愛國)은 일본 전체 국가를 사랑하는 의미가 아니라 자기 번국을 그리워하는 의미로 쓰였

---

**47** 1902년 9월 9일 처음으로 연주된 한국사 최초의 근대 국가(國歌). 민영환이 작사하고 독일인 프란츠 에케르트 작곡했다. 가사는 세 번이나 바뀌었는데 첫 번째 가사의 현대 한글 표기는 이렇다. "상제는 우리 황제를 도우사/ 성수무강하사/ 해옥주를 산 같이 쌓으시고/ 위권이 환영에 떨치사/ 오! 천만세에 복록이/ 일신케 하소서/ 상제는 우리 황제를 도우소서

**48** 박세영(1946년) 작사, 김원균(1945년) 작곡의 북한 〈애국가〉 첫 소절은 '아침은 빛 나라(Let Morning Shine)'라는 명칭으로도 알려져 있다. 법적으로 국가로 지정되지는 않은 한국의 애국가와는 달리, 북한의 헌법 제1절 제171조에. "조선민주주의인민공화국의 국가는 《애국가》이다."에 명시되어 있다.[Hoare, James E.(2012-07-13). 『Historical Dictionary of Democratic People's Republic of Korea』. Scarecrow Press. p.273]

**49** 리투아니아의 애국청년 빈차스 쿠디르카(Vincas Kudirka)가 1898년 작사 작곡했다. 리투아니아 의회는 1919년 공식국가로 입법했다. (Encyclopedia Lituanica, 『National anthem』, volume IV, pp.24~26.)

**50** 齋藤茂吉, 『愛國歌小觀』, 岩波書店, 1975년, 36~38쪽.

다.[51] 막부 말기 번국의 우국지사들은 저마다 자기 번국을 위한 애국가 또는 전체 일본을 위한 애국가를 작시했다. 후세에 『막말애국가』(幕末 愛国歌)[52]로 칭해진 50여명의 200여 수 애국가류 시가는 일본 제국주의 의 팽창과 더불어 한국에 결정적 영향을 미쳤다. 1896년 4월부터 1899 년 6월 말까지 경향각지의 인사들이 애국가32편을 『독립신문』에 발표 했다. 그중에서 애국가란 이름으로 발표한 것이 11편이나 되고 그 당시 는 32편의 노래를 통칭 '애국가류'라 불렀다.[53] 이 애국가류중 하나인 〈무궁화 노래〉를 윤치호가 다시 1899년 6월 29일자 『독립신문』에 게재 하면서 배재학당 학생들로 하여금 제창케 했다. 이 〈무궁화 노래〉가 바로 윤치호의 『찬미가』(1908년) 제10장 영어제목 Patriotic Hymn No. Ⅲ (애국가·무궁화가)이다. 〈무궁화가〉의 후렴은 『찬미가』 제14장의 〈애국가〉 후렴과 똑같다. 결국 현행 〈애국가〉는 구한말 당시 32편의 애국가 류의 하나에서 전환된 것이다.[54]

---

**51** 嘉戸一将, "「忠君」と「愛国」" 『明治国家の精神史的研究 : 〈明治の精神〉をめぐって』, 鈴木徳 男·嘉戸一将, 以文社, 2008년, 58~92쪽.

**52** 川田順, 『幕末愛國歌』 第1書房, 1939년. 이 책에 게재된 에도 막부 말기(1850년~1868 년)의 애국가 작사자는 다음과 같다. 吉田松陰·佐久良東雄·是枝柳右衛門·伴林光平· 平野国臣·佐久間象山 久坂玄瑞·真木保臣·野村望東尼 藤田幽谷·村田清風·梅田雲 浜·頼三樹三郎·僧月照·高橋多一郎·有村次左衛門·有村兄弟の母蓮寿尼·佐野竹之 助·斉藤監物·蓮田市五郎 徳川斉昭·黒沢忠三郎·金子孫二郎·関鉄之助·児島草臣·草 臣の母益子 有馬新七·田中河内介·清河八郎·藤本鉄石·松本奎堂·吉村寅太郎 寅太郎 の母雪·河上弥市·祖栄尼·吉田稔麿·半田門吉·藤田小四郎 武田耕雲斎·遊女桜木·河 野鉄兜·平井収二郎·武市半平太·坂本龍馬 中岡新太郎·日柳燕石·木戸孝允

**53** "민경택, 윤태성, 박기렴, 최병희, 김종섭, 최영구, 리영언, 김철영, 고관직·인응선, 찬 양회부인회" 노동은, 「애국가 가사는 언제, 누가 만들었나」, 『역사비평』 1994년 5월 호, 19~20쪽.

**54** 이명화, 「애국가 형성에 관한 연구」, 『실학사상연구』 1999년 3월(10·11호 합집), 652쪽.

## ▪ 피지배국 국가는 지배국 국가의 영향을 받아 제작된다

외세의 지배로부터 독립을 이룩한 나라들의 국가는 오랫동안 주변에서 들려왔던 국가와 매우 흡사하다. 식민지의 멍에를 떨쳐 내고자 하는 욕망에도 불구하고 신생 독립국의 많은 국가는 제국주의 나라의 국가를 기반으로 한다.

세계 대다수 보호국과 위성국, 괴뢰국, 식민지나 신식민지 시절 출현한 국가는 지배국의 직간접 개입과 기획하에 유포되었다.[55] 대다수 신생 독립국 국가의 가사와 곡은 문학적, 음악적 가치가 거의 없다. 제국주의 국가는 적절하게 위엄 있는 가사와 감동적인 곡을 찾는 데 성공했으나, 신생 독립국 국가는 그렇지 않다. 당연히 이들 나라의 국가에는 이웃을 모방하는 경향이 있었으며, 그 결과 국가의 가사와 음악 스타일은 탄생일만큼 지리적 위치에 따라 결정되는 경우가 많다. 신생 독립국의 국가의 가사는 개성보다는 옛 지배국의 국가와의 유사성으로 주목할 만하다.[56]

영국의 식민지는 〈신이여 왕을 구하소서(God Save the King)〉[57], 프랑스 식민지는 〈라 마르세예즈(La Marseillaise)〉[58], 독일 식민지는 〈카이저 찬가

---

**55** Hui-Hsuan Chao(2009), Musical Taiwan Under Japanese Colonial Rule : A Historical And Ethnomusicological Interpretation, Music : Musicology), The University of Michigan pp.27-29.

**56** Anderson, B.(1992), Imagined communities : Reflections on the origins and spread of nationalism, London : Verso. pp.36~37.

**57** 새로운 국가 제정 경연대회를 개최하자. 영국의 식민지 시절 군국주의 가사의 찬가는 사라져야 한다. (『Irishtimes』, 2020.3.10.)

**58** 2019년 11월 21일, 니제르 대통령은 프랑스를 찬양하고 프랑스 식민통치에 감사

(Kaiserhymne)〉[59] 등 기존의 제국주의 국가의 영향을 절대적으로 받아 제작되었다.[60] 세계 대다수 나라의 국가는 나라의 독립과 국토의 수호, 혁명의 성취, 민족 전통과 정의와 평화수호의 서사시에 행진곡풍의 선율을 붙인 군가 또는 찬가다.

2018년 유럽연합(EU)은 각국의 국가 가사를 다섯 가지 성향별로 분류한 보고서를 발표했는데, 독립투쟁 혁명 군가와 국토 수호 찬가가 주류를 차지했다.[61]


- 독립투쟁 혁명군가(8개국) : 프랑스, 이탈리아, 터키, 아일랜드, 불가리아, 그리스, 포르트갈, 루마니아
- 국토 수호 찬가(6개국) : 폴란드, 오스트리아, 핀란드, 체코, 에스토니아, 크로아티아
- 민족 전통 찬가(5개국) : 벨기에, 헝가리, 라트비아, 슬로바키아, 리투아니아
- 자유 정의 평화 찬가(5개국) : 독일, 몰타, 슬로베니아, 사이프러스, 룩셈부르크
- 왕실 찬양가(4개국) : 영국, 덴마크, 네덜란드, 스웨덴

---

하는 기존 국가를 퇴출시킨 후 새로운 탈식민지 국가 제정을 결정했다고 공표했다. Niger set to change post-colonial anthem, six decades later 〈AFP〉 2019.11.23.

**59** 독일령 동아프리카, 독일령 카메룬, 토골란드, 독일령 뉴기니 등 독일의 식민지는 독일의 영향을 받아 제작되었다. Anthem of German New Guinea(1884~1918/l)

**60** Geisler, Michael E., ed. (2005). National Symbols, Fractured Identities : Contesting the National Narrative. University Press of New England. pp.132~135.

**61** Pierre-Robert Cloet·Bénédicte Legué(2018), United in diversity : Anthems and flags of The European union. Jacques Delors Institut. pp.16~18.

우리나라 애국가는 어디에 속할까?


## ■ 한국 속의 일본 애국가류

청일전쟁 당시 일본육군 군악대가 한국에 파견되어 〈적은 수만(敵は
幾万)〉[62] 등의 일본 군가가 한국 각지에서 한국 사람에 의해 불리게 되
었다. 인천항에 일본 거류지의 거리를 일본 승마 헌병 세 명을 선두로,
좌우를 순사 몇 명의 육군 군악대가 연주하면 한국인들이 뒤따라오며
일본 군가를 따라 부르며 뒤를 쫓아 부른다. 이를 목격한 기자는 "한국
인이 일본인보다 일본 군가를 훨씬 더 좋아한다."라고 소감을 밝혔다.[63]
일본이 청일전쟁에서 승리한 1895년을 기점으로 일본의 음계와 박자
로 이루어진 창가(唱歌쇼오카)와 연가(演歌엔카)와 애국가 류(국가·국민가·
전시가요·시국가요·군국가요) 등 일본음악이 쏟아져 들어와 한국 전통음악
으로 둔갑, 한반도 방방곡곡에 널리 보급되었다.[64] 일본의 애국가류가
한국의 군가 또는 항일 혁명가 등에 사용되어왔다. 이를테면 〈일본해
군〉[65]은 한국에서는 〈청년 군가〉로 불리고 다른 항일적인 다양한 가사
를 붙여 노래했다.
시대적으로 많은 노래가 필요했지만, 그 당시 한국의 작사자와 작곡

---

**62** 1886년 발표된 군가로 청일전쟁 시 일본육군 대표 군가로 불렀다.

**63** 安田寛, 『日韓唱歌の源流』, 音楽之友社, 1999년, 141~142쪽.

**64** 노동은, 『친일음악론』, 민속원, 2007년, 36쪽.

**65** 1904년 러일전쟁에 발표된 군가로 북한에서는 이 군가를 김일성 부대는 〈조선인민
혁명군가〉로 불렀다.

가가 만든 우리의 노래가 없고, 외국의 선율에 의존할 수밖에 없었다. 학교 교육을 통해 일본의 노래가 쏟아져 들어와 무의식적으로 노래 속에서 경계심이 없어져 버리거나 그것이 일본의 노래라는 사실을 몰랐다. 일본 노래는 민요처럼 구전된 것으로 한국 고유의 노래로 착각되기 쉽고, 음악적으로도 이질적이라기보다는 친근한 요소가 많으며, 한국의 문화에 이식되기도 쉬웠다. 또 당시에는 이것이 일본의 음악이라는 사실을 검증할 여력도 없었다. [66]

지면 관계상 〈학도가〉 사례 하나만 들어보겠다.

학도야 학도야 청년학도야 / 벽상의 괘종을 들어보시오
한 소리 두 소리 가고 못 가니 / 인생의 백년가지 주마 같도다

이 한국 최초의 양약곡 〈학도가〉는 창작곡이 아니다. 〈학도가〉가 따온 멜로디는 도쿄 신바시에서 요코하마 쪽으로 일본최초의 철도를 놓아 도카이도(東海道)를 개통했을 때 지어 부른 〈철도창가-도카이도편〉에서 따온 것이다. [67]

이 노래는 한국 양악의 선구자인 김인식[68]이 일본으로부터 도입하여 1905년 〈학도가〉라는 이름으로 노래를 작사, 후에 자신의 노래책인 『최신창가집』에 실었다. 〈학도가〉는 전래 민요 〈달아 달아 밝은 달아〉에도

---

66  小林孝行, 「コリアの近代化と音楽 ―その3」, 『文化共生学研究』第10号(2011.3), 岡山大学大学院社会文化科学研究科, 91〜92쪽.

67  이강숙·김춘미·민경찬, 『우리 양악 100년』, 현암사, 2001, 106〜109쪽.

68  김인식은 1956년 자신이 〈애국가〉 작사자라고 주장하여 파란을 일으킨 적이 있다. 2권에서 상술한다.

원래 곡 대신 붙여져 널리 불렸고 항일독립지사들도 애창해 왔다.

〈학도가〉는 1930년대에 다음과 같이 개사된다.

1. 청산 속에 묻힌 옥도 갈아야만 광채 나네
   낙낙 장송 큰 나무도 깎아야만 동량되네

2. 공부하는 청년들아 너의 직분 잊지 마라
   새벽달은 넘어가고 동천 조일(東天朝日) 비쳐온다

가사 내용을 살펴보면 한국인 입장에서 전혀 애국적인 내용이라고 볼 수 없다. 열심히 공부하여 대일본 제국을 받치는 기둥(동량)이 되자는 제국주의적인 내용이 강하게 드러나 있다. '새벽달은 넘어가고 동천 조일 밝아온다.'는 '새벽(조선)이 없어지고, 동쪽 하늘에서 해(일본이 떠오른다)'로 해석된다.[69]

〈학도가〉는 1960년~1970년대까지 음반으로 나왔고 박정희 정권 때는 〈애국가〉처럼 안창호 선생이 작사했다는 설도 생겨났다. 하지만 원곡은 식민지 확장사업의 단초를 보여준 일본 철도를 대표하는 도카이도 노래였던 것이 사실이다.

소리를 매개로 하는 노래는 대중을 세뇌하고 선동하는데 큰 파급효과를 지니고 있다. 위의 〈학도가〉의 사례처럼 일제는 이러한 노래의 성질을 악용하여 일본정신을 찬양하고 일본식 음악으로 그 정서를 찬양

---

69 (https://namu.wiki/w/%ED%95%99%EB%8F%84%EA%B0%80)

하는 친일구조를 광범위하게 형성했다.[70]

을사늑약 이듬해인 1906년 한국에서 사용한 최초의 음악교과서는 일본 소학교 음악교과서 『심상소학창가(尋常小學唱歌)』[71]였다. 즉 한국의 음악은 사실상 일본의 식민정책 일환으로 계획·진행되었고 또 통감부와 식민통치기구인 조선총독부에 의해 통제 및 독점되었다.[72]

일제 군국주의는 1895~1945년 음악을 전쟁의 군수품, 또는 탄환으로 취급하여 식민지인을 황국신민화 하는 수단으로서 적극 활용했다.[73] 이러한 현상은 1945년 해방 이후 오늘 현재까지에도 계속되고 있다.


## ■ 〈선구자〉와 〈낭랑18세〉

한때 애국가보다 더 많이 불렸던 국민가곡 〈선구자〉는 만주에서 활동하던 독립운동가들을 의미한다고 알려져 왔다. 그러나 실제로는 친일파 윤해영이 쓴 〈용정의 노래〉라는 시에 역시 친일파 조두남이 곡을 붙인 노래로 용정의 처녀가 말 탄 일본군 장교를 짝사랑하는 내용으로 밝혀졌다. 〈선구자〉의 작사자 윤해영은 만주 최대 친일단체인 오족협화회 간부로 활동하는 등 노골적으로 일제를 찬양하고 옹호하는 작품 활

---

70  노동은, 「일제하 친일 음반과 대중가요계」, 『한국음악학』 제6호, 1996.11, 12쪽.

71  岩井正浩, 『子どもの歌の文化史』, 第一書房, 1998년 15쪽.

72  민경찬, 「서양음악의 수용과 음악교육 : 일제 강점기의 초등음악교육을 중심으로」, 『음악교육』 2009(9), 19쪽.

73  이지선, 「제국 일본과 식민지 조선의 음악정책 2 – 국민개창운동을 중심으로」, 『일본연구』, 2010(45), 7~8쪽.

동을 하던 매국 시인이다.[74] 작곡자 조두남은 만주작곡자 협회 회원으로 징병제를 찬양하고 대동아공영권을 건설하자는 내용의 군가풍 국민가요를 작사 작곡해 보급한 매국 작곡가다.[75]

1949년 박시춘이 작곡하고 백난아가 처음 부른 〈낭랑18세〉의 선율도 1938년 하가 히데지로(芳賀秀次郞) 작사, 하시모토 쿠니히고 (橋本国彦) 작곡의 일본중앙문화연맹 선정한 군국가요 〈대일본의 노래(大日本の歌)〉의 선율의 명백한 표절이다.[76] 1980년 신군부의 언론기관 통폐합조처로 한국방송공사에 흡수된 〈동아방송〉이 한때 새벽에 방송을 시작할 때 흘려보낸 '콜사인 뮤직' 역시 일제 군가 〈흥아행진곡興亞行進曲〉의 각 소절 꼬리 부분만 슬쩍 바꿔 붙인 명백한 표절이었다. 1958년에 박경원 씨가 불러 인기를 끌었던 김교성 작곡의 가요 〈만리포 사랑〉도 〈흥아행진곡〉의 표절이다.[77]

일제 군가 등 애국가류의 곡을 그대로 따온 찬송가와 복음성가들을 널리 부르고 있다. 일제가 경복궁을 무력으로 장악하고 고종을 연금한 뒤 청의 북양함대를 격파함으로써 조선 식민지배의 토대를 굳힌 청일전쟁 찬양 군가도 포함돼 있다. 이를테면 일제가 퍼뜨린 〈부럽지 않네〉라는 찬송가에 붙인 곡조는 1895년 사사키 노부쓰나(佐佐木信綱)가 작사하고 오쿠 요시이사(奧好義)가 작곡한 〈용감한 수병(勇敢なる水兵)〉에서

---

**74** 민족문제연구소, 『친일인명사전2』, 2009년, 713~715쪽.

**75** 민족문제연구소, 『친일인명사전3』, 2009년, 547~549쪽.

**76** 〈대일본의 노래〉 동영상(https://youtu.be/dJXqYQ43HdY)
   문제의 심각성은 〈낭랑18세〉가 흘러간 옛노래가 아니라 2021년 현재도 인기가 높은 트로트 곡이라는 데 있다. 일본이 한국을 뭐라고 생각하겠는가?

**77** 「성스런 찬송가가 '일제군가'였다니…」, 『한겨레신문』 2007년 10월 7일.

따온 노래로, 청일전쟁 승리를 찬양하고 애국심을 고취하는 일본의 애국 군가였다.

〈애국가〉를 스코틀랜드 민요 '올드랭 사인'에 맞춰 불렀던 것마저 일본 메이지시대 대표창가 1881년(메이지 14년) '〈반딧불의 빛(蛍の光 호타루 노히카리)〉'의 모방이었다.(본서 제2권, "선율과 법률편"에서 상술 예정).

하늘 아래 새것이 없으니 좋으면 그저 가져다 쓰지 근원을 따져 뭐 하냐? 이런 주장을 펴는 사람도 있다. 물론 좋은 문화를 받아들여 조건에 맞게 고치고 발전시키는 일은 필요하다. 그러나 우리 고유의 것으로 착각해 국가의 근본을 모독하는 일은 없어야 한다.

한국 음악은 일본 제국주의의 이데올로기적 기능을 사회적 토대로 전개한 역사가 명백함에도 오늘에 와서 반성의 힘으로 진실에 다가가지 않은 채 근대에 전래해온 우리 민족 고유의 존재 방식이라고 강변 왜곡하는 일은 말아야 한다.[78]

끈질기고 지독하게 깊이 스며들어 청산되지 못한 채 이어지는 일제 강점기의 원천, 친일매국의 근본을 들추어내는 일은 피할 수 없는 과제다. 뿌리 깊은 친일매국 잔재의 발굴과 연구로 무엇이 잘못되었는지 인식해야 한다. 왜색풍의 겉치장이면 의미 없이 배척하는 것이 아닌 근본적인 식민지 의식의 개념과 내용을 이해해야 하며, 반드시 바로잡아야 할 시대의 과업이다.

---

**78** 노동은, 『친일음악론』, 민속원, 2017년, 47쪽.

# 03

# 악마는 가사에 있다

작사자와 작곡자의 성향보다 애국가 안에 담긴 정신이 더 중요하다.

– 백범 김구

국가란 나라의 주권, 독립과 존엄성을 대표하고 나라의 역사와
전통, 민족정신, 가치관, 목표와 그 나라의 국체와 정체를 반영하는
노랫말이다. 역사가 유구한 나라들도 시대변화에 따라 국가를
꾸준히 변화시켜 가고 있다.

– 브리테니커 대백과사전

국가를 새로 제정하자는 이는 전체의 85%나 되었다.
이들은 곡조보다 가사에 대해 많은 관심을 보였다.

– 『경향신문』 1964년 2월 11일

## ■ 국가상징 중 으뜸은 국가(國歌)

상징은 모든 인간 이해의 기초이다. 상징은 지식에 대한 개념의 매개체 역할을 하며 눈에 보이지 않는 권위와 권력 등을 감각적인 것으로 나타내는 기능을 한다.[79]

세계 각국은 자기 나라의 역사와 지리, 민족과 문화를 기초로 국가 상징을 정하고 있다. 국가상징들은 유력한 통치의 수단과 도구를 형성한다. 국가는 국가 자체가 상징이 엮어내는 상징체계라고 할 수 있다. 국가상징에는 국기와 국가(國歌), 나라꽃, 나라 문장, 나라 새, 나라 나무, 나라 도장 등이 있다.[80] 특히 시각적 상징물인 국기와 한 나라의 정신과 이상을 모국어로 표현한 국가는 나라의 운명과 함께 하는 양대 대표 국가상징이다.[81]

그중에서도 국가는 도형, 그림, 색깔 등 시각적 이미지에 국한된 국기의 추상적 상징의 한계를 뛰어넘는다. 국가는 언어와 문자, 음악으로 한 나라의 모든 시간과 공간, 지(知)와 정(情)을 함축하는 오감의 이미지로 대표하는 포괄적 기능을 가진다. 국기와 국장과 국새는 물건, 국화는 식물, 국조(나라 새)는 동물로서 매개체이지만 국가는 나라의 주인인 사람인 국민이 직접 몸과 마음으로 부르는 노랫말이다. 따라서 국가는 모든 국가상징의 으뜸이라고 할 수 있다.

---

**79** Tillich, Paul (1964), Theology of Culture, Oxford University Press. p.57.

**80** 행정안전부 홈페이지 국가상징개요에는 국기(태극기), 국가(애국가), 국화(무궁화), 나라 도장(국새), 나라 문장(국장)을 대한민국 5대 국가상징으로 게재하고 있다. (https://www.mois.go.kr/frt/sub/a06/b08/nationalIcon/screen.do)

**81** 이응백, 「애국가 이야기」, 『한글한자문화』 10월호 111호, 2008년, 60쪽.

## ▪ 국가 중의 으뜸은 가사

애국가는 기악이 아니라 성악이다. 성악의 가장 큰 특징은 가사로서의 '언어'를 필요로 한다. 애국가는 악기가 내는 소리가 아니라 가사에 선율을 붙여 목소리로 부를 수 있게 만든 노래다.

애국가는 연주곡이 아니라 가사곡이다. 엄밀히 말해 애국가에서 선율은 가사의 반주에 지나지 않는다. 모국어로 국민의 감정과 사상을 표출하고 생성하는 애국가 가사는 선율보다 압도적으로 중요하다. 앞에서 살펴본 바와 같이 각계 지도층 인사들은 애국가 가사의 문제점을 주로 제기해왔다. 그런데 2000년대 들어서면서부터 애국가의 작곡자의 친일성과 선율의 표절성만 간헐적으로 지적하고 있다. 외인이 들으면 애국가가 마치 스페인의 국가처럼 가사가 없어지고 선율만 있는 것처럼 알겠다.

세계 대다수 나라는 자국의 상징이자 영혼의 노래, 국가를 그 나라 최고의 가사(문학)에 최고의 선율(음악)을 곁들여 만들려고 애쓰고 있다. "작사자와 작곡자의 성향보다 애국가 안에 담긴 정신이 더 중요하다.[82]"는 백범 김구의 통찰대로 가사에 자기 나라의 언어로 자기 나라의 모든 것을 노래할 수 있기에 세계 각국은 특히 가사에 최선을 다하고 있다.

국가는 대개 가사에 내포된 정신을 수행하는데 바쳐진 가장 엄숙한 순간에 부르게 되면서 노래하거나 감상하면 자연스레 자기 나라에 자

---

82  김구 주석 휘하의 중경임시정부가 북미대한인회 중앙위에서 요청한 안익태 작곡의 〈애국가〉를 채택하였을지라도, 그 결의는 북미 한인회의 〈애국가〉채택 허가이지 국가 제정이 아니었음을 단적으로 반증하는 것이다.

부심과 애국심이 높아지는 게 국가이기 때문이다.[83]

세계 각국 국가의 분야별 중시 비중 순위는 대개 다음과 같다.

• 1-①순위 : 가사 후렴(코러스)

후렴은 1절만 불러도 반드시 불러야 하고 n절까지 부를 때는 n회를 불러야 한다. 세계 대다수 나라는 자국의 국가 소개에 후렴을 서두에 배치하고 있다.[84] 아일랜드 국가는 4절까지 있으나 후렴만 국가로 부른다.

• 1-②순위 : 가사 1절

세계 각국 국가는 대개 1절만 부르기에 1절은 후렴 버금가게 중시되고 있다. 다만 페루는 6개 절 중 5절만 국가로 부르고 슬로베니아는 8절까지 있으나 7절만 국가로 부르는데, 각각 5절과 7절이 세계 예사 나라 국가의 1절인 셈이다.[85]

• 1-③위 : 가사 2절 이후

• 2순위 : 작사자

세계 각국의 국가들은 독일 국가(하이든 작곡)와 오스트리아 국가(모차르트 작곡) 등 극소수를 제외하고 작사자가 작곡자보다 유명한 편이다.

---

**83** Bristow, M. J., & Reed, W. L. (Eds.). (2002). National anthems of the world(10th ed.). London : Cassell, pp.11~12.

**84** (https://en.wikipedia.org/wiki/List_of_national_anthems)

**85** Javornik, Marijan, ed. (2001). Enciklopedija Slovenije 15. p. 403.

중화민국, 콜롬비아, 아르헨티나, 라이베리아 국가는 자국의 국가원수가 작사했고, 인도와 방글라데시의 국가(타고르 작사)와 노르웨이 국가(비에른손 작사)는 노벨문학상 수상자가 작사했다.

· 3순위 : 작곡자와 선율

세계 각국의 국가는 스페인의 국가 하나만 제외하고 노랫말이 있는 가사곡이다. 선율은 국가를 부를 때 반주에 지나지 않는다. 미국 국가의 작사자는 유명한 법률가이자 시인이지만 작곡자는 영국의 무명시인이고 선율은 그가 지은 권주가이다.

· 4순위 : 법적 지위 등 기타


## ■ 애국가 가사에 대해 1,000자 이상 비평한 단 두 선각자

글은 글에서 나오고, 책은 책에서 나온다. 필자가 애국가를 톺아보면서 가장 고통스러웠던 대목은 이렇다. 애국가의 선율과 작곡자에 관한 글들은 많으나 누적 십 수억의 입들이 근 백 년간 가장 많이 읊어왔던 운문인 애국가 가사에 대해서는 선행연구를 찾기 어려웠다.

애국가 관련 모든 자료를 전수 분석하다시피 했는데 지난 100여 년간 애국가 가사에 대해 1,000자 이상 제대로 비평한 이는 백기완(1932~2021년) 선생과 김준태(1948년~) 시인 단 두 선각자뿐이다.

## ■ 백기완의 애국가 가사 비평

　백기완 선생이 『역사비평』 1994년 5월호에 게재한 「통일조국의 국가를 생각한다 – 분단억압에 맞선 민중의 의지와 정서가 담겨야」 중 가사 부분 비평 글이다.


　오늘의 애국가는 우리 항일투쟁의 주체적 줄기가 제대로 어리어있지 못하고 있다. 뿐만아니라 일제를 쳐부수고 새로 세우고자 하는 새 나라는 어떤 것이어야 한다는 이른바 새 알짜가 예술적으로 빚어지고 있는 흔적이 한 눈금도 없는 점으로 손꼽을 수 있을 것이다.

　잘 아는 바 우리가 겪었던 일제 식민지시기는 총칼의 지배 착취였으며, 이에 따라서 우리네 항쟁의 주체적 줄기는 마땅히 전투화 하지 않을 수 없는 역사적 단계였다. 그런데 이 애국가 노랫말에 따를 것이라면 우리가 전투적으로 싸워서 다시 세우고자 하는 새 나라의 모습이 그려져 있는 것이 아니라 하느님이 보우하사 우리나라 만세 이렇게 표현되고 있다.

　'하느님'이란 무엇일까. 말할 것도 없이 우리 겨레가 곧 하느님 또는 하늘이란 투로 그 뜻을 새길 수도 있을 것이다. 하지만 하늘, 하느님이란 관념적 실재이지 역사적 실재가 아니다.

　따라서 우리나라를 동해 물과 백두산이 마르고 닳도록 하느님이 보우하사 어쩌구 하는 것은 반제 항일의 역사적 주체를 관념적으로 텅 비게 하는 관념 조작이요, 나아가 제국주의와 싸워 이겨온 우리 역사의 주체적 줄기를 왜곡 파괴하는 정서적 도착증의 하나라고 할

수 있다. 따라서 이런 투의 노랫말로 된 〈애국가〉는 참된 애국가일
수가 없다.

더구나 〈애국가〉 노랫말의 온 흐름을 꼬치꼬치 뒤져보더라도
새로 세우고자 하는 새 나라의 옹근 모습, 이를테면 제국주의와
대립되는 새 나라의 모습이 예술적으로 빚어진 대목이 한 군데도
없다. 이 점에서 오늘의 애국가는 역사진보 그것의 매듭인 역사적
실질을 노래한 것이 아니라 그 둘레를 심정적으로 맴돌면서 아울러
애국 그 자체를 추상화한다고 할 것이니 이는 마땅히 없애버리고
새롭게 꾸며야 한다는 것이 나의 생각이다.

두 번째로 손꼽은 것은 그 노랫말의 퇴영성이다.

예를 들어 이 〈애국가〉는 첫판부터 '동해 물과 백두산이 마르고
닳도록~' 이렇게 되어있는데 이것은 생성의 조화를 읊은 경지가
아니다. 도리어 생성의 세계를 퇴영적으로 강조한 말투로서 매우
패배주의적 심상을 드러낸 것이라고 아니할 수 없겠다.

일제 때 일본 군가를 보면 '원수를 갚지 않고서는 돌아오질 않고,
일본한테 떨지 않는 나라는 쳐부수리라(군함행진곡)'라고 하고
있다. 그들은 이런 노래를 부르면서 우리나라를 짓밟고 만주를
침공하면서 '일본 사나이들이여 대륙으로' 이렇게 독전을 하고 있다.
이때 이에 대항할 참된 우리 겨레의 의기는 어떠했으며 또 그것을
어떻게 채질해야만 했을까. 동해 물과 백두산이 마르고 닳도록이
아니라 우리들의 피눈물이 마침내 동해 바다를 발칵 일으키고
우리들의 양심은 백두산 그 드높은 뫼뿌리보다 더 높이 푸른
하늘을 나부껴~ 이런 투로 달구어댔어야만 그것이 바로 그대
우리네 해방의 정서와 맞아떨어지는 것은 아닐까. 그러나 그렇게

그렇게 되어있지 않은 오늘의 〈애국가〉 노랫말은 반드시 바꾸어야
한다는 것이 내 생각이다.

세 번째로 오늘의 〈애국가〉 노랫말의 잘못은 지나치게 심정적
지조주의라고 할까 절개 같은 것만을 돋보이게 하고 있는 점이다.
보기를 들어 애국가 3절엔 '가을 하늘 공활한데 높고 구름없이
밝은 달은 우리 가슴 일편단심일세~'이렇게 되어있다. 이것은 물론
자연이란 물상을 대입하여 노래를 꾸미는 우리네의 전통적 시심의
한 가닥이라고 할 수는 있겠다. 그러나 한 나라를 지키고 다시 찾는
싸움이란 이제껏 있어왔던 봉건왕조의 지배체제를 국수주의적으로
지키자는 것은 아니다. 발전하는 역사와 함께 새롭게 일구는 창조의
세계가 아니면 안 된다.

애국심을 강조하려 한다면 단순한 지조, 절개에 호소할 게 아니라
이제껏 조국을 지켜온 피눈물의 역사, 그 연면성의 조국에 대한
내일과 그것에 대한 희망과 정열이 지조와 절개에 앞서게 해야
한다.

그러나 그렇지 못하고 다만 일편단심만 내세운 것은 무엇일까.
지긋한 우국주의자의 심정일망정 짓밟힌 나라를 다시 찾아 새롭게
세워야만 사람답게 살 수가 있는 사람들의 정서를 모은 것이
아니라고 손가락질할 수가 있겠다. 그러므로 이런 애국가는 마땅히
없애버리고 다시 지어야 한다는 것이 나의 생각이다.

새 애국가라면 무엇보다도 오늘의 분단억압과 싸우는 민중의
의지와 정서를 예술적으로 반영한 것이라야만 할 것이요. 나아가
싸워 이룩하고자 하는 세상, 침략과 억압이 없는 세상, 돈이
지배하는 세상이 아니라 사람이 사람을 위하는 세상, 너는 못살고

나만 잘사는 세상이 아니라 너도 일하고 나도 일을 해 모두 고루
잘사는 세상, 아니 우리 겨레만 잘사는 세상이 아니라 세계의
인류가 다 함께 맑고 밝게 같이 잘사는 세상을 어기차게 달구고
을러대는 위대한 비나리라야 하지 않을까.
그렇다. 우리는 이제 새로운 애국가, 우리만 즐겨 부르는 애국가,
진짜 해방으로서 통일을 일구어낼 노래를 하나 새로 만들어야겠다.
그러나 그것은 새로운 역사진보를 이룩하는 문화적 예술의 표현일
것임을 믿고자 한다.[86]


## ■ 김준태, 애국가 가사 비평

다음은 김준태 시인이 『역사비평』 1994년 5월호에 게재한 「민족의 기
개를 담은 우람하고 유장한 노래를」 중 가사 부분 비평 글이다. 특히
김준태 시인은 애국가 노랫말에서 한국 최초로(필자보다 25년 먼저) 진동
하는 왜색의 악취를 맡은 놀라운 후각의 소유자다.

작자 미상으로 전해져오는 애국가의 가사는 또 어떠한가. 제1절
'동해 물과 백두산이 마르고 닳도록'에서 필자가 강조한 부분을
되뇌어보자.
한 말로 몹시 자괴감이랄까. 자기비하의 그 무엇을 던져주는

---

**86**  백기완, 「통일조국의 국가를 생각한다─"분단억압에 맞선 민중의 의지와 정서가 담겨
야"」, 『역사비평』, 1994.5, 56∼72쪽.

이미지가 떠올라 달려든다. 아주 결정적으로 이끌어어가는 자세를 보여주고 있을 뿐만이 아니라, 겨우 그 처연한 자세를 되받아올리는 방법으로 '하느님이 보우하사 우리나라 만세'를 내세워 의미를 비현실적으로 귀착시켜버린다. 또 후렴 부분의 '대한사람 대한으로 길이 보전하세'에서 '대한사람'은 왠지 경술국치 속의 대한제국을 느닷없이, 아니 자연스럽게도 상기시켜버리는 계기를 만든다. 또 제2절의 '남산 위에 저 소나무 철갑을 두른 듯'의 부분은 어떠한가. 예로부터 우리 조상들이 그러이도 섬기어 우러러 뫼시었던 저 웅혼한 백두산 혹은 오대산 등 하고많은 명산 태산이 있어 온 터인데, 아니 기껏 찾아낸 산이 고작 남산(서울의) 정도뿐이라니 한심스러워진다. 비약인지는 몰라도 일본 제국주의 치하에서였는지라, 백두산과 오대산 따위는 엄두도 못내고 그들 식민지배자들의 '한반도 소인국화(小人國化)' 정책에 의거 '남산' 정도를 내세웠는지 모른다. 도회지 태생인 사람들은 잘 모르겠으나 남산이란 이름은 웅혼하고 기개 높은 산봉우리가 아니라, 경주에도 있으며, 하 글쎄 말하면 전라도 하고도 남쪽 끝 해남 땅에서도 몇 군데 붙여진 산 이름이란 것이다. 고작 남산이라니 일본 제국주의가 우리 민족을 소인배화, 소인국화하고자 했던 의도가 혹은 우리 〈애국가〉에도 스며있는 듯하여 몹시 안쓰러워진다.

수천 년을 버티며, 싸우며 지켜온 이 강토와 사람들에게 비록 피투성이 교훈을 심어주지 못한다손 치더라도, 꼭 '괴로우나 즐거우나 나라 사랑하세' 조로, 그러니까 요샛말로 하면 섬약한 러브스토리조로 일국의 국가를 매듭지어야 하는지 몹시 불편해진다. 그래서 그런지 몰라도, 적어도 나라 노래 국가를

깊이깊이 생각해 본 사람들은 현재 불려지는 우리의 애국가가
재검토되어야 한다는데 많이들 입을 모아온 것으로 안다.
적어도 한 나라의 국가는 그 나라의 역사, 예컨대 피투성이
역사뿐인 그것이었다손 치더라도 앞으로 전진하는 자유와 번영과
평화 그리고 내일에의 전진을 열망하는, 그런 전체 민족적 생동감을
유장하게 내포해야 할 것임은 두말할 나위조차 없으리라.[87]


## ▪ 〈선구자〉에 숨은 친일 코드

일송정 푸른 솔은 늙어늙어 갔어도 / 한줄기 해란강은 천년 두고
흐른다 / 지난날 강가에서 말 달리던 선구자 / 지금은 어느 곳에
거친 꿈이 깊었나 /용두레 우물가에 밤새소리 들릴 때 / 뜻깊은
용문교에 달빛 고이 비친다 / 이역 하늘 바라보며 활을 쏘던 선구자
지금은 어느 곳에 거친 꿈이 깊었나 / 용주사 저녁 종이 비암산에
울릴 때 / 사나이 굳은 마음 길이 새겨 두었네 / 조국을 찾겠노라
맹세하던 선구자 / 지금은 어느 곳에 거친 꿈이 깊었나

애국가에 숨은 친일 코드를 탐색하기 전 우선 프롤로그로 애국가보
다 더 많이 애창되어 제2 애국가로 통했던 〈선구자〉에 숨은 친일 코드
를 간략히 살펴보기로 한다.

---

**87** 김준태, 「민족의 기개를 담은 우람하고 유장한 노래를」, 『역사비평』 통권 27호,
1994.05. 70쪽.

〈선구자〉에는 다섯 가지 친일 코드가 숨어 있다.

① '선구자'라는 제목 자체가 우리말이 아니라 당시 일제가 즐겨 쓴
단어로, 일제 침략 정책에 공로가 있는 자들에게 일제가 부여한
칭호였다. 만주에서 독립군은 말을 타지 않아 '산사람'이라 불렸고
말 탄 사람들은 일본군 장교였다.[88]

② 일본 애국가류와 〈애국가〉(동해 물이 백두산보다 먼저 나옴)처럼 물(해
란강)이 산(비암산)보다 먼저 나온다.

③ 〈애국가〉처럼 일본의 보호국, 식민지, 괴뢰국의 애국가류에만 쓰
는 단어 '달'이 나온다.

④ 일본 애국가류의 빈출 단어이자 〈애국가〉 속 단어 '소나무', '길이',
'마음'이 나온다.

⑤ '뜻깊은 용문교'의 '용문교'는 일제가 만주국에 설치한 최대 신사인
간도신사(間島神社)정문 앞에 놓인 교량으로서 일본인들에게는 뜻
깊은 성지이다.[89]

---

88 『뉴스1』 2020년 10월 16일 "알고 보니 '말 달리는 先驅者'는 日장교…곳곳 친일 잔재"

89 間島神社 | 海外神社(跡地)に関するデータベース 神奈 http://www.himoji.jp/database/
db04/permalink.php?id = 158

간도신사와 간도주재 일본제국 총영사관 사이에는 뜻깊은 용문교가 있었다.

한편 〈선구자〉의 "일송정 푸른 솔은 늙어 늙어 갔어도"라는 첫 구절의 선율도 조두남이 멘델스존 〈바이올린 협주곡 라단조〉의 유명한 제2 악장 선율을 표절한 것이다.[90]

---

90  노동은, 「〈선구자〉와 멘델스존」, 『동아일보』 1991년 1월 14일 9면. "곡은 멘델스존 표절, 가사는 왜색 일색 〈선구자〉, 곡은 불가리아 민요 표절, 가사는 왜색 일색 〈애국가〉" ※ 본서 2권에서 상술

제2장

# 전렴

: 꽃씨

— 최계락

꽃씨 속에는
파아란 잎이 하늘거린다.
꽃씨 속에는
빠알가니 꽃도 피어서 있고,
꽃씨 속에는
노오란 나비 떼가 숨어 있다.



: 애국가

— 강효백

애국가 속에는
파아란 도카이(東海) 물이 출렁거린다.
애국가 속에는
빠알가니 전범기가 걸려서 있고,
애국가 속에는
노오란 싹 친일 코드가 숨어 있다.

# 01

# 애국가 첫 소절부터
# 일본식 표현

그렇잖아도 피곤한데 '동해 물과 백두산이'로 시작되는 애국가를
들으면 그대로 주저앉아 까부라지고 싶은 기분이다.

– 김붕구 서울대 불문과 교수


국가를 물이 마르고 산이 닳도록 하는 식의 수동적인 가사를
피하여 용왕진취(勇往進取)의 웅혼한 적극성을 띤 것으로 바꾸자

– 박종홍 서울대 철학과 교수


애국가 1절의 '동해 물과 백두산이 마르고 닳도록'이라는 표현에
대해 비판이 거셌다.

–『경향신문』, 1964. 2. 11.

## ■ 첫 소절부터 부정적 표현으로 시작해야 했나?

"동해 물과 백두산이 마르고 닳도록"

애국가 첫 소절처럼 소멸과 퇴행의 서술어로 시작하는 국가는 지구 상에 없다. '마르고 닳도록' 이란 불가능하고 부정적이고 부적절한 표현 으로 시작하는 국가는 동서고금에 없다. 다음은 세계 주요 30개국 국 가의 서두인데 애국가의 서두와 비교해보면 소멸과 생성, 퇴행과 진취 의 대비가 빛과 어둠처럼 극명하다.

노르웨이 : 그렇다! 우린 이 나라를 사랑한다.

독일 : 권리와 자유 우리는 단결하자 모두 손을 잡고

러시아 : 러시아 – 우리의 장엄한 국가여,

루마니아 : 깨어나라, 루마니아인이여

말레이시아 : 나의 나라 나의 피로 세운 땅

멕시코 : 자비로운 성스러운 천사처럼 고귀한 그대의 얼굴,

몽골 : 우리의 신성한 자주 국가는

미국 : 오, 그대는 보는가, 이 새벽의 여명을

베트남 : 군대여, 전진하라! 조국을 지키기 위해

벨기에 : 우리의 피를 그대에게, 조국이여!

브라질 : 이피랑가의 둑에 영웅들의 함성이 들린다.

사우디아라비아 : 천국의 창조자를 영광스럽게 하라

싱가포르 : 우리 모두의 행복을 향해 나아가자

아일랜드 : 우리는 전사들이다. 아일랜드에 생명을 약속한다.

아르헨티나 : 시민들이여 들어라, "자유! 자유! 자유!"

에스토니아 : 나의 조국, 나의 즐거움이자 기쁨이여!

영국 : 신이여 자비로운 우리의 여왕을 지켜주소서

이란 : 해 뜨는 동쪽 하늘 지평선 위로

이탈리아 : 이탈리아의 형제들이여, 이탈리아가 일어났다.

일본 : 군주의 치세는 천대부터 팔천 대까지

중국 : 일어나라! 노예가 되기를 원치 않는 사람들아!

카자흐스탄 : 금빛 태양의 하늘, 금빛 씨앗의 초원

캐나다 : 오 캐나다여! 우리의 집이요 모국이여!

콩고 : 오늘 아침 해가 뜨니 우리의 콩고가 빛난다.

포르투갈 : 바다의 영웅, 고귀한 민족, 불멸의 조국이여

폴란드 : 폴란드는 우리가 살아가는 한 죽지 않는다.

프랑스 : 일어나라 조국의 아이들아,

핀란드 : 오 우리나라, 핀란드, 황금빛 이름이 울리네!

필리핀 : 아침의 나라 동쪽 나라에 가슴의 불이 타오른다.

호주 : 기뻐하라 호주인이여 우리는 젊고 자유롭다.

한 나라를 대표하는 국가는 그 한마디 한마디가 진실되며 긍정적인 이미지를 풍겨야 한다. '동해 물이 마르고 백두산의 돌이 다 닳아 없어진다.'라는 표현은 그것이 있을 수 없는 불가능한 사실을 들어 영원불멸을 역설한 거로 해석할 수 있다. 그러나 그런 사실이 있을 수도 있다는 면에서 생각하면, 그러기를 원한다는 뜻이 되는 부정적 측면이 있

다. 노래할 때마다 동해 물과 백두산이 마르고 닳도록 불러, 만약에 동
해 물과 백두산이 마르고 닳는 현상이 벌어지면 어쩌란말인가?[91] 누가
왜 이렇게 우리나라를 대표하는 애국가의 첫 소절부터 이토록 성의 없
이 저주하듯 작사를 했는가? 한 글자 한 낱말, 한 체언 한 용언, 토씨
하나 어미 하나, 띄어쓰기 붙여쓰기, 하나도 빼놓지 않고 조목조목 톺
아보겠다.


### ■ 바다와 물이 산보다 먼저 나오다니?

동해(海) 물(水)과 백두산(山)이 마르고 닳도록

　- 한국 국가 〈애국가〉첫소절


바다(海)에 가면 물(水)에 잠긴 시체, 산(山)으로 가면 풀이 난 송장

　- 일본 제2국가〈바다에 가면〉전문


〈바다에 가면〉은 〈기미가요〉가 일본 제1국가인 데 비하여 제2국가로
일본에서 가장 오래된 시가집에서 일본정신으로 끌어낸 가사다.[92]

---

**91** 이응백, 「애국가 이야기」, 『한글한자문화』 10월호 111호, 2008년, 61쪽.

**92** 〈바다에 가면(海行かば)〉은 1880년(메이지13년) 일본에서 가장 오래된 시가집인 『만
엽집』 18권의 구절 가사에 노부도키 키요시가 곡을 붙여 작곡했다. 1942년 대정익
찬회에서 일본의 제2국가(國歌)가 되었다. (小川乃倫子, 「海ゆかば」, 『日本大百科全書
3』, 小学館, 1989년, 245쪽. www.youtube.com/watch?v = bg3qSxDJObE 日本国
第二国歌「海ゆかば」準国歌「海ゆかば」

한국 〈애국가〉와 일본 제2국가 〈바다에 가면〉의 '① 바다 - ② 물 - ③ 산'의 출현 순서가 똑같다.

바다와 물이 산보다 먼저 나오다니? 애국가 말고 바다와 물이 산보다 먼저 나오는 우리말과 노래가 있는가? '산은 산이고 물은 물이로다', '산으로 바다로', '산수', '산하', '산천' 등등 예나 지금이나 우리나라 어법에 산이 먼저 나오지, 바다나 물이 먼저 나오지 않는다. 하다못해 전국에 널린 수백 개의 고등학교 교가도 대부분 '○○산(山) 정기 받아~'로 시작하는 경우를 본다. 그만큼 우리 민족은 영산(靈山)의 정기를 타고났다는 정신이 강하고, 이는 대륙국인 중국도 마찬가지이다.

그러나 한·중 양국과 반대로 일본에는 바다와 물이 산보다 먼저 나오는 경우가 많다. 한중 양국에서는 산수, 산천, 산해, 산하 하는데 일본에서는 수산(水山), 천산(川山), 해산(海山)', '하산(河山)'을 더 많이 쓴다.[93]

---

93  일본 최대 포털 야후재팬에 '水山'을 넣고 검색하면 약 56억 2,000만 문건이 나온다.

우리나라 애국가의 선율이었던 올드랭사인을 곡으로 채택한 일본의 국민가 〈반딧불의 빛(蛍の光 1881년)〉' 가사에도 바다가 산 앞에 있는 海山[94]이 나온다.

바다와 물이 산보다 먼저 나오는 일본만의 사자성어도 적지 않다. 일례로 '해천산천(海千山千, 우미센야마센)'은 해양국가 일본 특유의 사자성어인데 산이 많은 한국에만 있는 산전수전(山戰水戰)에 해당하는 뜻으로 일본인이 즐겨 쓰는 일상용어다.[95] 그중에서도 이 '동해 물과 백두산이 마르고 닳도록'과 직결되는 일본만의 사자성어가 두 개 있다. '수궁산진 (水窮山尽)', '잉수잔산(剩水残山)'[96]이 바로 그것이다. '수궁산진'은 물이 마르고 산도 닳은 지경으로 헤쳐 나올 수 없는 절망적 처지를, '잉수잔산'은 마른 물과 닳은 산처럼 전쟁 후 남겨진 망한 나라의 처량한 풍경을 의미한다.

---

'山水' 11억 3,000만 개보다 5배가량 많다. '川山'은 약 2억 5,400만 건으로, '山川' 약 3,870만 건보다 6.5배가량 많고, '河山'은 6,920만 건으로, '山河' 3,840만 건보다 2배가량 많이 나온다.

**94** 바다와 산이 멀리, 더 멀리 海山遠く、隔つとも、

**95** 그밖에 '수자산명(水紫山明)', '유수고산(流水高山)', '하산대려(河山帶礪)', '수촌산곽(水 村山郭)', '수성산색(水聲山色)', '만수천산(万水千山)' 등 물이 산보다 먼저 나오는 일본 의 상용 사자성어는 무수히 많다.

**96** 한중 양국에서는 같은 뜻으로 '산궁수진(山窮水尽)', '잔산잉수(残山剩水)'라는 산이 물 보다 먼저 나오는 사자성어가 쓰인다.

# ■ 애국가 속의 동해는 어디일까?

　최초는 영원한 최고다. 처음이 제일 중요하다.

　애국가 가사의 맨 처음 낱말은 '동해', 애국가 속으로 들어가기 전, 본래의 '동해'는 어디일까? 두말할 것이 없이 대한민국 영해인 한국해(Korea Sea)다. 한국해는 동해라는 이름으로 우리나라『삼국사기』에 31회,『삼국유사』에 23회,『고려사』에 51회,『조선왕조실록』에 243회나 등장한다. 이처럼 삼국시대부터 고려·조선·대한제국 시대까지 왕조가 변하고 국정이 변해도 동해는 한국해다. 20세기 이전 세계 각국의 지도에도 'Corea Sea', 'Sea of Korea' 등으로 표기되어 있다.

　그렇다면 애국가 속으로 들어간 '동해'는 어디일까? 첫 번째 낱말 '동해'와 두 번째 낱말 '물'이 띄어쓰기 되어 있다. 동해면 동해지, 동해 뒤에 쓸데없이 '물'은 왜 붙는가? '동해'가 우리나라 동쪽 바다라면 뒤의 '백두산'과 균형을 맞추기 위해서라도 '동해 물'에서 '물'을 뺀 '동해와 백두산'으로 시작해야 하지 않을까?

　'海'는 '바다'뿐만 아니라 바닷물[97], 물산이 풍부한 모양, 저수지, 경계도 뜻한다.『삼국사기』,『삼국유사』,『고려사』,『조선왕조실록』 등에도 동해는 바다뿐만 아니라 특정 지명 등 다른 의미로 자주 쓰였다.『삼국사기』「고구려본기」107년(태조 55년) 10월(음)의 기록에는 "동해곡(東海谷)의 수(守)가 붉은색 표범을 바쳤는데, 꼬리의 길이가 9척이나 되었다."라는 문구가 나온다. 여기서 동해는 바다 명칭이 아니라 특정한 육지 지명으

---

**97** 『汉书·晁错传』 "吳王煮海为盐, 诱天下之豪桀(오왕은 산을 주조하여 돈으로 만들고 바닷물을 끓여서 소금을 만든 천하의 호걸이다.)"

로 함경북도 청진 일대다.[98]

> "사해(四海)를 동해(강원도 양양군), 남해(전라남도 나주군), 서해(황해도
> 풍천군), 북해(함경북도 종성군)으로 봉했다."
> – 『조선왕조실록』 고종실록 1903년(광무 7년)

남해의 나주와 북해의 종성은 바다를 접하지 않은 내륙군이다.

여기서 '해'는 바다가 아니라 경계를 의미한다. 오늘날에도 동해는 한
국의 영해 동해만이 아니고 강원도 동해시도 가리킨다. 남해가 한국의
영해 남해만 아니고 경상남도 남해군도 가리키는 이치와 같다.

우리나라 말과 글에 산과 바다가 병렬할 경우, 산이 바다보다 먼저
나온다. 특히 민족의 성산 백두산이 제일 앞에 나오는 게 정상이다. 그
런데 왜 애국가에서만 왜 동해가 백두산보다 앞에 나오는가? 작사자가
한국인이라면 '백두산과 동해'로 시작해야 정상이지 않을까? '동해'가
'백두산'보다 앞에 나오는 건 육지보다 해양을 중시하는 섬나라 일본,
해양민족을 자처하는 일본인 고유의 화법에 가깝다.[99]

그렇다면 애국가 속의 '동해'는 일본에서 어떤 의미일까?

---

**98** 이종욱, 「고구려 초기의 지방통치제도」, 『역사학보』, 1982년(95호), 128〜129쪽.

**99** 〈태평양 행진곡〉(서두) "해양민족이라면 남자라면 海の民なら 男なら"

## ■ 한국의 동해는 한국해, 일본의 동해는 일본의 이칭

보라 동해에 떠오르는 태양

누구의 머리 위에 이글거리나[100]

– 한국 국민가곡 〈내 나라 내 조국〉(1971년)


보라 동해의 하늘 밝아

욱일이 높이 빛나면 천지의 정기 이글거리고[101]

– 일본 대표 국민가 〈애국행진곡〉(1938년) 서두

일본 대표 국민가 〈애국행진곡〉 1절 서두
'동해'는 일본의 이칭
「東海」とは、日本の異称。／愛国行進曲歌詞の意味
http://www.worldfolksong.com/songbook/japan/
aikoku-march.html

---

100 작사자·작곡자가 불투명한 이 노래를 처음 불러 앨범에 수록한 가수는 조영남이었
　　다. 1971년에 나온 그의 앨범에 '동해의 태양'이라는 제목으로 수록됐다. 이어 1972
　　년 송창식 2집에 '내 나라 내 조국'이란 제목으로 발표됐다. 1993년 김민기가 작품
　　집을 내면서 내레이션 부분을 정리했다.(『경향신문』 2019년 7월 28일)

101 見よ 東海の 空明けて ／ 旭日高く 輝けば 天地の正気 溌剌と, 〈애국행진곡〉 외에도
　　동해가 나오는 일본 애가가 류는 〈대일본의 노래〉: 동해의 이 나라 높고 빛나는 천
　　황東の海にこの国ぞ 高光る天皇, 〈해군사관학교 교가〉: 영롱하게 솟구치는 동해의
　　부용봉 玲瓏聳ゆる東海の 芙蓉の峰

한때 한국에서 제2 애국가로까지 불리던 〈내 나라 내 조국〉의 동해
는 한국의 영해 한국해다. 그런데 일본의 대표 국민가인 〈애국행진곡〉
의 동해는 어디일까? 또 '세 가지 보물에 동해 남산암의 봄' 등 일본 메
이지 시대 대표 시인 마사오카 시키(正岡子規)의 하이쿠를 비롯해 일본
의 각종 시가에도 자주 나오는 동해는 어디일까?[102]

중국이 한국의 영해 동해를 '일본해'라고 표기하는 까닭은 일본 편을
드는 게 아니라 동중국해를 '동해'라 칭하기에 구별하기 위해서이다. 마
찬가지로 일본이 한국의 영해 동해를 '일본해'라고 망언·망동하는 이면
엔 네 가지 구별을 위한 이유가 숨어 있다.[103]

첫째, 옛날 우리 선조들이 우리나라를 '동국(東國)'이라고 칭했듯, 중
세부터 근세에 걸쳐 일본의 지식인들은 자국의 이칭으로 '동해(東海)'를
사용했다.[104]

둘째, 일본에서 동해는 일본의 동쪽 바다 태평양을 의미한다.

셋째, 20세기 전반 이전 일본은 혼슈 태평양 측의 중부 핵심 지역을
도카이(東海) 지역이라고 했다.

---

**102** 三寶に東海南山庵の春 등 일본 시가에서 '동해'는 일본 또는 태평양을 가리킨다.早
鮓や東海の背戸の蓼/正岡子規|初日の出東海に面す小城かな/古巌|東海のいさごの白き
桜貝/富安風生|東海の弓取上手大岩山/高澤良一|牡丹や東海禅寺尋ねあて/野村喜舟|
海苔麁朶や東海けふも富士の晴/小杉余子

**103** 東海(とうかい) : 1. 日本の地域名称。〈東海地方〉の略称。/ 2. 日本国の美称の一つ。
(https://www.weblio.jp/content/%E6%9D%B1%E6%B5%B7)

**104** 日本の知識人は自国の異称に〈東海〉〈東洋〉〈東瀛(とうえい)〉〈東鯷(とうてい)〉などの語を
そのまま用いたが, これらの異称は, いずれも東シナ海の東方に存在する島国という意味
である。『世界大百科事典』平凡社.

넷째, 현재 중동부 태평양을 면한 '아이치(愛知), 미에(三重), 기후(岐阜), 시즈오카(静岡)' 4개 현을 동해(도카이) 지방이라 하는데, 후지산 일대와 도쿄도 남동부 지역도 포함하기도 한다.[105] 아이치현엔 동해(도카이)시가 있고 도쿄에는 '동해(도카이)대학'도 있다. 이바라키현 북동부의 도카이(동해) 마을은 원자력시설로 유명하다. 심지어 일본에는 '동해(東海; 도카이)' 성씨도 있다.[106]

일본의 동해도(東海道 도카이도)는 1889년 개통된 일본 최초의 철도로 한국의 경부선에 해당한다. 도쿄에서 오사카, 교토 나고야 등 일본의 4대 도시를 잇는 589.5km의 노선으로 일본의 철도 교통·물류의 대동맥을 담당하고 있다.[107]

메이지 유신 이전의 東海道(행정구역)
미에현에서 도쿄 이바라키현까지 포함

---

105  武部健一, 『道路の日本史』, 中央公論新社, 2015년, 23쪽.

106  東海성을 가진 유명 인사 도카이 산시(東海散士, 1853~1922)는 국권신장론과 정한론(한국정벌론)을 주창한 정치가이자 언론인이자 소설가다. 미국 펜실베니아 대학을 나온 미국 유학파로서 마이니치 신문 초대 주필을 역임했다. 1895년 명성황후를 시해한 을미사변에 관여하여 구속되었으나 석방되었다. 1892년(메이지 25년) 이후 후쿠시마현에서 중의원으로 10회나 선출되었다.

107  도쿄와 오사카를 잇는 동해도는 일본의 1번국도다.(1885년 지정) 国道1号(こくどう 1ごう)は、東京都中央区から大阪府大阪市に至る一般国道である。https://ja.wikipedia. org/wiki/%E6%9D%B1%E6%B5%B7%E9%81%93

## ■ 물 좋은 마산, 물 좋은 도카이(東海)

일본 동해(東海)지방의 물은 수질 좋기로
유명하여 생수 산업이 발달해 있다.
近藤紀巳(2003)『東海の名水・わき水 やすら
ぎ紀行』, 風媒社

일본 동해지역 아이치(愛知) 미에(三重) 기
후(岐阜) 시즈오카(静岡)

일본에서 출판된(연대 미상) 〈애국가〉 악보에도 '동해에 물 (東海に水)'로 적혀있다.
즉 동해 물은 처소격조사 '에'가 생략된, 동해라는 장소에 있는 물이라는 뜻이다.

마르는 물은 민물뿐이다. 바닷물은 마르지 않는다. 샘과 저수지, 호수와 강의 물이 마른다. 자연과학에서만 아니라 인문사회과학과 신화와 전설에서도 마찬가지다. 세계인류사에 바닷물이 마른 적도 없고 마른다는 표현도 없다. 모세의 기적이나 진도 앞바다처럼 바닷물이 갈라졌으면 갈라졌지 마른 적은 없다.

우리나라 평안북도 선천 지방의 노랫말 '백두산 돌이 다 닳고 두만강 물이 마르도록'과 옛 중국의 시구 '태산이 닳고 황하 물이 마르도록'에 나오는 두만강과 황하의 물도 바닷물이 아니고 강물이다. 더구나 한국인 어느 누가 감히 한국의 대표 바다인 동해에 '마르도록'이라는 불경스러운 표현을 쓸 수 있는가?

한편 '동해 물과 백두산이 마르고 닳도록'과 직결되는 일본만의 사자성어 '수궁산진(水窮山盡)과 '잉수잔산'(剩水殘山)의 '水'도 바닷물이 아니라 민물이다. 물 좋은 마산, 우리나라 마산이 물 좋기로 유명해서 생긴 말인 것처럼, 일본에는 물 좋은 도카이(水の良い東海)라는 말이 있을 만큼 도카이 지역은 물 좋기로 일본에서 으뜸이다. 일본의 인기 생수 제품 다수도 일본 도카이 지역에서 생산된다. 일본 환경성이 선정한 명수백선(名水百選)엔 기후현 3개소, 아이치현 2개소, 시즈오카와 미에현에 각 1개소 등 도카이 지역에 7개소의 유명 물 산지가 집중 분포해 있다.

특히 하쿠산(白山)에서 발원하여 동해 지역의 중심을 흐르는 나가라가와(長良川)는 하천 유역에 댐과 공장이 없어 그냥 마셔도 되는 깨끗한 물로 유명하다.[108]

---

108  環境省選定 名水百選/名水一覧(water-pub.env.go.jp/water-pub/mizu-site/.../index.html)

## ■ 노벨문학상 수상자가 작사한 노르웨이 국가

⋮ 그렇다, 우린 이 나라를 사랑한다[109]

그렇다, 우리는 이 나라를 사랑한다 / 그 견고한 모습을 드러내는
바위가 풍랑에 닳아도 / 수천수만의 사람과 이 나라를
사랑한다, 사랑하고 생각한다 / 우리의 아버지와 어머니를
꿈과 전설이 수놓은 이 나라를 사랑한다 / 그래, 우리는 이 나라를
사랑한다.

2019년 12월 11일 노르웨이 국회는 〈그렇다, 우린 이 나라를 사랑한다〉를 노르웨이 공식국가로 입법했다.[110]

우리나라 애국가 첫 소절의 '마르고 닳도록' 말고 세계 국가 가사에 '닳도록'이란 마멸의 서술어 수사법이 들어간 국가는 노르웨이 국가 가사뿐이다. 1903년 당시 세계적으로 화제가 되었던 마르티누스 비에른손 노벨문학상 수상자가 작사한 가사다.

작사 시점이 1908년으로 알려진 우리나라 애국가와 근접해서 노르웨이 국가를 예의주시하던 차에 이런 뉴스가 떠서 반은 놀라고 반은 신기하다.

---

**109** 〈Ja, vi elsker dette landet〉 마르티누스 비에른손(1903년 노벨문학상 수상자) 작사

**110** (www.stortinget.no/no/Saker-og-publikasjoner/Saker/Sak/?p = 76439&target = case-status&fbclid = IwAR2hvR8xUXk1XPvAxED63nEozZt_OZjQTINJwcRI-SF_2EXoL5M8y7kjL6Y)

## ■ 백두산이 닳다니?

애국가 첫 소절의 문제는 '동해'와 '백두산' 고유명사로 이루어진 주어와 그 순서에도 있을 뿐 아니라 '마르고'와 '닳도록'이라는 서술어에도 있다.

우리나라 사람에게 익숙한 문장 구성은 주어(가), 서술어(㉮), 주어(나), 서술어(㉯)이다. 굳이 '마르고 닳도록'이라는 기괴한 서술어를 쓴다면 "동해 물이 마르고 백두산이 닳도록"이라고 해야 정상이다. 그런데 '백두산이 닳도록'이라니? 작사자가 한민족이라면 민족의 성산 백두산을 감히 '닳도록'이라고 표현할 수 없을 것 같다. 우리 선조들은 백두산을 등반할 때는 '오른다'고 하지 않고 '든다'라고 했다.

'백두산이 닳도록' 이건 반어법이 아니다. 한국에 대한 혐오와 저주의 변태 가학성 심리마저 감지된다. 193개국 UN회원국 국가 가사에서 '닳도록'이라는 표현은 상술한 노르웨이 국가 "바위가 풍랑에 '닳아도'" 단 하나 있다. 그러나 노르웨이의 '닳아도'는 한국의 '닳도록'과는 모든 게 다르다. 노르웨이는 보통명사 '바위'인 반면에 한국은 고유명사 그것도 한국의 대표 성산 '백두산'이다.

'동해', '물' 다음에 세 번째 나오는 낱말 '백두산'은 어디일까? 두말할 것 없이 한민족의 영산이자 한반도에서 가장 높은 산 백두산(白頭山 해발 2,750m)이다.

백두산부터 지리산까지 이르는 백두대간은 한반도의 기본 산줄기로서 모든 산들이 여기서 뻗어 내려 예로부터 한민족에게 성스러운 산으로 숭배되었다.

『삼국유사』·『고려사』·『제왕운기』·『조선왕조실록』·『동국여지승람』·『동국사략』·『동사강목』 등 한국의 대표 사서와 지리지는 백두산을 '백산(白山)', '태백산(太白山)', '장백산(長白山)' 등으로 표기하고 있다. 특히 고구려는 백두산을 백산(白山)이라고 불렀으며, 이 산 주변에 백산부(白山部)라는 고구려에 속한 말갈 세력이 존재했다.

그런데 일본에는 백두산과 이름도 실제도 지위도 비슷한 '백산(白山, 하쿠산)'이 있다. 백산은 일본 혼슈의 중심부에 위치한 해발 2,702m의 활화산으로 후지산과 다데(立)산과 함께 일본의 3대 영산으로 손꼽힌다. 백산 정상 부근에 백두산 천지 비슷한 화산호수도 있다. 일본 선사시대 백산 신앙부터 현대의 백산 국립공원에 이르기까지 일본인의 숭앙을 받고 있다.[111]

또한 '동해(도카이)에서 백산(白山,하쿠산)까지'는 일본 백산 신앙 성지 필수 참배노선을 말한다. 20세기 이전 일본 동해지방인 기후현의 나카타키(長滝) 내륙 중앙의 백산 정상까지 이어지는 미농선정도(美濃禪定道)는 영험하기로 이름 높은 신도와 불교의 공동 참배로이다.[112] 미농선정도를 나란히 어깨동무하며 일본에서 물이 제일 맑기로 유명한 나가라가와가 흐른나.

---

**111** 『日本の名峰 花の風景〈白山〉』 NHK디지털 위성 하이비전, 2006년 3월 3일 방송 참조.

**112** 832년부터 에치젠(越前), 가가(加賀), 미노(美濃)의 삼면에서 백산 참배길 선정(禅定)이 열렸다. 현재도 대부분이 백산에 등산로로 이용되고 있다.

일본의 백산 신앙을 보여주는 〈백산 만다라도(白山 曼茶羅図)〉

■ 애국가 첫 소절은 기미가요에 대한 소멸적, 퇴행적 대구인가?

"군주의 치세는 천대부터 팔천 대까지 작은 조약돌이 큰 바위가

되어 이끼가 낄 때까지"[113]

– 일본의 국가 〈기미가요(君が代)〉

일본의 국가 〈기미가요〉의 "작은 조약돌이 큰 바위가 되어"로 철저하

게 일본정신으로 끌어낸 가사로 성장의 의미를 담고 있다. 반면에 애국

가의 서두 '동해 물과 백두산이 마르고 닳도록'은 〈기미가요〉의 부정적

소멸의 대구(對句)처럼 보인다. 이는 애국가 3절 "밝은 달은 우리 가슴

---

113   君が代は 千代に八千代に 細石の巖となりて 苔の生すまで

일편단심일세"(자국을 '해' 아닌 '달'로 비유한 동서고금 유일한 국가 가사)처럼 '위성 한국 달'은 '항성 일본 해'의 빛을 받아야 생존하고 움직이는 의존적 기생적 치욕적 의미와 일맥상통한다.

애국가 작사자는 일본인이거나 뼛속까지 일본을 사랑하여 영혼마저 일본인이 된 사람이 작사한 건 아닐까? 일제의 괴뢰국, 만주국 국가의 작사자는 명의만 중국인 총리였으나 실제는 일본인이 작사한 것처럼 일제의 준식민지 또는 보호국이었던 한국의 애국가도 일본인이 작사하고 명의만 한국인을 빌리거나 도용한 것은 아닌지? 애국가 작사자가 진짜 한국인이라면 '동해 물과 백두산이 마르고 닳도록' 하지 않고 '백두산이 하늘까지 닿고 동해 물이 태평양이 되도록'이라고 작사해야 정상이지 않을까? 하는 물음표들이 애국가를 톺아보면 볼수록 많아지고 커져만 간다.

# 02

# '하느님'은 누구이고
# 누구를 위한 만세인가?

'하느님이 보우하사'라는 표현은 독립적이고 아니고 의존적이다.

– 국가제정추진위원회

'하느님이 보우하사' 애국가는 찬송가이자 애국가류의 노래이지만 유일한 '애국가'나 '국가' 일 수는 없다.

– 노동은 한국음악학회 회장

'천조대신 보우하사 우리 일본 만세'는 일본 메이지 시대 전형적인 군가의 문구이다.[114]

– 리유히메, 오사카대학 박사학위논문

---

114　李有姬(2016),「明治·昭和軍歌にみる近代的特徴 －楽曲·テ-マ·言語表現を 中心に」 (大阪大學 博士論文) 181-183쪽.

## ■ '하느님이 보우하사'는 헌법 제20조 위반?

우리나라 일부 기독교 신자들이 애국가에 대해 애착을 느끼는 부분은 '하느님이 보우하사' 가사와 작사자 윤치호(통설)가 일제강점기 기독교 감리교파 지도자였거나 안창호(소수설)가 독실한 기독교 신자였다는 대목이다. 작사자 부분은 2권에서 거론하기로 하고 가사 부분에 집중하여 살펴보겠다.

애국가 원본 가사와 해방 이전 악보에는 '하나님'으로 표기되어 있었다. 후일 논란을 회피하기 위해 '하느님'으로 개사했다. 애국가 속의 '하느님'은 천주교에서는 하느님, 천도교와 원불교에서는 한울님, 단군을 신앙하는 대종교에서는 한얼님, 국민 일반에게는 넓은 의미의 하늘, 또는 우주를 창조하고 주재한다고 믿는 초자연적인 절대자 정도로 이해하자는 식으로 얼버무려져 있는 상태다.

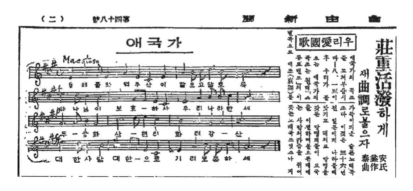

『자유신문』 1945년 11월 21일 2면. 애국가 악보에는 '하나님'으로 되어있다.

원래 하느님이란 단어의 어원은 '하늘'이다. 한·중·일 3국은 오래전부터 '하늘(天)'을 절대적이고 지고한 존재로 인식했다. 동북아 3국은 초월자, 절대자 개념의 한자어는 하늘 '천(天)'이 사용되었고, 자연 자체의 하늘은 본래 '공(空)'이 사용되었다.

이들 국가의 천손 사상 또한 이러한 맥락과 관련이 깊다. 한국의 토속 신앙의 하늘을 절대자로 여긴 경천사상에서 하늘 자체를 신격화한 '하늘님'에서 출발한다. 하느님은 한국에서는 삼신할머니, 칠성신, 하느님, 천주, 미륵불, 옥황상제 같은 신성한 존재들이 자연, 천지의 섭리, 도(道) 같은 근원적 같은 존재라는 인식이다. 중화사상에서의 '천자(天子)', 일본의 '덴노(天皇)' 모두 이러한 사상에 연원하고 있다. 이러한 '하늘'에 존칭접미사 '~님'을 붙여 '하느님'이라는 말이 나왔다.

현재 '하느님'이라는 용어를 사용하는 한국의 교단으로는 로마 가톨릭교회, 대한성공회, 한국 정교회, 여호와의 증인 대한민국 지부, 한국이슬람교 평의회 등이 있다. 한국 천주교에서는 주로 '하느님'을 보편적으로 사용하면서 때에 따라 '천주'를 병용하고 개신교에서는 '하나님'이라는 용어를 사용하고 있다. 한글맞춤법 통일안은 하느님을 표준어로 삼고 있으며, 하나님은 하느님을 개신교에서 이르는 말로 풀이하고 있다.

중국에서는 가톨릭은 '천주'(天主), 개신교는 '상제(上帝)'로 쓰고 있다.[115] 일본의 가톨릭은 '상제(上帝)', 개신교는 '진신(眞神)' 또는 '야훼'로 칭했으나 일본 기독교계는 종파 가리지 않고 모두 '카미'(神)로 쓰고 있

---

115   中国社会科学院语言研究所词典编辑室, 『现代汉语词典』, 北京 : 商务印书馆, 2012.06, p.1155.

다.[116]

애국가 가사는 윤치호가 1908년 황성기독교청년회 부회장을 맡고 있을 당시 역술해서 펴낸 찬송가집 『찬미가』[117] 15개 장 중 14번째 장에 있는 찬송가 가사다. 부제가 '애국적 찬송가(Patriotic hymn)'로 명시된 가운데 노래를 일본의 국민 창가 『반딧불의 빛』의 곡이자 스코틀랜드 민요 '올드 랭 사인(Auld Lang Syne)'에 맞춰 부르게 되어있다. 찬미가 속 애국가 존재는 윤치호 작사를 뒷받침하는 동시에 애국가가 특정 종교에 치우쳤다는 증거다.

중요한 사실은 애국가는 1908년부터 공식 찬송가 성격으로 씌여졌다는 점이다. 즉 현행 애국가는 기독교적 신앙고백을 하는 '기독교식 애국가' 임을 단적으로 반증하고 있다. 일견 애국가가 누구의 가사작품이든 기독교적 신앙고백을 하는 너무나 기독교적인 작품으로 해석될 수 있다. 그러나 대한민국은 특정 종교 국가가 아니다. '하느님이 보우하사'는 헌법 제20조 3항 "국교는 인정되지 아니하며, 종교와 정치는 분리된다." 위반의 소지가 다분하다.

『찬미가』 제14장 '하느님이 보우하사'의 애국가는 찬송가이자 애국가류의 노래이지만 유일한 '애국가'나 '국가' 일 수는 없다. 1948년 대한민

---

**116** 柳父章, 『ゴッドと上帝 － 歴史のなかの翻訳』, 筑摩書房, 1986年.

**117** 개신교의 찬송가를 해방 이전 한국에서 찬미가라 했고 일본에서는 지금도 찬미가로 부른다. 한국 최초의 찬송가집은 1882년 선교사 존스(George Heber Jones)와 로드와일러(Louis G. Rothweiler)가 30곡 내외로 악보 없이 가사만 번역하여 감리교 전용 찬송가집으로 공동 발간했다. 개정 증보를 거듭하여 1902년의 제6판에서는 205곡을 수록하게 되었다. 윤치호가 역술한 『찬미가』는 기존의 『찬미가』에 부족한 부분을 보충하여 간행한 것으로 보는 견해가 있다. 이 『찬미가』의 특기할 만한 점은 제1장이 황제송(皇帝頌)이고 제14장이 애국가라는 점이다. (『한국민족문화대백과』 찬미가[讚美歌] 참조)

국 정부가 '하느님이 보우하사'를 〈애국가〉로 잠정합의까지 50년 이상을 항일의 노래나 독립군가 등이 애국가의 자리를 지켜왔다.[118]

필자는 한편 '국가(national anthem)'란 문자 그대로 한 나라의 찬가이기에 애국가에 얼마간의 종교적 색채와 국가주의 경향은 용인할 수 있다고 생각한다. 하지만 만일 '하느님'이 기독교의 여호와가 아니라 일본의 국교 신도(神道)의 하느님 '천조대신(天照大神아마테라스 오미카미)'이라면 어떻게 할 것인가?


## ▪ 애국가의 '하느님'은 일본인의 '하느님'?


'겨울연가'로 배용준은 일본에서 '욘사마(ヨン樣)'라는 이례적인 극존칭으로 불릴 만큼 엄청난 파급력과 인기를 얻었다. '욘사마'는 '용준'의 일본식 준말인 '욘'과 우리말로 '님'을 뜻하는 일본말 '상(氏)'의 극존칭인 '사마(樣)'의 합성어다.

일본은 8만 개의 신사, 800만 신들이 산다고 하는 신(神)의 나라이다. 8만 개의 신사는 온갖 신들을 모시고 있고 일본인들은 그 신들이 신비한 능력이 있다고 믿으면서 신사를 참배한다. 신 중에서도 태양신 아마테라스 오미카미(天照大神)는 일본 왕실의 조상신이자 일본인의 최고신 '카미사마(神樣)'로 극 존칭한다. 아마테라스 별칭 역시 '오이세사마(お伊勢樣)', '진메이사마(神明樣)' 등 극존칭 '사마'가 붙는다. 아마테라스의 부모 이자나기와 이자나미, 아마테라스의 형제자매 '폭풍의 신' 스사노오

---

118  노동은, 앞의 논문, 31쪽.

제2장 전렴 | 111

와 '달의 신' 츠쿠요미 등 주요 신을 비롯한 800만의 신들의 별칭 중에 '사마'를 붙인 신은 없다.[119]

일본은 기독교의 최고신 여호와와 이슬람교의 최고신 알라 등 세계 모든 종교의 최고신도 '神様(카미사마)'가 아닌 '神(카미)'[120]로 표기하고 있다. 일본은 세계 각국 국가 가사에 나오는 모든 최고신은 일률적으로 '神'으로 표기하는 데 반해 한국의 〈애국가〉 속 '하느님'만 '神'이 아닌 자국의 하느님 아마테라스 오미카미(천조대신)와 같은 '神様'으로 표기하고 있다.[121]

일본의 국교 신도에서는 '하느님의 보우(神様の御加護)'를 기원한다. 일본인은 사업의 번창과 농작물의 풍작, 액운을 막고 행운을 빌 때 항상 '하느님의 보우하사'를 읊조린다.[122] '하느님이 보우하사'는 일본의 인터넷 일어사전 『goo国語辞書』에 정치, 경제, 사회, IT 등 상용어구로 30만 개 이상 수록되어 있다.[123] 그만큼 널리 쓰이는 표현이다.

---

**119** 櫻井勝之進,『伊勢神宮』, 学生社, 1996, 54쪽.

**120** 鈴木範久,『聖書の日本語─翻訳の歴史』, 岩波書店, 2006, 19쪽.

**121** "하느님이 보우하사 우리나라 만세"를 "神様の御加護ある我が国万歳"로 번역한다(일본 위키피디아 https://ja.wikipedia.org/wiki/).

**122** 井上順孝,『神道』, ナツメ社, 2006년, 22~23쪽.

**123** (https://dictionary.goo.ne.jp/word/%E5%8A%A0%E8%AD%B7/)

## ■ 애국가 속의 '우리나라'는 어느 나라일까?

'우리나라'는 우리 한민족이 세운 나라를 스스로 이르는 말이다.

－『표준국어대사전』

구한말 이전 한국 역사상 '우리나라'라는 낱말은 『훈민정음 언해본』 서문의 '중국은 황제 계신 나라이니 우리나라의 속된 말로 강남이라 한다'에서 한 번 나온다. 실제 '우리나라'라는 용어가 한반도에서 일상적으로 자국을 가리키는 일반대명사로 자리 잡게 된 때는 20세기 초반부터이며 항일민족주의자도 애용했던 단어다.

세계 각국 국민은 자기 나라를 가리킬 때는 자기 나라 국호나 지명을 칭한다. 간혹 '내 나라(my country)', '이 나라(this country)'라 하지 '우리나라(our country)'를 쓰는 경우는 거의 없다. 영미권에서 자국을 우리나라(our country)라고 칭하는 경우가 있는데 이는 '상대와 나의 국가적인 차원의 공감대'를 이끌어 낼 때 사용하기 위한 특수한 용어로 쓰인다.[124]

『삼국사기』, 『고려사』, 『조선왕조실록』 등 한국 3대 대표 사서를 비롯한 모든 옛 문헌에는 우리나라를 가리켜 '내 나라'라는 뜻의 '我國아국' '我邦아방' '吾國오국' 등으로 표기했다. 19세기 말 이전 일본도 자국을 '本邦본방' '吾邦오방' '我邦아방' 등으로 표기했다.[125] 일본에 '우리나라(我が国와카쿠니)', '우리 일본 만세(我ら日本万歳와레라 닛폰 반자이)'라는 말

---

124  Paul Krugman, "A Country Is Not a Company", Harvard Business Review 1996.1.

125  일본이 '國' 대신 '邦'을 사용한 것은 수백 개의 지방 '번국藩國'과 구별하기 위해서이다.

이 유행하기 시작한 때는 1890년대 청일전쟁 무렵이었다. 20세기 전반 일본 제국주의 전성기에 '우리나라(我が国)'는 식민지(한국, 대만)와 괴뢰국(만주)에서 통용되었다. 그리고 나아가 지배국 '우리 일본(我ら日本)[126]'과 식민지와 괴뢰국 간의 대일본제국 국민통합을 위한 용어로 확장되었다. 패전 이후 '우리나라'(我が国)는 금칙어로 되었으나 1990년대 들어 '일본회의(日本會議)' 등을 중심으로 한 극우세력이 애용하고 있다.[127]

윤치호가 1896년 11월 〈애국가〉의 모태가 된 〈무궁화가〉 1절에 '우리나라 만세'를 제일 먼저 사용했다. 1909년 종일매국노 이용구의 일진회장의 「일한합방청원서」에 15회나 '우리나라'를 사용했다.[128]


'우리나라'가 청나라에 망하지 않은 것이 어찌 천황의 덕이 아니며 '우리나라'가 러시아에 먹히지 않은 것이 또한 어찌 천황의 인덕이 인한 것이 아니겠습니까? 그런데도 '우리나라'에는 아직도 왜인을 배척하는 기풍이 없어지지 않고 있어서 매번 은덕에 원망으로 갚으니 어찌 짐승 같은 마음이 아니겠습니까?

– 일진회장 이용구의 「일한합방성명서」

---

126 제목에 우리가 붙은 〈우리 일본가 我が日本の歌〉(1894), 〈우리해군 我が海軍(1897)〉를 비롯 가사에 '우리'가 나오는 일제 군가는 57곡이나 된다. "武勇は古来我が国の誉れぞ"

127 '일본회의' 홈페이지(http://www.nipponkaigi.org/about/mokuteki)

128 그러나 '우리나라'는 안중근, 강우규, 윤봉길, 이봉창, 김구, 무수한 애국지사와 한민족들이 애용한 용어다. 우리나라의 사전적 의미는 한민족이 세운 나라이다. 또한 '우리나라(Our Country)'라는 말은 한국과 비슷한 처지였던 핀란드, 룩셈부르크, 나미비아의 국가 가사에도 있다. 따라서 필자는 한민족의 단결과 남북통일을 이룩하기 위해선 이 '우리나라' 단어 하나만은 계속 유지해야 한다고 생각한다.

1895년 갑오경장 이후 '우리나라'는 일본의 사실상 보호국을 뜻했고 1905년 을사늑약 이후 일본의 공식적 보호국을 의미했다. 1910년 경술국치 이후 1945년 해방까지 '우리나라'는 '일본' 또는 '일본의 식민지'를 뜻했다. 즉 애국가 1절의 '우리나라'는 일본의 보호국이거나 '나 종주국 일본+너 보호국 한국'을 합친 의미의 '우리나라'였다.[129]

## ■ '만세'의 유래와 의미는 무엇인가?

만세(萬歲)는 환호의 구호다. 중화제국 시대 신민(臣民)이 황제에 대한 축복에서 유래했다. 시대와 국가에 따라 만세의 의미는 변용되어왔다. 절대군주제가 입헌군주제(일본) 또는 공화제(북한)로 국체가 바뀌었는데도 신민이나 인민들은 국가원수에 만세를 외치고 있다.

고대 중국에서 만세는 모든 계층이 사용하는 축복용어였다.[130] 당나라 7대 황제 현종 때부터 청나라 마지막 황제 부의까지 천여 년간 황제에의 축복, 혹은 천자처럼 황제의 별칭으로 사용되어왔다. 1922년 중국공산당 제2차 대회 시 '중국공산당 만세'를 처음 외쳤고 문화대혁명 때 '마오쩌둥 만세'를 불렀다. 이른바 반혁명 분자들이 홍위병에게 자살당할 때도 '마오쩌둥 만세'를 외쳐야 했다.[131]

---

129 『순종실록』 3권, 1909년(순종 2년) 12월 4일 "일진회장 이용구가 일한 합방 성명서를 발표하다."(이용구는 '우리나라'를 무려 15회나 쓰고 있다.)

130 『史記』 卷82: "田單知士卒之可用, 乃身操版插, 与士卒分功, 妻妾编于行伍之闲, 尽散饮食飨士。令甲卒皆伏, 使老弱女子乘城, 遣使约降于燕, 燕军皆呼万岁。"

131 (https://zh.wikipedia.org/wiki/%E8%90%AC%E6%AD%B2)

덩샤오핑 시대 이후 중국에서 '만세' 구호는 독재자 개인숭배를 뜻하는 의미로 통하기에 거의 사용하지 않는다. 10월 1일 국경절에 국가주석 1인이 한쪽 팔을 비스듬히 치켜들고 "중화인민공화국 만세"를 한 번 외친다. 나머지는 별다른 동작 없이 박수로 화답한다.

우리나라에선 신라의 진평왕이 수나라 황제에게 보내는 국서에 만세를 처음 사용했고 황제국 고려는 태조 왕건 때부터 24대 원종까지 황제를 칭하는 만세를 불렀다.[132] 그러나 고려가 원나라에 복속된 1274년 충렬왕 시대부터 고종황제가 대한제국을 선포한 1897년까지 만세를 부르지 못하고 '천세(千歲)'를 불러야 했다.


■ 일본에서의 만세의 의미와 사이판의 만세절벽


*1905년 11월 17일 을사늑약 2주 전 11월 3일 궁내부대신*
*이재극[133]이 일본 명치 천황의 생일이어서 주한 일본 공사관에*
*초대되어 갔다. 이재극은 잔치가 끝날 무렵 거기 있던 사람들과 같이*
*"일본 천황 만세"를 삼창했다. 이 소식을 들은 격노한 고종황제가*
*사신의 임금도 천세 내지는 만세를 하는데, 어떻게 남의 나라*
*수장에게 만세삼창을 할 수 있느냐 꾸짖으니, "신은 만세(萬歲)라고*
*하지 않고 반자이(ばんざい)라고 했나이다."라고 답했다.*

---

132 『삼국사기』「신라본기」 제4권 604년(진평왕 24년) 7월, 『고려사』 세가 제2권(태조 19년) 936년 9월 8일(음), 『고려사』 67권 지志 21권 예禮 9

133 이재극(李載克, 1864~1927) – 남작 작위를 받고 대정친목회 회장을 지낸 악질 종일매국노 (『친일인명사전3』, 민족문제연구소, 2009년, 102~104쪽.

사이판 전쟁에서 희생된 한국인을 위한 위령탑(사이판 만세절벽 앞)

세계에서 만세(반자이)를 가장 많이 외치는 나라로 유명한 일본은 만세를 8세기 헤이안(平安) 시대에 중국으로부터 도입했다. 중국과 마찬가지로 일왕이나 쇼군을 축복하는 용어로 종종 사용되어왔다. 만세가 일본열도에서 유행하게 된 시기는 1868년 메이지 유신 이후다. 만세는 번국을 폐지하고 부와 현으로 일원화한 폐번치현(廢藩置縣) 이후 번주들이 천황에 대해 복종과 항복의 표시로 머리 위로 양팔을 높이 드는 동작으로 변질되었다.[134] 일본에서 만세는 지금도 '속수무책'이라는 뜻으로 항복을 나타내는 표현으로 사용되고 도산이나 파산을 의미하는 은

134 『朝日新聞』 2019년 12월 22일 2면.

어로도 사용되고 있다.[135]

우리 일본 군인 천세 만세 만세 만만세 그 이름 세계에 빛나리
我が日本の軍人千歳万歳万々歳其名を世界に輝かせ

- 〈개선군가〉(1895년)

청일전쟁에 승리한 일본은 1895년 〈개선군가〉를 부르며 청국으로부
터 대만을 할양받아 식민지로 삼고 한국의 통치권을 양도받아 식민지
화에 착수했다. 1~2년 후 〈무궁화 노래〉등 한반도의 각종 애국가류에
'우리나라 만세'라는 구호가 창궐하기 시작했다.

일본제국의 일반 신민들이 "반
자이"라고 처음 외치게 된 날은
1889년(메이지 22년) 2월 11일이
다. 기원절이자 대일본제국헌법
공포일인 그날, 아오야마 연병장
에서 임시 열병식으로 향하는
메이지 일왕의 마차를 향해 도
쿄제국내학생들이 '만세삼창'한
것이 처음이다.

매년 2월 11일 일본의 개천절이자 대일본
제국헌법공포일이며 만세삼창일

---

135 『日本20世紀館』, 小学館, 423쪽.

2019년 10월 22일 나루히토 일왕의 즉위식에 아베 신조(安倍晋三) 총리는
즉위를 축하하며, "덴노헤이카 반자이(天皇陛下 萬歲)"를 두 손 들어 삼창했다.
일본 측 참석자들은 아베 총리의 선창에 따라 '만세'를 복창했다

제2차 세계대전 중, 가미카제 조종사들은 '천황폐하 만세(덴노 헤이카 반자이)!'를 외치며 죽음으로 돌진했다. 1944년 6월 치열한 사이판 전투에서 일본군은 자살 공격으로 전멸당했다.

사이판의 일본 민간인들이 미군에 집단 투항하는 가능성을 염려한 히로히토 일왕은 1944년 6월 말, 사이판 주민들에게 자살을 권고하는 칙명을 내렸다. 자살한 주민들은 사후 전사자와 같은 예우와 명예를 누릴 것이라고 말했다. 이로 인해 전투의 마지막 순간 1944년 7월 7일 1천 명의 노인과 부녀자들이 80m 높이의 절벽에서 '천황폐하만세'를 외치며 몸을 날렸다.

2020년 1월 29일~2월 1일
사이판 만세절벽을 실제 현지
답사했음

# ▨ 일본 동해시, "하느님이 보우하사 어전 만세" 민속행사

2019년 10월 22일, 나루히토 일왕의 즉위식에 아베 신조 전 총리는 "즉위를 축하하며, 덴노헤이카 반자이(천황폐하 만세)"를 두 손 들어 삼창했다. 참석자들은 아베 총리의 선창에 따라 '만세'를 복창했다.

일본인은 제야에 야스쿠니 신사를 비롯해 8만여 개소의 신궁과 신사 앞에 모인 신도들은 일본인의 하느님 아마테라스 오미카미 일본 만세(天照大神の御加護 日本万歳) 삼창을 외친다.[136]

일본 동해(東海 도카이)시는 경사 때마다 만세를 외치고 매년 1월 1일 '어전 만세(御殿万歳 고텡반자이)'를 부르는 민속예능대회 행사를 연다.[137]

이외에도 결혼식, 입학식, 졸업식, 성인식, 연말의 종무식, 연초의 시무식, 개업식, 기공식, 준공식, 상량식, 개통식 등등 장례식 하나만을 제외한 거의 모든 공적 사적 기념식에 만세삼창을 외치는 것이 일본인의 '라이프스타일'이다.[138]

---

**136** http://www.okunijinja.or.jp/pdf/tamadare/tamadare_53.pdf : https://kehijingu.jp/about/

**137** 도카이시(동해시) 공식 홈페이지(http://www.city.tokai.aichi.jp/22020.htm 경사때마다 만세 めでたい時には万歳 동해시 만세보존회 https://www.nihon-kankou.or.jp/aichi/232220/detail/23222be2220092470)

**138** 일본인들은 숫자 가운데 '3'을 유난히 좋아한다. '만세(반자이)'도 언제나 삼창이어야 한다. 1958년에 완공된 도쿄 타워의 높이는 333m 총공사비는 약 33억 엔, 1991년 3월 3일에는 도쿄 타워 건립 33주년 기념행사가 개최되었다. 일본의 3대 재벌기업이자 양대 전범기업인 미쓰비시(三菱), 미쓰이(三井), 일본 국교 신토의 메카 이세신궁(伊勢神宮)의 소재지 미에(三重)현 등등. 그리고 한국 고유의 것으로 인식되어 버린 337박수, 삼세번, 삼세판, 삼판양승. 일제의 보호국 시대인 1908년부터 널리 유포된 〈애국가〉의 후렴 '무궁화 삼천리', 일본 괴뢰국 만주국 국가 가사 '인민 삼천만 인민 삼천만', 일제강점기 한국에 제일 처음 세운 '미스코시(三越) 백화점(지금의 신세계백화점)' 등등 이루 헤아릴 수 없이 많다.

매년 12월 31일 신사에 모여 하느님(천조대신)이 보우하사
우리 일본 만세를 외치는 일본인

일본 동해시에서 매년 1월 1일마다 개최하는 민속행사 〈어전만세〉
무대 위에 세워진 어전 만세 팻말과 무대 뒤 배경 대형 소나무 그림이
애국가 핵심어 동해, 보우하사 만세, 소나무가 연상된다.

# 03

# '남산 위에 저 소나무', 소름 돋는 정체

고작 남산이라니, 일제가 우리 민족을 소인국화하고자 했던 의도가
우리 〈애국가〉에도 스며있는 듯하여 몹시 안쓰럽다.

– 김준태 5.18 기념재단 이사장


'남산 위의 저 소나무'라는 가사는 세계로 뻗어가는 오늘의
기상과는 거리가 멀다.

– 안호상 초대 문교부 장관


하마마쓰성 남산 기슭에는 도쿠가와 이에야스가 철갑을
걸어두었다는 소나무, 개괘송(鎧掛松)이 있다.

– 하마마쓰(松浜)시 홈페이지

## ■ 한국의 '남산'에는 소나무가 없었다

한국에서 남산(南山)은 앞산의 의미로 쓰였다. 남산이란 이름은 웅혼하고 기개 높은 산봉우리가 아니라, 시골 어디에서나 흔히 찾아볼 수 있는 산 이름이다. 우리나라에는 서울의 남산뿐만 아니라 경주, 상주, 청도, 진해, 홍성, 횡성, 삼척, 천안, 논산, 서천, 충주, 보은, 군산, 무안, 나주, 해남, 담양, 진도 등등에 수많은 남산이 있다.[139]

20세기 초 남산 풍경. 애국가 작사 당시 남산은 나무 몇 그루 없는 민둥산이었다.

---

139  김건곤·김태환 외, 『동국여지승람 제영 사전(누정편)』, 한국학중앙연구원, 2017년 참조.

흔히들 '남산 위의 저 소나무'의 남산은 한국의 서울의 남산으로 단정하는데 이는 대단한 착각이다. 서울의 남산뿐만 아니라 우리나라에 있는 '남산'은 앞산이라는 뜻을 가진다. 예외적으로 대구의 앞산은 남산이 아닌 앞산으로 부르는데, 유래는 남산과 똑같다. '북(北)' 자도 마찬가지로 '뒤'라는 의미가 있어서, '뒤, 등지다'라는 뜻의 '背(배)'가 바로 '북(北)'에서 파생된 글자이다.

서울의 남산 이름은 원래 인경산(仁慶山)이었다. 조선 태조가 1394년 한양으로 천도하면서 목멱산(木覓山)으로 불렸다. 간혹 경복궁의 앞산이라는 뜻으로 '남산'이라 불렸으나 어디까지나 목멱산의 별칭이었다.[140]

일제는 1913~1914년에 걸쳐 한반도의 행정구역을 폐합·정리, 이른바 '창지개명(創地改名)'을 하면서 목멱산의 명칭을 '남산'으로 개명했다.[141] 구한말 애국가 작시 당시 전국의 남산은 물론 서울의 남산은 역시 나무가 철갑을 두르기는커녕 나무 몇 그루 없는 민둥산이었다(1910년대 남산 사진 참조).

---

140 『고종실록』에는 "1864년(고종 1년) 5월 16일 삼각산(三角山)과 목멱산(木覓山)에 기우제(祈雨祭)를 지냈다"부터 1906년(고종 45년) 10년 "삼각산(三角山), 목멱산(木覓山), 한강(漢江)에서 첫 번째 우제(雩祭)를 지냈다."까지 37회나 기록되어 있으나, 남산으로 기록된 것은 단 2회뿐이다.

141 일제는 남산, 남산동, 동산, 동산동, 북한산, 남대문, 동대문 등 동서남북 방위나 일본인들이 좋아하는 글자, 혹은 일본풍으로 지명을 개악했다. 산 이름만 예로 들면 이렇다. 인왕산(仁王山)은 '인왕산(仁旺山)'으로 고쳐 '왕(旺)'자가 '일왕(日王)'을 뜻하는 것으로, 삼각산(三角山)을 별 의미 없는 북한산(北漢山)으로 바꿨다. 속리산의 천왕봉을 '천황봉'으로, 충북 영동의 백운산을 '민주지산'으로, 경북 문경의 아우릿재를 '이화령'으로, 춘천 소슬뫼를 '우두산'으로, 구미 대본산을 '금오산'으로, 춘천 갈왕산을 '가리왕산'으로, 강화 마리산을 '마니산'으로, 경기 가평 마유산을 '유명산'으로, 충북 제천 까치성산을 '작성산' 등 일본풍으로 개악했다.

한편 일본에서도 마을의 앞산을 남산(南山)으로 부르고 남산이라는 지명이 일본 열도 도처에 산재한다.[142] 일본의 옛 수도인 교토의 남부 와카야마현의 고야산, 현 수도인 도쿄의 남부 시즈오카현의 후지산을 비롯해 효고현, 시즈오카현, 가가와현, 아이치현, 이바라키현, 미야기현의 남산 등 소나무로 유명한 남산들이 16개소나 있다.

남산 이외도 소나무 숲으로 유명한 남악(南岳, 미나미다케)이 8개소나 된다. 나가노현 마쓰모토(松本)시의 해발 3,033m의 남악, 마쓰가와(松川)촌 소재 해발 2,246m 남악, 도쿄 남산 후지산의 남쪽 산자락 하마마쓰(松浜)시 소재 해발 2,072m 남악, 후쿠시마현과 니카타현 사이에 위치한 해발 1,390m의 남악은 철갑을 두른 개송(鎧松)이 많기로 유명하다.[143]

### ■ '위에'와 '저', 조사와 지시대명사까지 일본식 어법

헌법 전문 앞머리 '유구한 전통에'의 조사 '에'는 100% 일본식 격조사 'に'의 직역이다. '으로' 표기해야 한국식 어법이다. 애국가 2절 '남산 위에'의 조사 '위에'도 일본 특유의 처소격조사 '上に'의 직역이다. 오대산 전나무, 축령산 잣나무라 하듯 남산 소나무라 해야 한국식 어법이다. 하지만 남산과 소나무 사이에 '저'라는 지시대명사가 붙기에 '남산에 저 소나무'라고 할 수 있다. 즉 '남산에'는 한국식 표현 '남산 위에'는 일본

---

**142** (http://www.owlapps.net/owlapps_apps/articles?id = 421338&lang = ja)

**143** 鎧松(ヨロイマツ)とは何か(https://kinomemocho.com/zatu_yoroimatsu.htm

식 표현이다.[144]

일본의 애국가류에도 '~위에(上に)'라는 일본 특유의 처소격조사를 즐겨 쓴다.

〈타치바타 중좌〉 : 이 산 위에 조릿대 この山上に 篠つけば
〈사쿠라이에의 결별〉 : 철갑 소매 위에 흐르는

忍ぶ鎧(よろい)の袖の上(え)に

명사의 사용은 의식적으로 선택해서 사용하나 조사는 무의식적으로 쓰는 게 사람의 언어 습성이다. 따라서 남산 위에 '위에'는 일본인이 아니면 쓸 수 없는 표현으로 애국가의 실제 작사자는 한국인이 아닌 '일본인'으로 합리적 의심된다.

저 소나무의 '저' 또한 수상하다. 한국인은 '이', '그', '저' 등 지시대명사를 같이 쓸 때 주로 '이'를 맨 먼저 쓴다. 〈애국가〉 가사에 나오는 지시대명사는 모두 3개다. 2절의 '저' 소나무와 4절의 '이' 기상과 '이' 맘으로. 그런데 특이하게도 '저'가 '이'보다 먼저 나온다. 한국인의 어법이 아니다. 게다가 더욱 특이하게도 일본의 군가 등 애국가류도 한국의 애국가처럼 '저'(あの)와 '그'(その)가 '이'(この)보다 먼저 나온다.

---

144 부사격 조사(에)+지시대명사(저)가 따르는 어구는 일본인이 즐겨 쓰는 수사법이다. 한예림, 「한국어 부사격 조사 '–에'의 의미 기능 및 교육 방안 연구」, 경희대학교 대학원 : 국제한국언어문화학과 석사학위 논문 2020년 8월, 65~68쪽. ; 윤경희, 「외솔광장 소유격 조사 '의'에 대하여」, 『나라사랑』 제27집, 1977년 6월, 253쪽. 참조

〈승리의 그 날까지〉 : 저(あの) 일장기를 日の丸を,
　　　　　　　　　　　4절 이(この) 전쟁에서 戰に
〈청년 일본가〉 : 너의 그 손으로 나의 이 손으로
　　　　　　　　　君のその手で 僕のこの手で

　지시대명사의 출현 순서마저도 한국어법보다 일본어법에 가깝다. 일본 특유의 부사격 조사 '위에' 이어 애국가 실제 작사자는 일본인이라는 합리적 의심을 한층 강하게 하는 지시대명사 '저'이다.


## ■ 소나무 : 한국에선 선비, 일본에선 사무라이 상징

이 몸이 죽어가서 무엇이 될꼬 하니
봉래산 제일봉에 낙락장송 되어 있어
백설이 만건곤할 제 독야청청하리라.

– 성삼문의 시조


저 들에 푸르른 솔잎을 보라 돌보는 사람도 하나 없는데
비바람 맞고 눈보라 쳐도 온 누리 끝까지 맘껏 푸르다.
(하략)

– 김민기 작사 〈상록수〉


　사(士)는 한국에선 으레 문사인 선비로, 일본에선 무사인 사무라이로 통한다. 중국에선 문사와 무사를 불가분적으로 통칭하는 뜻으로 쓰인

다. 각계각층의 엘리트 사(士)에 대한 한·중·일 삼국의 제각기 다른 해석이 다른 역사를 낳았다. 이는 한·중·일 국민 모두 애지중지하는 '소나무'의 이미지에서도 확연히 드러난다.

한국인에게 소나무가 주는 이미지는 선비다. 성삼문 시조의 '낙락장송 독야청청'과 〈상록수〉의 '눈보라 쳐도 끝까지 푸른' 선비의 의연함과 지조와 절개를 상징한다. 율곡 이이는 세한삼우(歲寒三友)로서, 송(松)·죽(竹)·매(梅)를 꼽았고, 윤선도는 시조 〈오우가〉에서 소나무를 벗으로 여겼으며, 추사 김정희가 그린 겨울철 소나무 〈세한도〉는 국보 제180호로까지 지정되었다.

일본인에게 소나무가 주는 이미지는 철갑 입은 사무라이다. 에도시대 사무라이들은 집안에 꽃을 심지 않고 소나무를 심었다. 옛 사무라이의 고택에는 반드시 몇 그루의 노송이 서 있다. 일본 전역에는 철갑송, 활송, 검송, 안장송, 투구송, 방패송 등 사무라이와 관련된 이름의 소나무가 널려있다.[145]

철갑은 사무라이의 상징이다. 일본의 전통 무사인 사무라이의 복장은 철갑이다. 한국의 전통 갑옷이 종이와 가죽을 토대로 만들어진 것과는 달리 일본의 사무라이 복장은 철갑으로 만들어진 게 특징이다. 일본은 사무라이가 입었던 철갑을 국보로 지정한 것만 해도 12개나 된다.[146]

---

145 일본 역대 최고 유명한 검객 미야모토 무사시(宮本武蔵)도 아카마츠 씨(적송, 赤松)의 일종이다. 적송 씨는 일본의 무장 가문의 하나로 가마쿠라 시대 말기부터 전국 시대에 걸쳐 현재 고베와 효고현을 지배한 무사 가문이다.

146 철갑함 '후소(부상, 扶桑 : 무궁화나무 나라라는 의미의 옛 국호)'는 1878년 일본

철갑을 입은 사무라이의 배경에 어김없이 소나무 그림이 등장한다. 일본 각지에는 철갑 소나무, 개송(鎧松 요로이마쓰)이 산재해 있다.[147] 소나무 껍질이 일본 사무라이가 입는 철갑처럼 생겼다고 해서 일본인들은 소나무를 표현할 때 철갑을 두른 듯한 모양이란 표현을 즐겨 쓰고 있다.

임진왜란과 정유재란 시 수많은 조선 양민을 학살한
구로다 나가마사[黒田長政(흑전장정)]의 철갑과 투구, 배경이 철갑을 두른 소나무다.

제국 해군의 철장갑 전함이다. 1894년 청일전쟁의 황해해전과 1905년 러·일 전쟁 당시 뤼순 봉쇄 작전에 투입되어 큰 전공을 세운 전함이다. 다음 해 1898년 3월 21일, 다시 띄워지면서, '후소 호'는 2등 전함으로 재분류되었다. 크루프 대포를 장착했다. 수리는 1900년까지 계속되었다.

**147** (https://meiji-meisho.at.webry.info/201412/article_2.htm)

일본인들은 소나무를 신이 내리는 나무로 생각했다. 지금도 집집마다 새해에 문 앞에 세우는 가도마츠(門松)나 전통 예능인 가부키의 무대 배경, 혹은 철갑을 입은 사무라이의 모습에 배경으로 어김없이 소나무 그림이 등장한다.[148] 송(松)자 들어있는 일본의 도시는 하마마쓰(浜松)시를 비롯해 16개나 되고 '마쓰시마(松島)'라는 명소는 32개소나 된다.

일본에서 소나무는 이와쿠니현, 오카야마현, 야마쿠치현 현수(縣樹)로, 와카마쓰(若松)시, 마쓰모토(松本)시의 시수(市樹)로 우대받고 있다.[149] 한국에서 소나무는 우이동 솔숲길이 아름다운 서울시 강북구, 단 1개 구의 구수(區樹)로 지정되어 있을 뿐이다.


### ■ 한국의 정이품송 vs 일본의 개괘송(철갑 두른 소나무)


한국 소나무 중에는 천연기념물 제103호인 충북 보은군의 '정이품송'이 가장 유명하다.[150] 조선 시대 세조가 속리산에 행차할 때 어가가 소나무 가지에 걸릴 뻔했지만, 소나무가 스스로 가지를 올려 어가를 무사 통과했다는 이유로 정2품 벼슬을 내렸다고 한다.

'정이품송'이 우리나라에서 가장 유명한 소나무라면 일본 소나무 중 가장 유명한 소나무는 시즈오카현 하마마쓰시 옛 성터 남산기슭에 있는 도쿠가와 이에야스의 철갑을 두른 소나무 '개괘송(鎧掛松; 요로이 가게

148 平野隆久·片桐啓子, 『探して楽しむドングリと松ぼっくり』, 山と溪谷社, 2001, 48~49쪽.

149 https://ja.wikipedia.org/wiki/%E3%82%A2%E3%82%AB%E3%83%9E %E3%83%84

150 강판권, 『나무철학』, 글항아리, 2015년, 16~17쪽.

마쓰)이다.[151]

하마마쓰시 중심에 위치한 철갑 두른
소나무(鎧掛松). 1992년 4월 25일
현일왕(아키히토)결혼일에 안내판을
설치했다.

철갑 두른 소나무(鎧掛松) 위치 :
静岡県 浜松市 中区 元城町 103-2

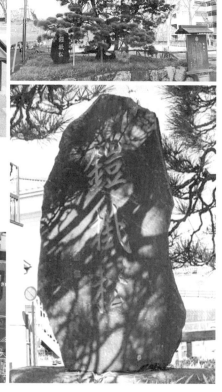

하마마쓰시가 1925년 황태자(124대 일왕
히로히토, 현 일왕의 조부)
결혼기념일에 '鎧掛松' 글자를 새겨 세운 석비

---

151  이에야스의 철갑을 두른 '가강공 개괘송'(家康公 鎧掛松)'의 위치 : 静岡県 浜松市
    中区 元城町 103-2

도쿄 남쪽 인접 현 시즈오카현의 최대도시 하마마쓰시는 일본 20개 정령시(政令市 : 한국의 광역시 격)의 하나다. 하마마쓰(浜松)이라는 도시 이름에서도 알 수 있듯 예로부터 소나무의 명소로 이름 높고 특히 도쿠가와 이에야스(德川家康 : 1452~1616년)의 출세지로 유명하다.[152]

도쿠가와 이에야스는 29세부터 46세까지 17년간 하마마쓰를 근거지로 삼고 해마다 전쟁을 치렀다. 1573년 겨울 어느 날 전투에서 패배하여 하마마쓰로 돌아온 그는 성곽 남쪽 언덕에 앉아 철갑옷을 벗어 소나무에 걸쳐 두었다.[153] 바로 이 소나무가 '이에야스의 철갑 두른 소나무(家康公 鎧掛松, Armor suspendid pine tree)'로 우리나라의 정이품송처럼 일본에서 가장 유명한 소나무의 하나로 자리매김 되어있다.[154]

1925년 3월 25일, 하마마쓰시는 황태자(124대 일왕 히로히토 1901~1989년)의 결혼식 날에 '개괘송(鎧掛松)' 세 글자를 새긴 비석을 세웠다. 1932년 9월 9일 태풍피해(바람서리)로 고사되자 하마마쓰시는 그 자리에 다른 소나무를 심었으나, 그것마저 1945년 5월 미 공군의 공습으로 소각되었다. 현재의 개괘송은 3대째로 1982년에 심어진 것으로 1992년 4월 5일, 황태자(현 126대 일왕 나루히토 1960년~) 결혼식 날에 개괘송 안내판이 세워졌다.[155]

---

152 (https://www.city.hamamatsu.shizuoka.jp/)

153 家康公鎧掛松と本丸南の空堀(浜松市)この家康公鎧掛松は浜松城の南のエリアにあります(fuchan12.livedoor.blog/archives/22818001.html)

154 원래 이에야스 철갑두른 소나무(家康公鎧掛松)의 이름은 적장들의 목을 베어 수급을 보관하는 수실검송(首實檢松)이었다. 家康公鎧掛松 静岡·浜松·伊豆情報局 (https://shizuoka-hamamatsu-izu.com/hamamatsu/hamamatsu-city/sz296/)

155 현재의 개괘송은 원래의 하마마쓰성 남쪽 언덕 목책 부근에서 다시 남서쪽으로 20여 미터 지점에 심은 것이다. 家康公鎧掛松いえやすこうよろいかけまつ (https://

## ■ 소나무 가로수로 철갑을 두른 듯 동해도 490㎞

1601년 도쿠가와 이에야스는 '도쿄-하마마쓰-교토'를 잇는 전장 490
㎞의 동해도(東海道, 도카이도)를 정비했다. 53개의 역을 설치하고 1603
년에는 약 4㎞마다 이정표를 설치했으며, 가도에는 소나무 가로수 송병
목(松並木, 마쓰나미키)을 심어놓았다.[156] 우리나라 서울-부산 간 경부선
에 해당하는 이 옛 동해도 490㎞ 양옆길에는 지금도 수령 400년이 넘
은 노송들이 철갑을 두른 사무라이처럼 도열해 서 있다.

구 동해도 소나무 가로수길 안내 표지판

---

www.city.hamamatsu.shizuoka.jp/miryoku/hakken/tanbo/201508-2.html)

156  東海道の松並木／浜松市(https://www.city.hamamatsu.shizuoka.jp/e-shinko/ward/
higashiku/chiikiryoku/history/jinjya/toukaidounomatunamiki.html)

19세기 일본 화가 우타가와 히로시게가 그린 도카이도(東海道) 소나무 가로수 그림

## ▪ 후지산 남쪽 기슭의 철갑을 두른 소나무

일본의 최고봉 후지산(富士山 3,776m) 7부 능선에는 철갑을 두른 듯 소나무 숲을 이루고 있고 후지산 남쪽 기슭 마쓰바라(三保松原) 해안에는 약 3만여 그루의 노송이 철갑을 두른 듯 서 있다.[157]

에도 후기의 유명화가 우타가와 히로시게가 1833년 출간한 화집 '동해도 53경(東海道五十三)'에는 팔경판개괘송(八景坂鎧掛松 핫케이자케 요로이 가케마스)이라는 유명한 그림이 있다.

---

[157] 마쓰바라 해안 소나무숲은 세계문화유산에 등록되어 있다. (https://www.visit-shizuoka.com/spots/detail.php?kanko = 336)

이 개괘송은 전설적인 사무라이가 동북지역을 평정할 때 철갑옷을 벗어 걸쳐둔 소나무로 전해지는데 오늘날 도쿄 최남단 구인 오타(大田)구 부근에 서 있었다.[158] 오타구의 특산 소나무는 품명 자체가 철갑소나무라는 뜻의 '개송'(鎧松, 요로이마쓰 armor pine tree)으로 각별한 보호를 받고 있다.[159]

출처 : 일본 옥션 경매 캡처. 1916년(다이쇼 5년) 소인이 찍힌 우편 엽서.
도쿄 남산 후지산의 저 소나무 철갑을 두른 듯

### ■ 일본 소나무 퇴출하듯 일본 소나무가 심어진 애국가를 퇴출하라

일본의 옛 수도 교토의 남산은 고야(高野)산이다.[160] 일본 소나무인 금송을 일본에서는 고야마쓰(高野松) 또는 고야마키(高野槙)라고 한다. 교토의 남산 고야산의 고야마쓰들은 예나 지금이나 소나무들이 스크럼을 짜듯 철갑을 두른 듯 서 있다.

애국가 작사자 윤치호(이토지코尹東致昊, 1866~1945)는 15세 어린 나이

---

158 『八景坂鎧掛松』：浮世写真家 喜千也の〈名所江戸百景〉第42回)(https://www.nippon.com/ja/guide-to-japan/gu004042/)

159 https://www.po-holdings.co.jp/news/pdf/PO22R006.pdf

160 일본어 사전에서 南山의 제1 고유명사는 고야산이다. 1. 南山 ：高野山。比叡山 (ひえいざん) を北嶺 (ほくれい) とよぶのに対する。

에 일본으로 건너가 도쿄 도진샤(同人社)에 입학한 후 게이오 의숙(慶應義塾)의 경영자이자 일본 제국주의 군국주의 창시자 후쿠자와 유키치(福澤諭吉, 1835-1901)의 제자가 되었다. 일기장에 다시 태어나면 한국인이 아닌 일본인으로 태어나고 싶다고 쓰기까지 한 일본인보다 더 일본인다운 윤치호는 젊은 시절 십수 년 동안 철갑두른 소나무가 산재한 도쿄와 하마마스, 교토를 중심으로 한 일본 도카이(東海) 지방에서 생활했다.[161] 애국가 2절 '남산 위에 철갑 두른 소나무'에서 이를 작사했다는 일본인보다 더 일본인다운 윤치호의 젊은 시절이 떠오르는 것은 왜일까?

요컨대, 대한민국 정부가 2018년 9월과 12월에 각각 현충사와 도산서원에서 일본 소나무를 퇴출했듯이[162] 일본의 철갑 두른 소나무가 심어진 '가짜 애국가'를 하루빨리 퇴출하고 국민의 뜻과 지혜를 모은 '진짜 국가(國歌)'를 제정하길 촉구한다.

**161** (https://ja.wikipedia.org/wiki/%E5%B0%B9%E8%87%B4%E6%98%8A)

**162** 『YTN』 2018년 9월 28일 "현충사 '눈엣가시' 일본 금송 옮겼다" ; 『JTBC』 2018년 12월 9일 "일왕 상징 나무 '금송'…48년 만에 도산서원 밖으로 '퇴출'"

# 04

# 바람서리,
## '폭풍우로 인한 피해' 일본 고유어

한 나라를 대표하는 국가는 그 한마디 한마디가 진실되며 긍정적인
이미지를 풍겨야 한다.

– 이응백 한국어문회 이사장(서울대 국어교육과 교수)


바람서리는 폭풍우로 말미암아 어업이나 농업 따위가 받는 피해를
의미한다.

– 국립국어원 『표준국어대사전』


수난의 바람서리에조차 변하지 않는 일본의 정기로다.

– 마스모토 케이도 『막말애국가』

## ■ '바람서리'란 폭풍우로 인한 농작물의 피해

* MBC 에브리원, 2020년 7월 30일 《어서와 한국은 처음이지?》
"바람서리가 뭐지? 한국인도 생소한 단어"

 2020년 7월 30일 MBC 에브리원 '어서와 한국은 처음이지?' 방송에서다. 트로트 가수 영탁이 그렉에게 애국가 가사를 설명하다 당황하는 모습을 보였다. 애국가 2절에서 '바람서리'라는 단어가 나오자 영탁이 당황했다. 영탁과 그렉 외에도 바람서리 뜻을 아는 사람이 없었다.[163]

---

**163** 「바람서리 뜻 화제…영탁, 그렉에 애국가 설명하다 '멘붕'」, 『한국스포츠경제』 2020.
07. 30.

비단 TV 프로그램에서뿐만 아니다. 필자는 이제껏 바람서리의 정확한 뜻을 아는 사람을 만나지 못했다. 대다수 '바람과 서리'라는 뜻 아니에요? 반문하거나 심지어 "내 평생 가장 풀기 어려운 퀴즈"라며 고개를 갸우뚱하는 박학다식하기로 유명한 고위인사도 있었다.

도대체 애국가 속 바람서리는 무슨 뜻일까?

애국가 가사 '바람'과 '서리'는 붙어있다. 바람과 서리가 아니라 바람서리다. 바람서리는 폭풍우로 말미암아 어업이나 농업 따위가 받는 피해를 의미한다. 바람서리의 '서리'는 수증기가 지상의 물체 표면에 얼어붙은 '서리(frost)'가 아니다. '수박 서리', '참외 서리'처럼 떼를 지어 남의 과일, 곡식, 가축 따위를 훔쳐(steal) 먹는 장난을 의미한다.

'바람서리'는 오늘날 우리 일상에서 전혀 쓰지 않을뿐만 아니라 구한말 이전 우리 말과 글에 전혀 없는 정체불명의 용어다.

반면에 '바람서리'라는 말이 생겨날 만큼 일본의 폭풍 피해는 막심하다. 따라서 일본 제국주의는 철마다 몰아닥치는 폭풍우로 받는 피해, 즉 '폭풍우의 습격(嵐に襲, 아라시니 카사네)'와 사방에서 엄습하는 폭풍우 '사방의람(四方の嵐, 요모노아라시)'이라는 자국 고유의 기상재해 용어를 '바람서리'로 번역, 애국가에 끼워 넣은 것으로 합리적 의심된다.[164]

즉 '바람서리 불변함은 우리 기상일세'라는 애국가 2절 후단의 가사는 철마다 몰아닥치는 폭풍우로 받는 피해, 바람서리가 계속되는 열악한 일본열도의 운명을 그대로 받아들이고 간난의 세월을 겪어내는 일본인과 내선일체화된 조선 식민지인의 기상이다. '우리 기상'에서 '우리'

---

**164** (https://thesaurus.weblio.jp/content/%E5%B5%90%E3%81%AB%E8%A5%B2%E3%82%8F%E3%82%8C%E3%82%8B)

는 한민족이 아니다. 일본인이거나 일본인과 다를 바 없이 내선일체화된 황국신민조선인으로 파악된다.


■ 바람 이슬 불변함은?

'바람서리'는 1908년 윤치호가 펴낸 〈찬미가〉 속 애국가에는 '바람 이슬'로 표기되어 있었다. 경술국치 이후 '이슬'이 '서리'로 바뀌었다. '바람 이슬'은 일본에서 '후로우(風露)'라는 낱말로 쓰인다. 일본 왕실화 국화(菊花)를 예찬하는 시가와 일본 다도의 선시(禪詩)에 자주 등장한다.[165]

'바람'은 일본인의 하느님이자 태양신 아마테라스 다음으로 중시하는 태풍의 신 스사노오를 상징한다. 일본인은 고려말 여몽 연합군이 일본을 세 차례 원정했을 때마다 스사노오가 불어주는 신풍, 가미카제(神風)로 극복했다고 여긴다.[166] '이슬'은 일왕이 베푸는 은혜를 상징한다. 일본 다도의 비조 센리큐(千利休)의 유명한 칠언절구 '풍로신향은일화(風露新香隱逸花)'의 풍로 역시 일본 왕실의 불변함을 뜻한다.[167] 따라서 '바람서리'로 바뀌기 전 원래의 '바람 이슬'로 부른다면 다음 두 가지로 해식된다.

---

**165** 精選版 日本国語大辞典の解説 https://kotobank.jp/
word/%E9%A2%A8%E9%9C%B2-616113

**166** 일본에서는 여몽 연합군을 원구(元寇)라 하며 임진왜란, 청일전쟁, 중일전쟁에 이르기까지 원구에 대한 복수의 구실로 삼아왔다.

**167** 風露新香穩逸花,利休大居士,東京 護国寺(http://numajiri.jugem.jp/?eid = 939)

첫째, 바람을 신풍으로 이슬을 일왕의 은혜로 풀이할 경우, '바람의 신과 일왕의 은혜 불변함은 우리 기상일세'로 통한다.

둘째, 바람 이슬을 일본 왕실의 상징 국화로 풀이할 경우, '일본 왕실의 불변함은 우리 기상일세'로 통한다.

수석 투우사 마타도르는 '진실의 순간'이라는 마지막 일격을 가한다. 투우의 견갑골 틈새에 진검을 찔러 단숨에 숨통을 끊듯 애국가 2절 후단에도 마지막 일격을 가하겠다.

"바람서리 불변함은 우리기상일세"

이 구절은 일본 막부 말기의 우국지사 마츠모토 케이도(松本奎堂, 1832~1863)의 애국 시가의 모방이다.

수난의 태풍(바람서리)에조차 변하지 않는 일본의 정기로다.
受難の嵐ににさえ変わらぬものは, 神州の正気る。[168]

이는 폭풍우로 인한 피해 바람서리를 이겨내는 일본 민족 고유성 또는 내선일체화된 황국신민을 고무·찬양하는 가사라는 사실을 재확인해 주고 있다.

---

**168**  田尻隼人, 「受難の嵐に 歌ふ, 文天祥と藤田東湖の正気歌」, 聖日本学会, 1930, 158쪽.

05

# 애국가에만 있는
# 극난해 한자어 '공활'

보우(保佑)니 공활(空豁)이니 하는 어려운 가사가 아닌
쉬운 가사로 바꾸자

– 윤석중 아동문학가


'공활(空豁)'은 구한말 이전 한국사에 단 한 번 나온다.
"산 계곡은 좁고 부석이 있는 곳은 텅 비어(공활) 있지만
(山谷狹窄, 浮石處雖空豁)"

– 『승정원일기』 1747년 (영조 23년) 음력 7월 5일


애국가는 국가가 아닐뿐더러 그 가사가 좋지 않다.
지극히 전근대적인 상징이자 유산인 애국가를 털어내야만 한다.

– 김영삼 제5대 국회의원

## ■ 낮의 하늘이 아닌 밤하늘이 나오는 〈애국가〉

: 아침의 나라(Land of the morning)

– 필리핀 국가

아침의 나라 동쪽 나라에 / 가슴의 불은 타오르도다.

사랑의 나라 영웅이 태어나 / 적이 나타나면 무찌르로다.

푸른 하늘, 바다를 불어오는 바람에 / 나의 자유의 노래는 울려

퍼지리

승리로 이끄는 우리의 국기 / 그려진 별과 해는 영원히 빛나리

아름다운 땅 빛의 땅 / 영광과 사랑, 태양의 나라여,

그대 품속에 천국이 있도다 / 그대를 위협하는 적이 있으면

이 목숨 기꺼이 그대에 바치리라.

필리핀 국가의 제목과 가사를 보고 깜짝 놀랐다. 우리나라가 왜색에 빙의되지 않았더라면 이런 제목과 가사 정도가 애국가가 되어있을 거라는 생각도 든다.

필리핀 국가 〈아침의 나라〉는 훌리안 필리페(Julián Felipe) 필리핀 독립혁명군 군악대장이 1897년 작곡한 음악에 역시 필리핀 독립혁명군 장교이자 시인 호세 팔마(José Palma)가 1898년에 시를 붙인 것이다. 필리핀 국가에서도 보다시피 UN회원국 193개 국가에서 가장 많이 나오는 물질명사는 빛, 하늘, 태양, 별, 땅, 바다, 산, 강, 불, 피 등이다. 세계 각국 국가에서 나오는 '하늘'은 새벽하늘이거나 아침 하늘이거나 낮의 하늘이다. '빛'은 태양의 빛이거나 별의 빛이다.

"가을 하늘 공활한데 높고 구름 없이 밝은 달은
우리 가슴 일편단심일세"

우리나라 애국가 3절처럼 해나 별이 아닌 달이 떠 있는 밤하늘이 나
오는 국가는 단 하나도 없다.
필리핀 국가 가사처럼 '하늘'이 1절이나 후렴에 나오는 주요 국가는
다음과 같다.

남아프리카공화국 : 우리의 푸르른 하늘에서부터
방글라데시 : 당신의 하늘은 영원히 하늘처럼 피리처럼 내 마음을
브라질 : 하늘에서부터 눈부신 자유의 빛!
스웨덴 : 그대의 태양, 그대의 하늘, 그대의 푸른 초원이여!
아이슬란드 : 하늘의 태양계들로 짜인 주의 왕관은
이란 : 해 뜨는 동쪽 하늘 지평선 위, 정의로운 그 눈에서 빛나리.
칠레 : 칠레여 그대 하늘은 푸르고 잔잔한 실바람이 스쳐지나니
카자흐스탄 : 금빛 태양의 하늘, 금빛 씨앗의 스텝
캄보디아 : 빛나는 하늘이여 우리의 왕을 보호하소서
포르투갈 : 불굴의 깃발을 내달아라, 너의 하늘의 생생한 빛에!

자랑할 거리는 가을 하늘 하나뿐인 우리나라였다. 그만큼 가을 하늘
은 한국을 대표하는 상징이었다. 그런데 그 뒤를 이은 극난해한 한자어
'공활?', 그리고 연이어 나오는 밝은 달? 왜 하필이면 눈이 부시게 푸르
른 대낮의 가을 하늘이 아니라 어두운 가을 하늘을 노래해야 하는가?
그것도 해 아닌 달을 국가로 노래해야 하는가?

## ■ 한국에선 애국가, 중국에선 사어, 일본에선 현학자 애용어

지구상에 '공활'만큼 희한한 낱말이 또 있을까?

'공활(空豁)'은 한국에선 애국가 가사에만 있는 희소어이자 난해어이다. 한자의 본고장 중국에선 쓰지 않는 사어(死語)이지만 일본에서는 현학자들이 애용하는 한자어에 해당한다.

'공활'은 한국 출판의 국어사전에는 "텅 비고 매우 넓다."라고 적혀있으나 『중한대사전』에는 단어 자체가 없다.[169]

'空豁'은 중국에서 출판된 예사 자전에서도 찾을 수 없다. 『강희자전(康熙字典)』, 『중화대자전(中华大字典)』등 극소수 대형자전에만 '공허'의 유사어로 수록되어 있을 뿐이다.[170] '공활'은 중국의 옛 문헌에 단 두 번 나오고 사라져 버렸다. 위나라 시인 완적(阮籍)의 『달장론(達莊論)』에서 실속 없이 텅 빈 실없는 사람을 비유하는 데 한 번, 명나라 시인 서홍조(徐弘祖)의 『서하객유기·오서유일기(徐霞客游记·粤西游日记)』에서 쓸쓸하고 공허한 풍경을 묘사하는 데 한 번, 쓰였을 뿐이다.[171]

'공활'의 '활(豁)'자도 '뚫린 골, 갈라진 틈, 언청이 깨지다, 터지다, 갈라지다, 금가다, 포기하다. 잔인하게 특정 대가를 치르다' 등 부정적 의미 일색의 글자다.[172]

'공활'이 중국에서 사어인 추가 증거 하나는 '가을 하늘 공활한데' 대

---

**169** 고려대학교민족문화연구소, 『중한대사전』, 1995년, 1076~1087쪽.

**170** (https://baike.baidu.com/item/%E7%A9%BA%E8%B1%81/10702684?fr = aladdin)

**171** 三国·魏·阮籍,《达庄论》: "大均淳固, 不贰其纪, 清净寂寞, 空豁以俟." / 明·徐弘祖, 《徐霞客游记·粤西游日记四》: "其东平畴齐望, 天岚空豁, 万山阨塞中, 乃有此浩荡区."

**172** 고려대학교 민족문화연구소, 앞의 책, 844~845쪽.

목을 정확히 번역한 중문 번역본이 전혀 없다는 것이다. '나의 대한정신을 바라네(願我大韓精神)' 등으로 엉뚱하게 번역하고 있다.[173]

애국가 가사에만 나오고 일상생활에서 전혀 쓰이지 않는 '공활'은 구한말 이전 반만년 한국시공에 텅 빈 좁은 공간의 뜻으로 단 한 번 나온다.

산 계곡은 좁고 부석이 있는 곳은 텅 비어 있지만

(山谷狹窄, 浮石處雖空豁).

– 『승정원일기』 1747년 (영조 23년) 음력 7월 5일

그러나 일본에선 14세기 무로마치 시대부터 오늘날까지 일본인의 입에서 살아있는 활어(活語)다.

하늘과 물은 공활하고 두 달을 하나로 보는구나

(水天空豁見二嫦娥一)

– 류쇼스자와(竜湫周沢), 『수득집隨得集』(1388년)[174]

---

173  願我大韓精神, 如秋夜晴空皓月, 清輝洒向大地, 坚定, 真诚与执著。

174  일본에서는 무로마치 막부시대 1388년 출판된 수득집 『随得集』에 처음 나온다. '夜泛湖見月〈夜泛二蘭舟一弄二碧波一, 水天空豁見二嫦娥一〉'부터 遠西観象図説(1823) 中〈これを太虚と云ふ. 空濶〈〈トリシメナク〉にして方体なく, 清澄にして至虚なるが如しと雖ども〉 등 문헌에 자주 나온다.

공활은 후지사와 난가쿠(藤澤南岳, 1842~1920)의 애국시가에도 나온다.[175] 현대 일본의 저명한 서예가 홋카이도 교육대학 아오키 히데아키(青木英昭) 교수의 아호 역시 '공활'(空豁)이다.[176]

동서고금을 막론하고 그 나라 일상생활에서는 전혀 쓰이지 않는 단어가 그 나라를 대표하는 노래 국가(國歌)에만 나오는 희한한 사례가 한국의 애국가 말고 또 있을까?

이 대목에서 애국가의 작사자가 안창호 선생이라는 분들께 묻고 싶다. 한중 양국의 사어이자 반만년 한국 사료에 단 한 번 나오는 극난해 한자어 공활, 그것도 '돌멩이 구르는 텅 빈 계곡'의 부정적 용어를 애국가 가사에, 미국 유학파이자 신식학문에 능한 안창호 선생이 쓸 수 있겠는가?

---

**175** 湾水侘わびを剰あます　空豁くうかつの思い

**176** (http://blog.livedoor.jp/sapporoamemiya/archives/51328988.html)

# 06

# 항성 없이 위성 '달'만 있는
# 세계 유일 국가

밝은 달은 우리 가슴 일편단심만 내세우는 이런 애국가는
마땅히 없애버리고 다시 지어야 한다는 것이 나의 생각이다.
– 백기완 통일문제연구소장


떠나올 때 웃고 맞은 달의 일장기 /
아~ 달빛 젖은 창호 위에 나부끼나니
– 〈전장의 깃발〉 3절


달의 신 츠쿠요미는 태양신 아마테라스를 청명심,
단심(丹心), 경외심으로 모셨다.
– 『출운국풍토기』(出雲国風土記)

## ■ 이토 히로부미와 달, 위성국

1905년 11월 19일 을사늑약 체결부터 1910년 8월 29일 경술국치까지 대한제국의 지위를 현대국제정치학 용어로 말하자면 일본제국의 위성국(衛星國, satellite state)[177]이었다.

〈애국가〉는 애국가 작사자 윤치호(1866~1945)[178]의 필생의 후견인, 이토 히로부미가 초대 조선통감(1905~1908)으로 재직할 당시 작사되었다. 이토 히로부미는 외교적 수단 위주의 노회한 제국주의자였다. 동학농민혁명 때 1만 명 이상의 병력을 한반도에 보내야 한다는 강경파의 주장에 반대했고, 이토 히로부미의 영향으로 1만 명 미만의 병력만 한반도에 급파했다. 청일전쟁, 러일전쟁에도 반대 입장을 밝혔고 한일병합에 부정적이었다.[179]

---

177 (https://ko.wikipedia.org/wiki/%EC%9C%84%EC%84%B1%EA%B5%AD)

178 윤치호의 필생의 롤모델이자 후견인은 이토 히로부미였다. 1897년 독립협회 독립신문 주필, 31세의 외부협판 (외교차관). 1904년 대한제국의 정책결정권을 일본에 넘겨준 제1차 한일협약(갑진늑약)과 1905년 을사늑약 체결에 이르기까지 이토 히로부미와 긴밀한 협력관계를 유지했다. 윤치호는 이토 조선 통감 재직 시절에도 은밀한 교감을 계속했으며, 1909년 10월 26일 안중근에 의해 사살되자 이토 히로부미 장례식 추도위원장을 역임했다. 윤치호가 1940년 이토지코로 창씨개명한 까닭은 이토 히로부미의 성 이토(伊藤)와 비슷하게 읽히는 이토(伊東)와 비슷하게 읽히기 때문이다. (윤치호, 「영문일기」 참조. 자세한 내용은 2권에서 상술하겠다.)

179 「안중근 의사 저격 100주년 한·일 학자들, 이토 히로부미를 논하다. '한국과 이토 히로부미'」, 「국민일보」 2009년 6월 26일

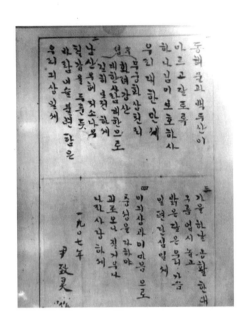

이토의 설계는 완벽하고도 영구적인 일본의 위성국이었다. 굳이 합병하지 않아도 일본천황에 충성을 다하는 신민인 대한 사람으로, 종주국 대일본제국에 종속하는 위성국 대한으로, 길이 보전하고 싶었다.[180]


## ■ 세계의 국가들은 해와 별들로 눈부신데…

미국 국가 〈별이 빛나는 깃발(The Star-Spangled Banner)〉은 태양과 별들이 발산하는 빛으로 반짝인다. 성조기 자체를 노래하기 때문이다.

---

180  伊藤之雄,『伊藤博文-近代日本を創った男』講談社, 2015, 458-495쪽.

"새벽의 여명(dawn's early light), 빛나는 별빛(bright stars),
아침의 광휘(morning's first beam), 물결에 지금 비추다(now shines on
the stream), 성조기는 오래도록 휘날릴지어다."

미국의 국가 외에도 태양이나 별들이 1절 또는 후렴에 나오는 국가는
다음과 같다.

남수단 : 우리는 별이 그려진 깃발을 들었노라.

리투아니아 : 리투아니아 땅의 태양이 우울과 어둠을 몰아내어.

몬테네그로 : 5월의 새벽하늘 태양이 떠오르는구나!

베트남 : 군대여 전진하자. 금성이 바람에 펄럭인다.

불가리아 : 트라키아 위에서 태양이 빛나고 피린 위에서 타오른다.

사모아 : 깃발 위에 휘날리는 이 별들을 보라!

슬로베니아 : 모든 민족에게 이 밝은 날, 태양이 비추는 모든 곳에

우즈베키스탄 : 나의 태양이 찬란한 자유의 땅

이라크 : 별이 떠오른다. 별이 떠오른다. 나의 조국, 나의 조국.

이란 : 해 뜨는 동쪽 하늘 지평선 위, 정의로운 그 눈에서 빛나리.

터키 : 그것은 반짝반짝 빛날 내 민족의 별이다.

포르투갈 : 다가오는 환희 위로 떠오르는 태양에 경례하라

필리핀 : 우리의 국기에 그려진 별과 해는 영원히 빛나리

세계 각국 국가 노랫말 중 가장 많이 나오는 물질명사는 빛, 하늘, 태양, 별, 땅, 바다, 산, 강, 불, 피 순이다.[181] '빛'은 태양의 빛이거나 별의 빛이다. '하늘'은 아침 하늘이거나 낮의 하늘이다. 우리나라 애국가 3절처럼 해나 별이 아닌 달이 떠 있는 어두운 밤하늘이 나오는 국가는 거의 없다.

## ■ 항성 없이 위성만 나오는 유일한 국가 〈애국가〉

회원국 동서고금의 모든 나라의 국가 가사에서 항성인 태양이나 별 없이 위성인 '달'만 나오는 국가는 한국의 애국가 단 하나뿐이다. 터키, 파키스탄, 모리타니 등 3개 이슬람 국가에도 달이 나오나, 희망과 성장의 상징 초승달(crescent)이 별이나 해와 함께 나온다.[182]

터키 국가 2절 : 수줍은 초승달이여 영웅적인 나의 조국 앞에서
　　　　　　　웃어라(1절 우리들의 별이요, 영원히 빛날 것이기에)
파키스탄 국가 3절 : 별과 초승달의 깃발은 성장과 강대한
　　　　　　　상징이로다
모리타니 국가 2절 : 하늘의 초승달은 약해지지 않고 그대 머리
　　　　　　　위의 태양은 지지 않으리

---

**181** Cerulo, K. (1993). Symbols and the world system : National anthems and flags. Sociological Forum, 8(2), pp.243-271.

**182** Kolsto, P. (2006). National symbols as signs of unity and division. Ethnic and Racial Studies, 29(4), pp.676-701.

해는 낮에 솟지만 달은 저녁에 어두운 밤에 뜬다. 해는 이글이글 타오르는 화기로 충만하지만, 달은 차가우면서도 가냘픈 한기(寒氣)로 가득 차 있다. 해는 둥근 모습으로 매일 아침에 뜨고 저녁에 지는 변함이 없는 존재이지만, 달은 소멸했다가 부풀어졌다가 다시 소멸하는 가변적 존재다. 동양에서는 보름달이 뜨는 날이 명절인 경우가

많으며 한국의 경우 정월 대보름엔 보름달을 보며 소원을 빌곤 하지만 달을 태양처럼 숭배하지는 않는다. 남매가 해와 달이 되었다는 '해와 달이 된 오누이' 이야기가 전해지는 정도다.[183]

서양에서 달은 광기와 비합리성과 밀접한 관련이 있다고 믿어왔다. '미치광이(lunatic)'라는 단어는 달의 형용사 라틴어 '루나(lunar)'에서 유래했다. 고대 그리스 철학자 아리스토텔레스와 로마의 박물학자 플리니우스는 보름달이 사람의 뇌에 작용하여 광기를 유도한다고 주장한 바 있다. 서양과 중·근동에서는 보름달 아래에서 마귀들이 축제를 벌인다고도 하고, 보름달이 뜨는 날엔 늑대인간이 돌아다니고, 보름달을 보면 미친다고 생각했다. 성경에서도 '달은 온통 피같이 되며' 종말의 징조와 관련되어 언급되고(「요한계시록」 6장 : 12절), 달이 불행과 질병의 원인임을 시사한다.(「마태복음」 4장 : 24절) 서양점 타로에서도 18번 달 그림이 나오는 카드 패는 불안', '동요', '변덕', '권태', '우울', '기다림', '불투명'을 의미

**183** 이경혜 지음·송수정 그림, 『해와 달이 된 오누이 네버랜드 우리 옛 이야기 11』 시공주니어, 2006년 참조.

하는 가장 나쁜 패로 취급한다.[184]

## ■ 우리는 피광체가 아니다. 우리가 바로 태양이다 – 페루국가

이런 것보다 한국의 〈애국가〉를 제외한 세계 각국 국가 가사에 달이 없는 결정적인 이유는 해와 별은 항성이나 달은 위성이기 때문이다. 해와 별은 스스로 빛을 발하는 발광체인데 반하여, 달은 햇빛을 받아 반사하는 피광체이기 때문이다. 달은 스스로 회전하지 못하고 태양과의 관계, 그리고 지구를 비롯한 다른 별과의 관계에서 영향력을 입어 움직인다. 그래서 국가 1절에 자기 나라는 피광체 달이 아니고 발광체 태양임을 선언하는 국가도 있다.

: 페루 국가 〈우리는 자유다!(Somos libres!, We are free!)〉[185]
우리는 자유다! 우리는 영원하다! / 우리의 영원은 영원이다!
우리는 타국의 피광체가 아니다. / 우리가 바로 태양이다!
태양은 장엄한 선서를 한다. / 조국은 영원히 태양처럼 떠오른다.
영원한 조국의 영원한 웅비를 위하여 / 장엄하게 선언하노라.
조국의 웅비를 위해 성심을 다하고 / 영원히 조국을 사랑하리라.

---

**184** Rotton, James; Kelly, I.W. (1985). "Much ado about the full moon : A meta-analysis of lunar-lunacy research". Psychological Bulletin. 97 (2) : pp.286-306.

**185** 1821년 세계 최초로 국민 공모전을 통하여 제작된 국가(Peru : Himno Nacional del Peru – Audio of the national anthem of Peru, with information and lyrics)

달(성장의 상징 초승달 제외)은 동서고금 모든 주권국가의 국가 가사의 금칙어라고 할 수 있다. 달은 항성이 아니고 위성이며, 발광체가 아니고 피광체이기 때문이다.[186]


## ■ 지배국 태양 일본에 대한 위성국 달 한국의 일편단심

세계 각지 각국 신화의 최고신은 태양신이 절대다수다. 우리나라 단군(檀君)의 할아버지 환인(桓因)을 비롯하여 이집트의 아톤, 힌두교의 수리야, 로마의 무적의 태양신 솔인빅투스, 아즈텍과 잉카문명의 최고신 5월의 인티, 모두 태양신이 그 문화의 주신이다. 그러나 달을 최고신으로 받드는 동서고금의 신화는 단 하나도 없다.[187]

일본의 태양신 아마테라스 오미카미 역시 일본 고유의 종교인 신도(神道) 최고의 신이자 천황가의 조상신으로 여겨진다. 하지만 달의 신 츠쿠요미 노미코토(月読尊)는 태양신 아마테라스나 바다와 태풍의 신 스사노오 노미코토(建速須佐)와 대등한 위치에 놓인 중요한 신으로 기록되어 있음에도 불구하고, 존재감이 별로 없다. 태양신 아마테라스는 광명과 주동의 상징이지만 달의 신 츠쿠요미는 암흑과 피동의 표징이다.

---

186  1895~1945년 한국뿐만 아니라 대만과 만주국 등 일본 위성국(식민지) 애국가류 가사에도 위성 '달'이 자주 나온다.[Hui-Hsuan Chao, Musical Taiwan Under Japanese Colonial Rule : A Historical And Ethnomusicological Interpretation, degree of Doctor of Philosophy(Music : Musicology), The University of Michigan 2009 pp.36~41.]

187  진 쿠퍼 저, 이윤기 역, 『그림으로 보는 세계문화상징사전』, 까치, 1994, 215~220쪽.

츠쿠요미의 '요미'는 일본에서 말하는 저승과 지하세계를 의미한다.[188] 그래서인지 일본 전역에 널린 8만여 개소의 신사 중에 달의 신 츠쿠요미를 주신으로 모신 신사는 단 하나도 없다. 다만 술의 신을 모시는 신사로 유명한 교토의 신사 마쓰오 타이샤(松尾大社)를 설명할 때 이 신사의 한 귀퉁이에 츠쿠요미를 배향한 곳이 있다는 정도다.

츠쿠요미는 『일본서기』 제5단 제11에 인용된 '일서(一書)'에서 곡물의 기원을 말하면서 잠시 언급된다.[189] 그리고 오늘날 시마네현 북동부 이즈모(出雲) 지역에서 733년에 편찬한 지방 풍토지 『출운국풍토기』(出雲国風土記)에는 이런 구절이 나온다.[190]

"달의 신 츠쿠요미는 태양신 아마테라스를 청명심,
단심(丹心), 경외심으로 모셨다."

– 『출운국풍토기』(出雲国風土記)

"구름 없이 밝은 달은 우리 가슴 일편단심일세"에서 우리 가슴과 일편단심일세 사이에 '해(일본)를 향한'이 생략되어 있다. 애국가 3절 속에는 구름 없이 높고 밝은 청명심을 지닌 달의 신 '츠쿠요미'처럼 일장기로 형상화한 태양신 아마테라스와 그의 후손 천황을 일편단심으로 충성을 다하여 섬기자는 의미가 숨어있다.

20세기 이후 일본 본토의 애국가류 가사에는 달은 전혀 없고 별도

---

**188**  戸部民夫, 『八百万の神々 – 日本の神霊たちのプロフィール』, 新紀元社, 1997, 103쪽.

**189**  三浦茂久, 『古代日本の月信仰と再生思想』, 作品社, 2008, 276쪽.

**190**  武光誠, 『出雲王国の正体 – 日本最古の神政国家』, PHP研究所, 2013, 29쪽.

별로 없으나 해만 나온다. 반면에 한국과 대만 등 식민지와 만주 괴뢰국 애국가류와 19세기 일본 애국가류에서 달이 자주 나온다.

'한 바퀴 밝은 달은 가슴의 단심을 비추네
一輪の名月　丹心を照らす'

막부 말기 대표적 존왕양이 우국지사 후지타 도코(藤田東湖 : 1806~1855년)의 〈명월단심가〉는 『막말애국가』에 수록되어 있다.

"구름 없이 밝은 달을 보니 마음 설렌다. 내일은 봄이 빛나리라"
曇りなき月を見るにも　思ふかな明日はかばねの上に照るやと.

역시 막부 말기 대표적 열혈 애국무사 요시무라 호타로(吉村虎太郎, 1837~1863)의 애국시로 일제 내각정보국이 1942년에 출간한 『애국백인일수(愛国百人一首)』에 실려 있다.

하늘의 성업을 이룩하라 그 영광은 해와 달과 같으리라
(仰贊天業兮　輝煌日月侔)
– 〈만주 건국가〉

여기서 해는 일본이고 달은 만주국이다. 애국가 작사 당시 한국은 일본의 준식민지이자 위성국이었다. 발광체 태양 대일본제국의 빛을 받고 살아가는 피광체 달 위성국이었다. 냉정히 말하자면 애국가 작사자는 일본의 준식민지이자 위성국 대한제국의 처지를 정확히 반영했을 뿐이

다.[191]

## ■ 일제하 군국가요 최다 빈출 단어는 '달'

"높고 밝은 달은 우리가슴 일편단심일세"

― 〈애국가〉

〈애국가〉 외에 동서고금의 모든 독립국가 국가에 단 한 번도 나오지 않는 절대 금칙어는 '달'이다. 그러나 일제 치하 군국가요(애국가요, 시국가요)의 최다 빈출어는 '달'이다. 애국가 작사자 윤치호, 작곡자 안익태처럼 군국가요에서의 달을 작사 작곡한 윤해영, 조두남, 김억, 이재호, 손목인, 이면상 등 대다수는 『친일인명사전』 등재 인물이다.

  : 〈선구자〉 윤해영 작사, 조두남 작곡
  용두레 우물가에 밤새소리 들릴 때 / 뜻깊은 용문교에 달빛 고이
  비친다

  : 〈종군간호부의 노래〉 김억 작사, 이면상 작곡
  하늘에는 반갑다 예전 보던 달 / 둥그러히 이 한 밤 밝혀를 주네.

---

**191** Hui-Hsuan Chao, Musical Taiwan Under Japanese Colonial Rule : A Historical And Ethnomusicological Interpretation, degree of Doctor of Philosophy(Music : Musicology), The University of Michigan, 2009, 36~41쪽.

: 〈군사우편〉 이가실 작사, 이운향 작곡

어머님의 편지를 안고서 달빛이 쏟아지는 참대 숲으로 뛰어듭니다.


: 〈참사랑〉 이가실 작사, 손목인 작곡

뚝딱선 떠나가는 달빛 잠긴 포구에


: 〈보내는 위문대〉 이해연 작사, 손목인 작곡

찬 달빛 바라보며 밤을 새워일제


: 〈전장의 얼굴〉 박향민 작사, 이재호 작곡

① 저 얼굴 부모님 얼굴 처자의 얼굴 / 광영의 웃음속에
   마을사람이 / 아~지원병아 공세워라 휘두른 깃발 / 노영의 달빛
   속에 가물거린다.
② 출정날 넘치든 감격 어이 잊으랴 / 군마의 울음소리 꿈이
   얽으며 / 아~ 죽어서 돌아오라 부르든 만세 / 전선을 달빛 조차
   흔들거린다.
③ 이 깃발 저기 아래 처자를 추억 / 떠나올 제 웃고 맞은 달의
   일장기 / 아~ 달빛 젖은 창호 위에 나부끼나니 / 승리의
   새아침도 멀지 않았다.

# 07

# '자유' 없이 '충성'만 있는
# 세계 유일 국가

헌법 제1조의 '민주공화국', 제2조의 '주권은 국민에게',
제5조의 '자유·평등·창의'가 가사에 포함되도록 하자"

– 박용구 음악평론가


4절은 본래 황실 부분을 찬양한 것으로 후렴과 중복되고 있다.

– 양제칠 어문연구회 대표


"사랑은 미안하다고 말하는 게 아니에요."

– 영화〈러브스토리〉

"애국가에는 '충성'이라는 낱말을 쓰지 않는 거예요."

– 강효백

## ■ 일본 메이지 시대 군가와 가장 비슷한 애국가 4절

"이 기상과 이 맘으로 충성을 다하여
괴로우나 즐거우나 나라 사랑하세"

애국가 4절은 일본 메이지(1868–1912년)시대 군가 가사와 가장 흡사하다. 일본 최초의 군가 〈발도대〉를 비롯 메이지 시대에 출현한 일본 군가 대다수에는 '忠' 자가 들어있다.[192] '충성'은 여타 나라의 군가에서도 거의 없고 일본 군국주의 시대 군가에서나 들을 수 있는 단어다.

동서고금의 국가 중 '자유' 없이 '충성'이란 낱말만 나오는 국가는 한국의 〈애국가〉가 유일하다. 심지어 북한의 국가 〈애국가〉에도 충성이 나오지 않는다. 이미 망해 없어진 만주 괴뢰국 국가의 〈만주건국가〉에도 나오지 않는다. 일본의 대표 국민가이자 제2의 국가이자 사실상의 국가 격인 〈애국행진곡〉에조차도 '충성'이란 단어는 나오지 않는다. 군주국과 공화국, 민주정과 독재정, 주권국가와 괴뢰국가, UN회원국과 비회원국, 현존국가와 이미 망한 나라, 명목상 국가와 사실상 국가를 막론하고 '자유' 없이 '충성' 단어가 나오는 세계 인류역사상 유일무이한 국가는 〈애국가〉 단 하나뿐이다.

---

192 ① 忠義 : 抜刀隊(1882), 楠公遺訓(1882), 軍旗の歌(1886), 護国の歌(1887), 日本魂 (1887), 桜花(1887), 元寇(1892), 日本海軍(1904) 8곡 / ② 忠 : 日章旗の歌(1894), 軍人勅諭(1901), 橘中佐(上·下)(1904) 4곡 / ③ 忠勇義烈 : 我が日本の歌(1894), 大寺少将(1895), 黄海の大捷(1897) 3곡 / ④ 忠烈 : 桜花(1887), 軍人勅諭の歌(1901) 2곡 / ⑤ 忠節 : 軍人勅諭の歌(1901) 1곡 총 18곡, 李有姬, 〈"明治·昭和軍歌にみる近代的特徴 −楽曲·テーマ·言語表現を中心に〉(大阪大學 博士論文, 2016년, 65쪽.)

## ■ 세계각국 국가중 최다빈출 추상명사는 '자유'

193개 UN회원국 국가 가사에 제일 많이 나오는 추상명사는 '자유(自由, free, freedom)'다. 국가의 제목이 '자유'인 나라는 기니와 조지아, 두 나라다. 국가 제목에 자유라는 단어가 들어간 나라는 그리스(자유의 찬가), 사모아(자유의 깃발), 스웨덴(유구한 그대, 자유로운 그대), 카보베르데(자유의 찬가), 페루(우리는 자유다), 트리니다드토바고(자유의 사랑으로 나아가리) 등 6개국이다.[193]

미국의 국가 〈별이 빛나는 깃발〉 5개 절 말미마다 "오 자유의 땅, 용감한 자들의 고향에서!(O'er the land of the free and the home of the brave)"에서 '자유', 여기에다 4, 5절에 '자유' 각각 1회씩, '자유'가 모두 7회나 등장한다.[194]

미국과의 긴장 관계가 연속되고 있는 이란의 국가 〈이슬람 공화국〉에도 "독립과 자유는 우리의 영혼에 새겨져 있노라(Independence, freedom, is imprinted on our souls)"라고 하여 독립과 함께 '자유'가 나온다. 러시아의 국가 〈러시아 연방 찬가〉의 후렴 맨 앞 구절에도 '찬양하라, 우리의 자유로운 조국을'이라는 코러스가 3회나 반복된다.

미국과 이란, 러시아처럼 국가 가사에 '자유'라는 낱말이 1절(내나수 1절의 첫 소절)과 후렴에 나오는 주요국은 다음과 같다.

---

193  https://en.wikipedia.org/wiki/List_of_national_anthems

194  Star-Spangled Banner, 「Is Now Official Anthem」, 『The Washington Post』, March 5, 1931, p.3.

독일 : 조국 독일에 권리와 자유

프랑스 : 자유여, 사랑하는 자유여, 그대의 수호자와 함께 싸우라!

캐나다 : 강하고 자유로운 진정한 북녘의 나라!

호주 : 우리의 젊고 자유로움을 위해

인도네시아 : 위대한 인도네시아, 자유! 독립!

남아공 : 자유를 위해 살며 투쟁하리라 우리의 땅 남아프리카에서

브라질 : 하늘에서부터 눈부신 자유의 빛!

아르헨티나 : 시민들이여 들어라, 신성한 외침을 "자유! 자유!
　　　　　　자유!"[195]

나이지리아 : 평화롭고 단합된 자유의 조국으로 전진해나가자.

네팔 : 용감한 자들의 피로부터 이 나라는 자유롭고 흔들리지
　　　　않는다.

라오스 : 민중은 라오스의 독립과 자유를 드높이라.

룩셈부르크 : 이 자유의 광채가 우리에게 영원히 빛나게 하소서!

몽골 : 몽골의 용맹스런 국민들은 자유와 권리를 기원하나니.

벨기에 : 불멸의 표어를 갖게 되리라 "국왕, 법률, 자유여!"

스위스 : 기도하라, 자유로운 스위스인이여, 기도하라

네덜란드 : 나는 자유롭고 두려워하지 않는

아일랜드 : 자유를 맹세하였으니, 독재자도 노예도 두지 않으리

오스트리아 : 자유와 경건함을 향해 나아가는 우리의 근면과
　　　　　　희망을 보아라.

칠레 : 자유인의 무덤이 되리라! 아니면 탄압받는 자들의 피난처가

---

195　아르헨티나의 국가 〈조국의 행진〉 1절에만 '자유'가 10회 나온다.

되리라!

콩고 : 우리 모두 함께 자유의 노래에 도취하자

파라과이 : 우리의 영혼은 자유를 주었도다.

필리핀 : 나의 자유의 노래는 울려 퍼지리 승리로 이끄는 우리의
　　　　국기


2015년 스위스는 기존 국가 가사에 "기도하라, 자유로운 스위스인이여, 기도하라(Betet, freie Schweizer, betet)" '자유'라는 단어가 있는데도 불구하고 '자유'가 부족하다며 새 국가를 위한 가사 경연대회를 열었다.

모두 208편 새 국가 가사 응모작 중에서 예선 본선 결승을 통해 선정된 최종당선작에는 '자유'가 3차례 나온다.[196]


### ■ 최악의 위헌 가사 애국가 4절

네덜란드와 나미비아의 국가 가사에도 '충성'이 나오지만 '충성' 만 나오는게 아니라 '자유'와 함께 나온다. 현존하는 국가 중 가장 오래된 네덜란드 왕국의 국가 〈빌럼 공의 노래〉1절에는 '충성'이 '자유'와 함께 나온다.

---

**196**　White cross on a shining red, woven by a common thread : freedom, independence, equality. Open to the world in solidarity, Swiss are one in peace and diversity. Free are we who freely speak, strong as we protect the weak(https://sgg-ssup.ch/de/new-nationalhymne.html)

: 〈빌렘의 국가〉 1560년 작사

나사우의 빌럼 / 네덜란드인의 피를 타고 난 나는 / 조국에 충성을 다하며 죽음을 두려워하지 않는다 / 올랜드 공으로서 나는 자유롭고 두려워하지 않는다.

아프리카 극빈국이자 신생 독립국(남아공으로부터 1990년 독립) 나미비아 국가 〈나미비아, 용감한 나라〉에는 '충성'이 1회 나오지만, '자유'는 3회나 나온다.

: 〈나미비아, 용감한 나라〉(1990년 작사)

용감한 나라, 나미비아여! / 자유를 위한 싸움은 우리가 이겼도다! 그들의 용감한 영광으로 / 누군가의 피와 물이 우리의 자유이리라! 우리는 나의 사랑과 충성을 주었도다! / 함께 화합하여, 아름다운 나미비아를 만들자! / 우리나라, 나미비아여, 사랑스런 사바나의 땅으로, 자유의 깃발을 높이 내걸자.

: 〈애국가〉4절 (1908년 작사)

이 기상과 이 맘으로 충성을 다하여 / 괴로우나 즐거우나 나라 사랑하세

국민 모두가 나라의 주인인 민주공화국이자 세계 10위권 신흥강국 대한민국 국가 〈애국가〉에는 '자유'없이 '충성'만 나온다.

대한민국 헌법에는 '자유'가 22회, '민주'가 11회 나오는 반면, '충성' 이란 단어는 한 개도 나오지 않는다. 헌법에 가장 많이 나오는 '자유'는

한 음절도 없고, 헌법에 단 한 음절도 없는 '충성'만 있는 게 바로 우리 나라 〈애국가〉다.

국가에 일방적인 충성을 강조하는 국가(國家)와 국가(國歌)는 진정한 국가와 국가가 아니며, 시민들에게 진정한 애국심을 불러일으킬 수도 없다. 자유, 평등, 민주, 평화의 이념을 담아내는 국가가 21세기의 제대로 된 국가이며, 이러한 국가만이 비로소 제대로 된 애국을 표출할 수 있다.

'충성을 다하여' 애국가 4절 가사는 국가에 대한 국민의 일방적 충성을 강요하는 군국주의 파시즘적 색채가 짙다. 주권은 국민에게 있고 모든 권력은 국민으로부터 나오는 민주공화국 대한민국 헌법 제1조 2항에 위반된다. 따라서 애국가 4절의 충성은 한국에 대한 충성이 아니라 식민지와 황국신민으로서 일본과 일왕에 대한 충성에 가깝다. 이는 마치 〈콩쥐 팥쥐〉에서 못된 계모(일제)가 콩쥐(식민지 한국)에게 효도(충성)를 윽박지르는 것과 같다.

현대국가의 존재의의는 국민의 정의로운 자유를 최대한 증진하는 것이지 국민의 국가에 대한 일방적 충성을 요구하는 건 결코 아니다. 설령 충성의 대상이 한국이라도 '충성'을 애국가에 담는 것은 대한민국 자유민주 헌법정신 위반이다. 퇴출해야 마땅하다.

### ▪ "이 기상과 이 맘으로" 지시대명사 '이'에 대하여

'이 기상'은 2절 후단 "바람서리 불변함은 우리 기상일세"의 '우리 기상' 즉 사시사철 바람서리 (폭풍우로 인한 피해)가 변하지 않고 몰아쳐 와

도 이를 견디어 내는 우리(황국신민)의 기상을 의미한다.

'이 맘으로'는 3절 후단 "밝은 달은 우리 가슴 일편단심일세"의 '우리 가슴', 즉 달(일본의 피발광체 위성국 한국)의 해(발광체, 종주국 일본)를 향한 일편단심을 의미한다.

눈 여겨봐야 할 대목은 지시대명사 '이'의 위치이다. 일본의 애국가류에는 한국의 애국가와 같이 '이(この)'가 마지막 절에 나오는 경우가 적지 않다.

〈애국가〉(총4개 절, 마지막절) "이기상과 이맘으로 この気性とこの心"
〈개선가〉(총12개 절, 마지막절) "이この 진심 산에 眞心は山の"
〈대륙행진곡〉(총3개 절, 마지막절) "이この 깃발은 나아간다"
〈대일본가〉(총3개 절, 마지막절 ) "이 この 나라 높고 밝은 천황
                                   国 ぞ 高光る天皇"

■ 괴로우나 즐거우나 나라 사랑하세

'괴로우나'가 '즐거우나' 앞에 나오는 이 가사는 비극의 일상화의 고난을 감수함을 강조하는 일본 사무라이 정신과 일본인의 사고관을 대변해주고 있다. 이는 '괴로워도 즐겁게' 또는 '즐거우나 괴로우나' 즉 '즐거움'이 '괴로움'보다 먼저 나오는 한국인의 일반적 표현과 배치된다.[197]

---

**197** 〈애국행진곡〉 "시련의 바람 試練の嵐 폭풍이 몰아치더라도 嵐哮るとも" / 〈흥아행진곡〉 "폭풍에 견디어 내어 빛으로 영원히 받들자 嵐に堪へて　笑き香れ 光と永久に 戴きて" / 〈대동아결전가〉 "후회 없이 지는 야마토 혼 지금 진충의 때가 왔다 散って

수천 년을 버티며, 싸우며 지켜온 이 강토와 사람들에게 비록 피투성이 교훈을 심어주지 못한다손 치더라도, 꼭 '괴로우나 즐거우나 나라 사랑하세' 섬약한 애원조로 한 나라의 국가를 매듭지어야 하는지 몹시 불편하다.[198] '나라 사랑하세'의 사랑의 대상 '나라'는 주권독립국 한국이 아니라 '일본'과 '일본의 위성국으로서의 나라'일 뿐이다.

悔いなき大和魂 今盡忠の時來る"

**198** 김준태, 앞의 책, 70쪽.

제3장

후렴

애국가의 가장 큰 문제점은 우리나라 국토가 만주까지라는 것을
강조해야 함에도 '무궁화 삼천리'로 영토를 한정시켜 일제의 반도
사관과 흡사하다는 것이다.

– 안호상 초대 문교부 장관(국가제정추진위원장)


후렴 부분의 '대한 사람 대한으로 길이 보전하세'에서 '대한 사람'은
왠지 경술국치 속의 대한제국을 느닷없이, 아니 자연스럽게도
상기시켜버리는 계기를 만든다.

– 김준태 5.18 기념재단 이사장

애국가의 힘이 헌법보다 강하다. 우리나라 사람의 국토관을 대한의 고유영토 4천 리에서 3천 리로 축소하게 한 원흉은 영토를 한반도로 국한한 헌법 제3조가 아니라 '무궁화 삼천리' 애국가 후렴의 무한 반복 학습이기 때문이다.

노래와 정치는 밀접하다. 특히 국가와 국민가, 군가 등 애국가류와 정치는 한 몸이다.[199] 모든 노래의 핵심은 후렴(chorus)에 있다. 후렴의 반복성으로 인한 중독성이 따른다. 세계 각국의 국가는 대체로 후렴의 비중이 큰 편이다.[200]

---

199  Street, John (2011). Music & Politics. Cambridge : Polity Press. p.63.

200  Sachs, Harvey (1988). Music in fascist Italy. New York : Norton. p.17.

말과 노래는 사람의 의식을 지배한다. 특히 반복되는 구호나 후렴은 사람의 영혼까지 지배한다. 의식이나 잠재의식의 세계에서도 여전히 메시지로 살아 사람의 가치관과 인생관 세계관에 큰 영향을 끼친다. 한국인의 일생에 제일 많이 부르고 듣고 접하는 운문은 애국가 가사이고 그중에서도 후렴이다. 애국가를 4절까지 부를 경우 4번이나 반복되기에 그렇다.[201]

이처럼 중요한 후렴의 전반부는 일본식 조어 또는 뜻이 완전히 변질된 한자어 일색이다. '無窮花'는 구한말 이전에 한국은 물론 중국에도 없었던 한자어로 1895년 이후 한반도에 갑자기 등장했다. '三千里'는 구한말 이전에는 유배형벌용어로 한국 영토개념으로 전혀 쓰이지 않던 용어였으며 '華麗江山'은 구한말 이전은 물론 현재 표준국어대사전에도 없는 일본식 조어이다.

후렴의 후반부 "대한 사람 대한으로 길이 보전하세"는 일본의 위성국 또는 식민지로서의 현상 유지 서술어다. 반면에 일본의 군가 등 애국가류 대다수는 팽창과 군국주의, 진취적 의미의 서술어로 도배되어 있다.

---

**201** 특히 후렴 전반부는 왜색 한자어 일색이다. 無窮花(구한말 이전에 없는 중국에도 없었던 한자어, 三千里(구한말 이전에는 유배형벌용어), 華麗江山(구한말 이전은 물론 현재 표준국어대사전에도 없는 왜식 용어)

明治４４年（1911年）５月８日
『尋常小学唱歌　第一学年用』

## 日の丸の旗

作詞　高野辰之
作曲　岡野貞一

日の丸（ムクゲ）

1910년~1945년 일본과 일본식민지 조선 대만 소학교 음악 교과서 1학년 첫 번째 노래는 히노마루(일장기) 무궁화 (https://www.youtube.com/watch?v = AgabGsLUd78)/ (https://www.youtube.com/watch?v = AgabGsLUd78)

# 무궁화,
# 꽃나무로 위장한 욱일기

식민지에 자기 나라 꽃 심는 게 제국주의다.
그래서 네덜란드는 인도네시아에 튤립 심고
스페인은 멕시코에 카네이션 심고
영국은 미국 땅에 장미 심고
프랑스는 퀘벡에 백합 심고
일본은 한국 땅에 무궁화 심은 거다.

진리란 이처럼 심플하다.
진리란 멀리 있는 게 아니라
아주 가까이에 있다.
진리는 맛을 알고도
그 맛을 말하지 않는 혀 같다.
진리는 실천으로 간 보는 것이다.

무궁화는 일본이다. 무궁화는 꽃나무로 위장한 일본의 국기와 군기다. 일본인은 일장기와 욱일기를 흔드는 대신 무궁화를 심고 가꾸고 노래하고 받들고 사랑하며 항상 심신에 새긴다. 한편으로 타국으로 은밀한 확산을 꿈꾼다.

필자는 '애국가'의 핵심 코드인 애국가 가사 후렴 '무궁화 삼천리'에 몰두하던 2019년 2월 주말, 놀라운 메시지 하나를 받았다. 메시지의 발신자는 김순식 일본 후쿠야마 시립대 교수다. 그는 일본에서 20년 넘게 체류한 환경경제학의 권위학자다.

"무궁화는 일본에서 집 마당이나 담장, 울타리에 키우는 대중적인
꽃입니다. 보통 주택가에서는 마당 있는 집이라면 흔히 볼 수
있는 꽃이죠. 일본엔 6~7세기경 중국에서 들어온 것이라고 하며,
전국적으로 대중화된 건 17세기경으로 알려져 있습니다. 7세기경의
일본 고대 시가에도 무궁화를 표현하는 듯한 내용이 나오기도
합니다. 본래 목근이라 하는데 어쩌다 무궁화가 된 건지."

일대 충격이다. 무궁화 관련 일본의 온·오프라인 자료를 전수 분석하듯 살펴봤다. 무쿠게(むくげ, 'ムクゲ'), 목근(木槿)이라는 이름의 무궁

화·무궁화들…, 홋카이도부터 오키나와까지 일본 전역의 산과 들, 도시와 농촌, 학교와 공원, 거리와 빈터, 신사(神社)[202]와 사찰[203], 무궁화 야생 군락지, 무궁화 관련 무수히 많은 시가와 서적은 물론 사진과 동영상, 그리고 무궁화 문화행사, 무궁화 자연농원, 무궁화 수목장까지…, 무궁화는 질적으로나 양적으로나 일본의 국화 격으로 널리 알려진 벚꽃(사쿠라)을 압도할 정도였다.

숨이 턱 막혔다. 얼굴이 화끈 달아오르고 온몸이 부들부들 떨렸다. 코흘리개 시절부터 "무궁화 무궁화 우리나라 꽃 삼천리강산에 우리나라 꽃"을 부르며 자라왔는데…. 평생을 '무궁화 삼천리 화려강산'이라는 애국가 후렴을 부르며 살아왔는데.

"무궁화는 우리 민족의 개국과 더불어 국화로 인식되기 시작했고 일제강점기 시절 일제의 간악한 탄압을 받아왔다."라는 게 필자 자신은 물론 대다수의 '국민 상식' 아니었는가.

필자는 약 8개월간 밤낮을 잊고 한·중·일을 비롯한 동서고금의 '무

---

**202** 1급 전범을 배향해 악명높은 야스쿠니(靖国) 신사를 비롯, 가시하라(橿原神宮) 신궁, 헤이안(平安) 신궁, 메이지(明治) 신궁, 아타코(愛宕) 야사카(八坂), 이루기(居木), 슛세이나리(出世稲荷), 이사하야(諫早), 스쿠나하코나(少彦名), 치치부(秩父), 니시키노(梨木), 오오토요(大豊), 이쿠타(生田), 오노에(尾上), 히라노(平野), 무나카타(宗像) 신사 등 일본 약 8만5000여 곳의 신사들 중 상당수 경내외에는 무궁화가 무궁하게 피고 진다. (https://www.kyotonikanpai.com/purpose/nature/floral_calendar/mukuge.shtml)

**203** 무궁화지장(木槿地藏) 신앙으로 유명한 교토의 사이린사(西林寺)를 비롯하여 무궁화로 유명한 불교 사찰로는 도쿄 근교의 하세데라사(長谷寺), 교토의 히가시혼간사(東本願寺), 니시혼간사(西本願寺), 큐호사(久法寺), 붓꼬사(仏光寺) 등과 가마쿠라(鎌倉)의 도우케이사(東慶寺), 주이센사(瑞泉寺) 등이다. 木槿 西林寺 瑞泉寺 東本願寺 仏陀寺 木屋町仏光寺

궁화'를 톺아봤다. 상상 그 이상의 어마어마한 숨겨진 진실을 발견했다. 애국가 후렴의 '무궁화'는 바로 뒤의 '삼천리' 못지않은 엄청난 독성을 내장한 악성코드라는 사실을. 국토참절 민족분열 일본 '애국가'는 하늘이 두 쪽 나도 반드시 하루빨리 퇴출되어야 함을 재확인했다.

국화와 국가, 국장, 최고훈장, 대통령 휘장, 국회와 국회의원과 지방의원의 배지, 법원 휘장, 경찰관과 교도관의 계급장 등 대한민국 거의 모든 국가상징을 독점지배하고 있는 무궁화에 심각한 결격사유를 발견하고도 학자로서 그냥 덮고 지나갈 수 없었다. '새롭게 발견된 진실은 오래된 착오보다 지지자가 적은 세상 이치'를 온몸으로 겪으며 살아온 필자에게 가해질 비난과 반발을 무릅쓰고 2020년 6월『무궁화의 두 얼굴－ 국가상징 바로잡기』를 펴냈다.[204]

상세한 것은 이 무궁화 책과 곧 펴낼 수정·보완본『꽃으로 위장한 욱일기－무궁화』를 참조하기를 바라며 여기서는 몇 가지만 간략히 언급하고자 한다.


■ 일제강점기, 무궁화 홍보에 전력 (동아 247회, 조선 221회)


국내 모든 온·오프라인 무궁화 관련 텍스트는 일제강점기 일본이 무궁화 나무를 뽑아버리는 등 각종 탄압을 가했다고 적고 있다. 그러나 사실 무궁화를 일제강점기에 탄압하긴커녕 무궁화를 조선의 국화(國

---

204  강효백, 『무궁화의 두 얼굴－국가상징 바로잡기』, 이담북스, 2020년, 31~33쪽.

花)[205]라며 홍보에 전력했다.

『동아일보』에는 1920년 4월 20일~1940년 4월 5일까지 총 247회에 걸친 무궁화 홍보가 게재되어 있다.

"동방 아세아 무궁화 동산속에 2천만 조선민중은 일대광명이"
– 『동아일보』 창간호 1920년 4월 20일 1면

"우리 조선의 대표적인 꽃은 여러분이 아시다시피 무궁화입니다. 그래서 우리 조선을 무궁화 꽃동산이라고하야 근역이라고 부릅니다. 우리 동아일보의 표제에서도 무궁화를 그렸습니다."
– 『동아일보』 1935년 4월 21일 5면

또 『조선일보』에는 1920년 5월 20일~1940년 4월 10일까지 총 221회 걸쳐 무궁화 홍보 기사가 게재되어 있다.

"동방 아세아 무궁화동산 속에 2천만 조선민중은 일대광명이"
『동아일보』 창간호 1920년 4월 20일 1면

---

**205** 단 여기에서 國은 일본 봉건시대 지방정부 현급 단위로서의 번국을 의미함.

활짝 핀 무궁화–작일 덕수궁에서
『조선일보』 1937년 8월 7일 3면


## ■ 해방 이후 무궁화 국화 부적격론

해방 이후 각계각층은 한반도에 야생 개체 하나 없고 구한말 이전 우리 역사와 전통 미술, 음악, 건축, 문화재와 유물에 전혀 없던 외래식물 '무궁화'의 갑작스러운 국화 부상에 회의가 일기 시작했다. 대표적인 예만 들면 이렇다. 화훼연구가 조동화(趙東華) 선생이 『한국일보』 1956년 2월 3일~2월 4일 이틀에 걸쳐 무궁화 부적격론을 제시했다.

① 무궁화는 38선 이남에 주로 재배하는 꽃으로 황해도 이북에서는 심을 수 없는 지역적 한정성이 있으며,

② 원산지가 인도임으로 외래식물이며,

③ 진딧물이 많이 붙고 단명허세(短命虛勢)하며,

④ 무궁화는 모든 꽃들이 움트는 봄에도 피지 않고 품격도 빈궁하며 가을꽃 중에서도 제일 먼저 시드는 실속없는 식물이다.[206]

그러자 닷새 후 저명한 식물학자 이민재(李敏載) 서울대학교 생물학과 교수가 조동화의 의견에 적극 동조했다.[207] 이민재 교수는 무궁화는 국화로서 적당하지 않을 뿐만 아니라, 무궁화가 국화로 지정된 일도 없고 공식적으로 인정받은 일이 없는 꽃이라고 못을 박았다. 진달래를 새 국화로 추천하면서 국화가 될 만한 전제조건을 제시했다.

① 우리나라 원산종으로 민족을 상징할 수 있을 것

② 국토 전역에 분포하고 있을 것

③ 민족과 더불어 역사적 애환을 함께했을 것

④ 되도록 다른 식물보다 이른 계절에 필 것

⑤ 꽃 모양과 이름이 아름다울 것

1960년 4.19혁명 직후 아동문학가 윤석중(새싹회 회장)이 무궁화 국화 자격 없음을 명백하게 밝혔다.

---

206 「무궁화와 국화」, 『한국일보』, 1956년 2월 3일 3면~4일 3면.

207 「무궁화론 재검토」, 『조선일보』1956년 2월 8일 4면.

원산지가 아열대 지방이라는 무궁화는 우선 국산이라야 될 첫
조건에서 실격이다. 꽃이 질 때 추할뿐더러 그 빛깔도 흐리멍덩하고
그나마도 황해도 이북 지방에서는 자연생을 구경할 수 없다고
하니 이래저래 국화로서는 낙제다. 다만 한가지 취할 수 있는
것은 무궁이라는 그 이름인데 이것도 어느 식물학자말을 들으면
꽃이 흉해서 궁내에는 심지 않는 꽃이 되어 무궁화(無宮花)로 된
모양이다. 근화(槿花) 목근(木槿)으로도 불리우는 이 꽃은 계속해서
자꾸 피기는 하나 그대로 지고 그대로 지고 하므로 덧없는 꿈을
나타내는 꽃이기도 하다. 우리나라 어디서든지 피어서 평민적이요
봄의 선구자인 아름다운 꽃 진달래가 개나리보다도 우리나라
국화로서 합당하다고 본다.[208]


■ **국화를 바꾸자 54%(설문조사)**


무궁화가 우리의 국화(國花)로 좋게 생각합니까?
좋지 않다면 달리 어떤 꽃으로 선택했으면 좋겠습니까?


『경향신문』 1964년 2월 12일 5면은 무궁화 국화 자격에 대한 각계
인사의 설문조사 결과를 발표했다. 무궁화를 국화로 유지하자는 편은
42%인데 반해 국화를 새것으로 바꾸자는 편은 54%나 되었다. 고유의
아름다움을 어디서나 누구나 좋아하는 꽃으로 국화를 바꾸기를 원했

---

208  윤석중, 「이런 것도 새롭게」, 『경향신문』 1960년 8월 18일 4면

다. 무궁화를 국화로 삼게 된 유래는 쉽게 알 수 없다.

식물학자 박만규 교수(가톨릭 의대)는 역사적으로도 아무런 기록이 눈에 띄지 않는다고 말하고 있다. 그저 옛날에 누가(높은 직책에 있던) 그의 취미에 따라 무궁화가 좋다고 한 것이 오랜 세월을 두고 그렇게 생각되어 오지 않았겠냐는 것이다. 아무도 모르게 무궁화는 국화의 구실을 하게 된 것이다. 박교수는 무궁화의 흠을 다음과 같이 들었다.

첫째, 벌레가 잘 끼고 지저분하다.
둘째, 우리나라 고유의 꽃이 아니다.

이병도, 유준열 교수 등 사학자와 김원룡 교수(서울 문리대, 고고학), 최호진 교수(연세 상경대), 송병옥, 이진구, 김기두, 김태길 교수, 장학룡 조인현 문학가 등도 모두 국화를 바꾸자고 목소리를 높였다. 그들은 무궁화의 지저분한 모양, 볼품없는 생김새 등을 못마땅해했다.

문학평론가 백철은 좀 더 아름답고 또 고유한 꽃을 새로 지정하자고 말한다. 또 화가 천경자는 무궁화의 단점을 "그 불투명한 빛깔, 지저분하고 오래 피는 모습이 좋지 못하는 면을 말해주는 것 같다."라고 지적했다.

국화를 바꾸자는 파의 48%는 진달래를 새 국화로 선택하고 있다. 소설가 김리석 씨는 "진달래는 어디서나 필 뿐만 아니라 우리 민족성을 상징하는 것처럼 소박한 데가 있다."라고 그 꽃을 찬양했다. 역사학자 이병도 박사는 '우리나라에 제일 많고 화려하기 때문에' 진달래가 제일 좋다고 했다. 소설가 강신재는 "싱싱하고 정결하고 향기로운 꽃, 우리나라 어디서나 많은 꽃, 여러사람이 사랑하는 꽃, 이런 조건들 중에서 어느 하나쯤에는 해당하는 것이어야 한다."라며 국화의 조건을 들었다.

그 밖의 꽃으로는 배꽃, 들국화, 도라지꽃, 동백꽃, 연꽃, 철쭉, 국화, 목화 등의 순으로 들고 있다. 음악평론가 최영환은 유달리 인삼꽃을 국화로 하자는 주장을 펼쳤다.

무궁화를 그대로 두자고 하는 42%도 구태여 새 국화를 지정한다면 진달래가 좋겠다고들 말했다. 무궁화가 그대로 두자는 사람들은 한결같이 무궁화의 품종개량을 당부했다. 작곡가 나운영은 무궁화의 도안이 사쿠라와 비슷하게 보이지 않도록 하라는 말을 덧붙였다.[209]

## ■ 무궁화가 한국꽃이 아님을 단박에 알 수 있는 방법 다섯 가지

첫째, 진달래꽃 개나리꽃 등 우리나라 자생하는 모든 꽃 이름은 순수 우리말이 있다. 그런데 유독 무궁화 이름만 우리말이 없다.

둘째, 구한말 이전 우리나라의 동식물 중 사물이 한자로 표기된 거라면 반드시 중국의 고문헌에 그 한자가 있다. 그런데 '無窮花' 글자 자체를 중국의 고문헌에서는 전혀 볼 수 없다.

셋째, 진달래꽃, 개나리꽃, 목련꽃, 매화, 배꽃, 복숭아꽃, 살구꽃, 자두꽃, 앵두꽃, 밤꽃, 찔레꽃, 아카시아꽃 등 나무에서 피는 모든 꽃 이름은 그 나무의 꽃 이름이다. 그런데 '무궁화'는 '무궁'이라는 나무에서 피는 꽃 이름인가?

넷째, 구글에 'hibiscus origin'을, 영문 위키피디어에 floral emblem

---

**209** 「어떻게 고쳐져야 하나 국화(國花)」, 『경향신문』 1964년 2월 12일 5면.

을 입력하고 검색해보라. 구글에서 한국의 무궁화는 원산지 명단은커녕 재배지 명단에서도 없다.[210] 영문 위키미디어에서 한국 국화로서의 무궁화는 세계 비공식 나라꽃 명단에도 없다.[211]

끝으로, '무쿠게(むくげ, ムクゲ)'를 구글 번역기에 넣고 영·불·중·러·스페인어·아랍어 등 6대 유엔 공용어 포함 베트남어 터키어 힌디어 심지어 에스페란토어까지 세계 30여 개 언어로 번역해보니 '팽창' 또는 '부종'으로 번역된다. 그런데 한국어만 뜬금없이 '무궁화'로 번역된다.

## ■ 무궁화가 한국 국화가 될 수 없는 7대 스펙

한반도에 무궁화 자생지가 전혀 없는 데다가 무궁화의 재배 가능지역도 휴전선 이남이라는 비(非)지리성, 나라꽃 지정과정에 국민 의사가 일절 반영되지 않는, 국민에 '의하여'가 아닌, ○○을 '위하여', 위에서부터 아래로 일방적으로 지정된 반(反)민주성이 농후하다. 또 구한말 이전 한반도 시공에서는 극히 희귀한 반(反)역사성, 주변의 눈에 띄지 않고 일상생활에 거리가 먼 반(反)접근성, 한민족이 아닌 일본 민족의 특성을 반영하는 듯한 반(反)상징성도 가지고 있다.

---

**210**  무궁화(Hibiscus rosa—sinensis)의 정확한 기원은 알려져 있지 않지만, 중국, 일본 및 태평양 섬에서 오랫동안 재배되어 왔다. "The exact origin of Hibiscus rosa-sinensis is unknown, although it has been cultivated in China, Japan and the Pacific islands for a long time." Chin, H. F. (1986). Introduction. In The hibiscus : Queen of tropical flowers. Kuala Lumpur : Tropical Press, 2~3쪽

**211**  (https://en.wikipedia.org/wiki/Floral_emblem) Unofficial plants : Armenia Azerbaijan China Ecuador Egypt Guinea Japan Netherlands France Vietnam

일본 도처에 즐비한 무궁화 거목　　　야스쿠니 신사 입구의 무궁화

야생 무궁화로 지평선을 이룬 중국 운남성 일대(무궁화 원산지)

　　무궁화 관련 국내 텍스트 대부분이 허위 날조 일본 문헌 표절과 재표절이라는 허위성, 무궁화가 국화, 국가, 국장 등 3대 국가상징을 지배하는 농단성까지 합치면 무궁화처럼 나라꽃으로 결격사유의 완벽한 스펙을 갖춘 꽃은 인류역사상에 두 번 다시 나오지 않을 것 같다.[212]

---

212　강효백, 『두 얼굴의 무궁화 – 국가상징 바로잡기』, 이담북스, 173~174쪽.

## ■ 무궁화 관련 가짜 텍스트 조작 유포자가 가장 나쁜 자

여타 문제를 다 떠나서 무궁화에 관해 논란의 여지가 없는 사실 세 가지만 말하면 이렇다.

첫째 우리 옛시조와 옛 민요에 무궁화가 단 한마디도 없는 것은 논란의 여지 없는 사실이다.

둘째, 한국 양대 정사(正史) 『삼국사기』와 『고려사』에 '무궁화(槿)'가 단 한 글자도 없는 것도 논란의 여지 없는 사실이다.

셋째, 우리나라에 단 한 그루의 무궁화 야생나무도 없는 것도 논란의 여지 없는 사실이다.

이래도 무궁화가 한국 고유의 나라꽃인가?

| 전통문학 속의 무궁화(20세기 이전 한·중·일 시문학) | | | | |
|---|---|---|---|---|
| 한국 | 시조 | 0수 | 가사 | 0편 |
| 중국 | 시 | 80여 수 | 부 | 6편 |
| 일본 | 하이쿠 | 200여 수 | 단카(와카) | 30여 편 |

무궁화를 한국 고유의 나라꽃으로 조작한 일제보다 10배 나쁜 자는 옛 매국노들이고, 이들보다 100배 나쁜 자들은 무궁화 관련 '가짜 텍스트'를 조작 유포한 현생 매국노들이다.

# 일본 무궁화 영토확장 통사

## 天壤無窮

| 시대 구분 | 무궁화 영토확장 연혁 |
|---|---|
| 신화神話시대 B.C.3~ | 일본=부상(扶桑)=무궁화 |
| 나라奈良 710~ | 신화에서 역사로 |
| 헤이안平安 794~ | 신사에서 사찰로 |
| 가마쿠라鎌倉 1192~ | 위에서 아래로 |
| 무로마치室町 1333~ | 실외에서 실내로 |
| 센코쿠戰國 1467~ | 다실에서 꽃꽂이로 |
| 에도 江戶1603~ | 정원에서 광야로 |
| 메이지明治1868~현재 | 일본에서 한국으로 |

# 역대 일본 상징꽃 [家紋]과 본색꽃 [神紋] 일람표

| | | 꽃 | 문양 | 용도 | 현재 용도 | 연혁&특징 | 한국과의 관련 |
|---|---|---|---|---|---|---|---|
| 상징꽃 | 다테마에建前 카몽家紋 | 국화 | | 덴노(天皇)가문 | 일본 국장(법적 근거 없음), 여권, 훈장 | 1869년부터 국장 | 백제왕실 꽃 (2001년 전 덴노 공개 인정) |
| | | 오동 | | 도요토미 가문 | 일본정부 총리실 휘장 | 가마쿠라 쇼군의 가문 | 한국 울릉도 원산지 일본 열도 이식설 |
| | | 벚꽃 | | 미상 | 일본경찰 자위대 휘장 계급장 | 20세기 전반 일제 군국주의 전성시대 나라꽃으로 부상 | 한국 제주도 자생 일본 열도 이식설 강력 |
| | | 접시꽃 | | 도쿠가와 가문 | 없음 | *무궁화와 제일 닮은 풀꽃 | 한국에 흔한 야생화의 일종 |
| | | 모과(당화) | | 오다 가문 | 없음 | *무궁화 문양과 똑같음 | 한국인 생활속 나무 |
| 본색꽃 | 혼네本音 미몽神紋 | 무궁화 | | 5000여개소의 신사神社와 부적 | 욱 일 기 (1870) 일장 기(1872)로 내재 형상화 *일본회의(회장: 아베)뱃지 | 부상(扶桑:무궁화 나무 나라) 신화시대부터 일본혼네神花 | 구한말 이전 한국의 시공간에 극히 희박 1895년 이후 일제로부터 본격 이식 |

## ■ 무궁화 키노트 20선[213]

1. 무궁화는 천박한 자질에다 처지고 활기도 없어 빈 골짜기에 버려지리 – 정약용, 『여유당전서』

2. 진딧물도 많아 어린아이가 무궁화를 가지고 노는 걸 금지해야 한다. 병과 학질에 걸리게 된다. 고로 무궁화를 학질 꽃이라 한다. – 이규경, 『오주연문장전산고』

3. 무궁화를 내세우는 것도 근래에 된 일이요. 그나마 정치 기분으로 된 것이다. – 함석헌, 『씨알의 소리』

4. 무궁화의 원산지는 남중국이고 재배지는 중국 일본 하와이 태평양 제도이다(한국은 무궁화 재배지 명단에도 없음) – 구글 Hibiscus origin

5. 한국의 무궁화는 세계 각국 공식 국화는커녕 비공식 국화 명단에도 없다. – 영문 위키피디어 Floral_emblem

6. 무궁화는 국화로서 적당하지 않을 뿐만 아니라, 무궁화가 국화로 지정된 일도 없고 공식적으로 인정받은 일이 없는 꽃이다. – 이민재 서울대학교 교수(한국식물학회 회장).

7. 원산지가 아열대 지방이라는 무궁화는 우선 국산이라야 될 첫 조건에서 실격이다. 꽃이 질 때 추할뿐더러 그 빛깔도 흐리멍덩하고 그나마도 황해도 이북 지방에서는 자연생을 구경할 수 없다고 하니 이래저래 국화로서는 낙제다. – 윤석중 새싹회 회장

8. 무궁화는 벌레가 잘 끼고 지저분하고 우리나라 고유의 꽃이 아니

---

**213** 강효백, 「무궁화 톺아보기 핵심 100선」, 『무궁화의 두 얼굴 – 국가상징 바로잡기』, 이담북스, 2020, 339~350쪽.

다. - 박만규 가톨릭 의대 교수(식물학자)

9. 무궁화는 나라꽃으로 자격이 없다. 우리나라에 제일 많고 화려한
진달래로 바꾸자 - 이병도 국사편찬위원장

10. 무궁화를 사랑해 집에 심는 사람이 없다. 우리 땅 어디에나 심어
도 잘 자라고 국민이 모두 좋아해 꽃이 만개 됐을 때 국민적 축
제를 벌일 수 있는 꽃으로 대체해야만 한다 - 김화남 국회의원

11. 윤치호가 애국가의 후렴인 〈무궁화 삼천리 화려강산〉이라는 구절
을 작사할 때 비로소 근화 즉 무궁화를 '無窮花'라고 쓰기 시작했
다. -『동아일보』, 1925.10.21.

12. 윤치호는 1893년 11월 상하이에 잠복해 있던 그를 찾아온 남궁
억과 의논해 무궁화를 나라꽃으로 정했으며 애국가 후렴에 '무궁
화 삼천리 화려강산'이란 가사를 넣었다. - 일본 위키피디아

13. 일제강점기(1932~1945) 조선은행 발행 모든 지폐(10종) 앞면에는
무궁화 문양이 있다. - 한국은행 화폐박물관

14. 남궁억에 대한 검사의 기소 내용은 남궁억의 단군과 3·1운동을
기록한 저술과 발언의 불온함 뿐. 무궁화 관련 내용은 없음. -
『조선중앙일보』, 1935.1.19.

15. 조선총독부 기관지인 매일신보가 이상협의『무궁화』등 번안 소설
을 소개하여 호평을 얻었다. -『개벽』1923년 7월호

16.『동아일보』창간호(1920년 4월 1일)의 창간사에서 조선을 무궁화동
산이라고 하고 제호 도안도 둘레를 무궁화 띠로 했다. 1930년 1
월 1일~1938년 2월 9일까지 제호를 한국 지도와 무궁화 도안으
로 채웠다. - 한국콘텐츠진흥원,『문화콘텐츠 닷컴』

17. 무궁화는 충의로운 사무라이가 머무는 꽃, 해가 비치는 광명은
알고 어둠의 존재는 모르는 꽃, 무궁화는 일본 민족의 얼로서 피

고 진다. — 아카바네 마사유키

18. 무궁화나무는 부상나무다. 히노마루 품종의 무궁화는 일본의 국기 히노마루의 원형이다. — 宗田安正, 『季語 早引き辞典 植物編』, 2003.

19. '무쿠게'(むくげ, ムクゲ)와 無窮花는 팽창이라는 의미로 천황 영토의 무궁한 팽창 천양무궁(天壤無窮)에서 나왔다. — 일본 신사본청 진메이(神明) 신사부

20. '무궁화 = 일장기'(木槿 = 日の丸) 사진 34,500장, 동영상 203편, 문건 212,000건 / '무궁화 = 욱일화 (木槿 = 旭日花) 사진 182,000장, 동영상 5350편, 문건 338,000건 — 야후재팬 2020년 6월 20일 검색

일본인 생활속의 무궁화

| 순위 | 조선왕조실록 | 고려사 | 옛시조 | 조선시대 그림 | 민요 |
|------|------------|--------|--------|--------------|------|
| 1 | 매화 176회 | 연꽃 15회 | 복숭아꽃 71수 | 매화, 연꽃 8점 | 복숭아꽃 |
| 2 | 국화 152회 | 매화 9회 | 매화 38수 | | 국화 |
| 3 | 난꽃 66회 | 배꽃 7회 | 국화 29수 | 모란꽃, 국화 7점 | 연꽃 |
| 4 | 배꽃 61회 | 국화 6회 | 살구꽃 22수 | | 매화 |
| 5 | 연꽃 58회 | 난꽃 5회 | 배꽃 21수 | 진달래 6점 | 살구꽃 |
| 6 | 살구꽃 37회 | 복숭아꽃 오얏꽃 4회 | 오얏꽃 20수 | 장미 5점 | 진달래꽃, 도라지꽃, 할미꽃, 석류꽃, 패랭이꽃, 철쭉, 동부꽃, 찔레꽃, 녹두꽃, 함박꽃, 호박꽃, 제비꽃, 맨드라미 등 |
| 7 | 오얏꽃 34회 | | 연꽃 19수 | 난꽃 4점 | |
| 8 | 진달래꽃 18회 | 모란꽃 장미꽃 3회 | 난꽃 9수 | 작약, 철쭉, 찔레꽃, 수선화, 원추리, 맨드라미 3점 | |
| 9 | 복숭아꽃 14회 | | 해당화 8수 | | |
| 10 | 모란꽃 12회 | 진달래꽃 2회 | 갈대꽃 7수 | | |
| | 무궁화 0회 | 무궁화 0회 | 무궁화 0수 | 무궁화 0점 | 무궁화 0회 |

\* 출처 :『조선왕조실록』,『고려사』,『청구영언』,『해동가요』,『가곡원류』,『한국민요집』,『창악집성』, 국립민속박물관, 국립중앙박물관, 고려대학교 박물관, 한국구비문학대계 https://gubi.aks.ac.kr/등을 참조하여 필자가 작성.

## ■ '무궁화 = 왜국화' 스모킹건 10선[214]

1. 한국 무궁화 국내 종 115종, 대다수 일본 무궁화 품종을 도입 또
   는 복제한 것이거나, 외래종(주로 일본종)을 복제한 국내종과 외래종
   을 재교배한 것(산림청 농촌진흥청 등 자랑하듯 자인).

2. 한국 무궁화 외래종 104종, 일본품종 62종(일본을 통해 들어온 국적
   미상 외래종 19종 포함) 과도한 비중을 차지. 반면에 일본 무궁화 품
   종 중 한국 무궁화 도입 또는 교배 품종은 전혀 없음.

3. 구한말 이전 한글로나 한자로나 '무궁화'로 표기된 사례는 전혀 없
   음. 윤치호가 애국가를 작사하면서 '無窮花'로 사상 최초 표기[215]

4. '무쿠게(むくげ)'의 뜻 : 세계 대다수 언어(영·불·중·러·스페인어·아랍어
   등 6대 유엔 공용어 포함)는 '팽창' 또는 '부종'으로 번역, 한국만 일제
   와 종일매국노에 의해 '무궁화'로 오역.

5. 조선은행 발행(1932~1945년) 모든 지폐에 무궁화 도안, 일제 판도가
   팽창할수록 지폐 속 무궁화 도안도 팽창. 일제식민지와 점령지의
   유통화폐 4할 이상 무궁화 도안 조선은행권 점유.

6. 『삼국사기』, 『삼국유사』, 『제왕운기』, 『고려사』, 『고려사절요』, 『조선
   왕조실록』, 『동국통감』, 『승정원일기』 등 한국 8대 대표사서 약 2억
   9천만 자 중 '무궁화(無窮花)'는 나오지 않고, 단 한 글자 '근(槿)'으
   로 등장해 단명과 불행을 상징함. 다른 꽃들은 무수히 출현.

7. 한반도에 무궁화 야생 개체가 전혀 없음, 무궁화의 재배 가능지역
   도 휴전선 이남. 반면에 일본 무궁화는 8세기 이전 일본에 토착화,

---

214  강효백, 앞의 책, 345-356쪽.

215  『동아일보』 1925년 10월 21일, 『동광』 1927년 9월.

홋카이도에서 오키나와까지 일본열도 천지사방에 널려있음.

8. 박정희 박근혜 부녀의 일본의 신화 무궁화에 대한 광적 집착, 관변 언·관·학계 동원하여 무궁화를 한민족 고유의 국화로 세뇌 주입, 위에서 아래로의 일방적 무궁화 보급 운동 수십 년째 몰입.

9. 구한말 이전 모든 문학과 음악 - 향가, 고려가요, 경기체가, 시조, 가사, 소설, 민요, 판소리, 전설, 민담 등에 '무궁화' 전혀 없음. 극소수 한시와 설화는 중국과 일본의 것을 차운, 표절한 것.

10. 구한말 이전 미술 건축 공예 의상, 도자기, 칠기, 목기, 석조, 부채, 병풍, 생활용품, 와당, 벽화, 문양 등 문화재와 유물에 '무궁화'가 전혀 없음. 근현대 작품에도 무궁화가 매우 희소함.

## 무궁화, 진달래, 개나리 : 한국 나라꽃 자격 비교

| | 무궁화 | | 진달래 | | 개나리 | |
|---|---|---|---|---|---|---|
| 학명 | Hibiscus syriacus | | Rhododendron mucronulatum | | Forsythia koreana | |
| 원산지 | 중국, 인도 | | 한중일 몽골 우수리 | | 한국 대표적 원산종 | |
| 자생지 | 자생지 없음 | | 한반도와 만주지역 | | 한반도 전역 | |
| 영어명칭 | rose of Sharon? | | Azalea, Korean rosebay | | Korean goldenbell tree | |
| 꽃말 | 일편단심, 무궁충성 | | 사랑의 기쁨 | | 희망, 달성, 깊은 정 | |
| 특이사항 | 순수 우리말 꽃이름 없음 *일제와 윤치호,박정희 등 극소수 인사에 의해 한국 국화로 신분세탁 독려 일장기와 욱일기 원형 *일본의 신화(神花) | | 민족적 높이 평가되어 온 꽃 전국 자생종 참꽃으로 불리며 모든 계층의 사랑을 받은 꽃 (고려사6회, 조선왕조실록15회 출현) 연변자치주 주화. *북한의 국화 아님 | | 학명, 원산지, 영어명칭 모두 'KOREA'인 유일한 꽃 한반도 산과 들에 흔하게 널리 자생 한국인 일반에 친숙서민적 개나리의 *개: 야생, 노랑, 열개 開, 세상을 여는 꽃 | |
| 평 가 | 지리성 | F | 일본에서 이식 | B | 원산종 아니나 자생 | A+ | 원산종, 中日에 희소 |
| | 역사성 | F | 구한말이전 희박 | A+ | 구한말 이전에도 빈출 | A+ | 구한말 이전에도 빈출 |
| | 친숙성 | F | 일상에서 생소 | A+ | 일상에 친숙 | A+ | 일상에 친숙, |
| | 상징성 | F | 일본민족성 상징 | A+ | 한민족의 상징 | A+ | 밝음, 명랑, 긍정, 진취 |
| | 민주성 | F | 위에서 아래 일방적 | A+ | 일반 국민 애호 | A+ | 일반 국민 애호 |
| | 종합 | F | 국화로서 부적격 | A+ | 국화로서 최적격 | A+ | 국화로서 최적격 |

# 02

# 4천 리, 대한 영토를
# 1/4로 참절한 원흉


■ **동서고금 국제정치사상 가장 큰 영향을 끼친 노래 톱3**

누가 필자에게 동서고금 국제정치사상 가장 큰 치명적 영향을 끼친 (끼치고 있는) 노래 세 곡만 들라면 서슴없이 다음 세 곡을 뽑아 들겠다.


• 3위 〈사면초가〉

기원전 202년 초패왕 항우가 한고조 유방에게 쫓기던 끝에 한나라 군사에게 완전히 포위당하는 상황을 맞았다. 그때 문득 사면에서 초나라 노래가 구슬프게 울려 퍼졌다. 초나라 군사들은 앞다퉈 진영을 이탈하기 시작했다. 초나라 진영이 속절없이 무너지는 순간이었다. 초나라 군사의 향수를 겨냥한 노래 한 곡에 '역발산기개세' 항우도 종말을 고하게 된다. 한나라가 천하를 통일해 전한·후한 합산 5백년 황조를 구가한다.

## • 2위 레지스탕스의 노래 〈사랑의 길〉[216]

1954년 5월 6일 베트남군과 프랑스군이 싸운 디엔비엔푸 전투가 막바지에 치달았을 때, 베트남군은 포위된 프랑스군의 사기를 꺾기 위해 프랑스 노래를 불렀는데, 다른 노래도 아닌 프랑스 레지스탕스의 노래 〈사랑의 길〉이었다. 1953년 11월부터 근 반년을 끌던 전투는 사면초가처럼 다음날 1954년 5월 7일 끝이 났다. 베트남은 막강 프랑스에 최종 승리하고 독립을 쟁취하는 쾌거를 이룩했다.

## • 1위 무궁화 삼천리 〈애국가〉

"서울에서 눈 감으면 코 베어 간다"라는 속담이 있다.

그런데 우리는 두 눈 멀쩡히 뜬 채 광활한 천 리 북방영토가 베어졌다. '무궁화 삼천리' 애국가 후렴의 무한 반복학습으로….

사천리 고유한 대한영토를 삼천리로 셀프 축소하는 것도 모자라 남북한 모두 애국가에 삼천리를 노래하면서 시나브로 반도 사관 프레임에 빠져들었다. 그리하여 근 80년에 이르도록 한반도 내 분열 대립 민족상잔 중이다. 이는 일본의 국익에서는 '신의 한수'였다.

---

216  프랑시스 풀랑 (Francis Poulenc 1899~ 1963) 1941년 작 〈사랑의 길(Les chemins de l'amour)〉

: 한국 〈애국가〉 후렴

무궁화 삼천리 화려강산 / 대한 사람 대한으로 길이 보전하세


: 북한 〈애국가〉 1절

삼천리 아름다운 내 조국 / 반만년 오랜 력사에


## ■ 『조선왕조실록』 "조선 영토 동서 2천리 남북 4천 리"

아득한 고구려 발해 고대사까지 멀리 갈 것까지 없다. 『조선왕조실록』
등 조선 시대 문헌에는 '사천 리'로 강역이 표기되어 있다.

조선은 국토의 넓이가 동서 2천 리, 남북 4천 리다
(朝鮮幅圓, 東西二千里, 南北四千里).

– 『조선왕조실록·선조실록』 1593년(선조 26년) 6월 29일


육지 영토는 사천 리를 뻗어있고(陸地疆土, 延互四千里)

– 『조선왕조실록· 고종실록』 1897년(고종 34年) 9월 29일


우리나라 영토의 넓이는 사천리로서 당당하게 전역을 다스리는 큰

나라(惟我幅圓四千里, 堂堂萬乘之國)

– 『조선왕조실록· 고종실록』 1897년(고종 34년) 9월 30일

아래는 1897년 10월 12일 대한제국 건국 다음 날 고종황제가 대내외에 선포한 대한제국 4천 리 영토 주권이다.

사천리 강토에 하나로 통일된 왕업을 세웠으니

(幅員四千里, 建一統之業)

－『조선왕조실록·고종실록』1897년(고종 34년) 10월 13일

상기 사항은 1897년 10월 31일 가토오 주한일본공사가 본국의 외무대신에게 보낸 전문(제33호)에도 확인된다.

"우리 태조께서 왕업을 창업한 초에 나라의 판도를 개척하여 북의 말갈과 남의 탐라를 통치하셔서 강토의 넓이와 폭은 4천 리, 통일의 업을 세우시며[217]

---

217　初メニ及シテ輿圖以外地ヲ拓ク盆々廣ク北靺鞨ノ界ヲ盡シ而齒革槊絲出テ南耽羅ノ國ヲ

1898년 12월 편찬된 『대한예전(大韓禮典)』[218] 제1권 서두에도 '4천 리 영토에 통일된 왕업을 세웠으니 자손들에게 남겨주는 만세반석 같은 유산이다(幅員四千里一統之業, 垂裕我子孫, 萬世盤石之宗.)'를 명기했다.

조선 후기 1리는 미터법으로 환산하면 약 4.59㎞였다.[219] 조선 영토 남북 4천 리는 약 1,836㎞로 제주도 남단에서 만주 헤이룽장성 하얼빈에 이르는 광활한 영토였다.


## ■ 중국 대표 문헌 조선 영토 '동서 2천리 남북 4천 리'

중국의 명·청(明·淸, 1368~1910년) 모든 사서와 지리지에도 조선 영토를 '동서 2천 리, 남북 4천 리(東西二千里 南北四千里)'로 기록하고 있다. 대표적인 문헌을 12개만 골라 시대순으로 열거하면 다음과 같다. 조선 영토가 '3천 리'로 표기된 명·청 시대 중국 문헌은 단 1건도 없다.

---

收メ而橘柚海二錯ツテ貢ス幅員四千里一統ノ

**218** 1898년 12월 10권 10책으로 편찬된 『대한예전(大韓禮典)』은 대한제국 건국 시 예제를 고쳐 독립제국에 맞도록 제정, 시행하기 위하여 만든 예전이다. 대한제국의 근본규범과 국정 목표와 개혁 방안을 명기하였기에 비록 헌법이라는 명칭이 붙지 않았지만, 대한제국의 헌법전이라고 할 수 있다." (임민혁, 성영애, 박지윤역, 「대한제국 사례소」, 『국역 대한예전』, 민속원, 2018년, 서문)

**219** 김현종 한국학중앙연구원 박사는 조선후기 리(里)의 거리를 역사지리정보시스템(HGIS)을 이용해 계산하고 1리 거리를 통계적으로 분석했다. 그 결과, 전국의 1리 거리는 약 459m라는 결론을 도출했으며 이는 종전의 449.3m 설을 보다 정확하게 산정한 것으로 학계에서 공인받고 있다. (김현종, 「大東地志」 「程里考」에 기반한 조선 후기의 1리(里)" 『대한지리학회지』 제53권 제4호, 2018, 501~503쪽.; 강효백, 「일제가 10리를 4km로 축소 조작한 까닭」, 『아주경제』 2020년 9월 18일.)

① 『대명일통지大明一統志』(1461년)

② 『수역주자록殊域周咨录』(1574년)

③ 『함빈록咸宾录』(1598년)

④ 『황명경세문皇明經世文』(1643년)

⑤ 『명사기사본말明史紀事本末)』(1658년)

⑥ 『대청일통지大淸一統志』(1743년)

⑦ 『사고전서·조선부朝鮮賦』(1781년)

⑨ 『사고전서·외사이관고총서外四夷馆考總書』(1781년)

⑩ 『사고전서·조선도설朝鮮圖說』(1781년)

⑪ 『광여도전서廣輿圖全書』(1785년)

⑫ 『동번기요東藩纪要』(1882년)

대청일통지(大淸一統志) 421권 조선

## 사고전서(四庫全書) 조선부(朝鮮賦)

欽定四庫全書

朝鮮賦　　明 董越 撰

賦者敷陳其事而直言之也予使朝鮮經行其地者
浹月有奇凡山川風俗人情物態日有得於周覽諮
詢者遇夜輒記之納諸巾笥然後有得於遺彼者
尚多竢事道途息肩公署者凡七日
乃獲參訂於同事黃門王君漢英所紀凡無
關使事者悉去之猶未能底於簡約意蓋主於直言
數事誠不自覺其辭之繁且蕪也賦曰
瞻彼東國朝家外藩西限鴨江東接桑暾天池殆其南
戶辟為其北門　　　　八道星分
京畿獨尊翼以忠清慶尚黃海江原義取永安意在圖
垣平安地稍瘠全羅物最富繁
皆道名予使即古卉鮮地慶尚即古卉鮮地
加倍　視古也圖封三四今則猶存

명·청 시대 10리(里)는 약 4㎞가 아니라 약 5.76㎞다.[220] 따라서 조선 영토 동서 2천 리는 러시아 연해주 동쪽 끝에서 랴오닝성 서쪽 랴오허(요하)까지, 남북 4천 리는 제주도 남단에서 중국 헤이룽장성 하얼빈까지 이어지는 광활한 영토다. 즉 만주 지역은 고조선 시대나 고구려 발해 시대는 물론 조선 후기와 대한제국까지 우리 땅이었다.

---

[220] 중국 역대 1리 거리 변화
* 주周대 1里 = 300보 = 300 × 8척 = 300 × 8 × 19.496cm = 497.9m
* 당唐대 1里 = 360보 = 360 × 5척 = 360 × 5 × 29.591cm = 532.6m
* 명明대 1里 = 360보 = 360 × 5척 = 360 × 5 × 32cm = 576m
* 청淸대 1里 = 360보 = 360 × 5척 = 360 × 5 × 32cm = 576m
* 1929년 이후 현재 중국 1리 = 500m (『续文献通考』「乐·度量衡」 ※참조)

## ▪ '삼천리'는 고려와 조선의 종신유배형벌 용어

'삼천리'는 고려 태조 왕건이 후삼국을 통일한 936년부터 일본의 강압에 의한 강화도 조약 체결 1876년 이전까지 한국의 영토 범위로 쓰인 적이 단 한 번도 없다. '삼천리'는 고려와 조선 천년 간 최악의 유배형벌용어였다.

### '나중에 삼수갑산을 갈지라도'

흔히 쓰는 우리나라 속담이다. 일의 결과가 최악에 이를지라도 하고자 하는 일은 꼭 해야 하겠다는 뜻이다. 삼수갑산(三水甲山)은 어디인가? 우리나라에서 가장 험하고 추운 산골이라 이르던 함경도 삼수와 갑산지역을 말한다. 삼수갑산은 조선 시대 가장 힘든 귀양지로서 유배형 중에서도 최고형인 '유(流) 삼천리(三千里)' 형벌을 받은 자가 가던 곳이다. 여기서 '유(流)'는 '유수행야(流水行也)', 물이 한번 흘러가면 영원히 돌아오지 못하듯 중한 죄를 범한 자를 먼 지방으로 귀양보내어 영원히 다시는 돌아오지 못하게 만드는 종신유배형이라는 뜻이다.[221]

고려 시대부터 유배형을 경중에 따라 2천 리, 2천 5백 리, 3천 리로 구분했다.

---

**221**  임규손, 「고려법연구」, 『법사학연구』2, 50쪽. (※참조)

: 고려 시대 유배형

① '2천리 유배형'+장형(곤장) 17대+도형(징역) 1년+속전(벌금) 동 80근

② '2천5백리 유배형'+곤장 18대+징역 1년+벌금 동 90근

③ '3천리 유배형'+곤장 20대+징역 1년+벌금 동 1백 근[222]

## ■ 정약용은 풀려났으나 정약전은 왜 풀려나지 못했나?

의금부에서 (세종에게) 아뢰기를 "전 현감 안종의는 큰형 안종약이
아비의 첩을 간범했다고 무고했사오니, 율에 의해서 장(杖) 1백에,
'유(流) 삼천리'에 처하게 하소서" 하니, (세종은) 그대로 따랐다.

–『세종실록』 34권, 1426년(세종 8년) 12월 8일 정묘

〈태종실록〉 4권 1402년 (태종 2년) 9월 3일
'三千里 유배형'
조선 시대 최초 관련 기록

---

222 『고려사』 「형법지」 제5권 형조. 고려 시대 유배형은 967년 송나라의 〈절장법(折杖法)〉을 참조로 하여 독창적으로 제정한 것이나 〈절장법〉에도 없는 벌금을 부과하여 더욱 무거운 형벌이었다.

조선 시대 들어와 유배형은 더욱 가혹한 형벌이 되었다. 유배형에 징역을 없애고 벌금을 낮추는 대신 장형을 대폭 강화한 「대명률(大明律)」을 수용했기 때문이다. 태종은 「대명률」을 조선의 실정에 맞게 600리, 750리, 900리로 조정했다.[223] 그때부터 1898년(고종 35년)까지 2천리 유배형은 한양에서 비교적 가까운 강화도 영월, 울진 등으로, 2천 5백리 유배형은 강진, 동래, 남해, 거제, 진도, 도초도(신안군) 등으로 보내졌다. 그리고 가장 중형인 3천리 유배형은 가장 멀고 험한 삼수갑산과 추자도, 흑산도. 제주도 등으로 보내졌다.

: 조선 시대 유배형

① 2천리 유배형 : 곤장 1백 대+오승포 360필+600리 유배(강화 영월 울진 등)

② 2천 5백리 유배형 : 곤장 1백 대+오승포 330필+750리 유배(강진, 동래, 남해 등)

③ 3천리 유배형 : 곤장 1백 대+오승포 300필+900리 유배(삼수, 갑산, 흑산, 제주 등)

유배형을 받은 죄수에게는 우선 곤장 100대를 때린다. 곤장 100대를 다 맞기도 전에 쇼크로 급사하는 경우가 많고, 유배지에 도달하기 전에 죽거나 그 후유증으로 유배지에서 죽는 경우가 많았다. 특히 3천리 유배형을 받은 자는 대개 유배지에서 죽을 때까지 외부와 접촉하지

---

223 『조선왕조실록』「태종실록」, 4권, 1402년(태종 2년) 9월 3일 계미 1번째 기사 "유죄(流罪)의 수속법(收贖法)을 다시 정하다."

못하도록 유배지에서 가시덤불로 만든 울타리 안에서 갇혀 살았고, 유배에서 풀려나는 사례가 거의 없다.

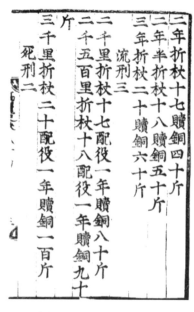

조선왕조의 삼천리유배형 관련 기록

2천리와 2천5백리 유배형은 가석방이 가능한 무기징역에 해당한다면, 삼천리 유배형은 석방의 희망이 없는 종신형에 해당한다고 하겠다. 2천5백리 유배형에 해당하는 강진으로 귀양 간 다산(茶山) 정약용은 18년 만에 풀려나 고향 남양주로 돌아올 수 있었다. 반면에 삼천리 유배형에 해당하는 흑산도로 귀양 간 다산의 친형 매심(每心) 정약전은 죽을 때까지 풀려나지 못했다. 즉 정약전은 가석방 없는 종신형 삼천리 유배형을 받았기 때문이다.

『조선왕조실록』에는 '삼천리'가 292회 나오는데, 대부분인 259회가 '삼천리 유배형'을 뜻한다.[224] 나머지 33회(고종 32회, 순종 1회)만 영토의 범위를 뜻하는데, 모두 1876년(고종 13년) 1월 20일 이후의 것이다.[225]

『비변사등록』에 기록된 '삼천리' 48회 모두 '삼천리 유배형'을 뜻한다.[226] 『승정원일기』(국보 303호) 기록된 삼천리 2,209회 중 1,791회는 '삼천리 유배형'을 뜻하고 나머지 238회(1876년 이후)만 영토의 범위를 나타낸다.[227]

---

**224** 태종 9회, 세종 9회, 문종 4회, 단종 2회, 세조 16회, 예종 1회, 성종 3회, 연산군 6회, 중종 98회, 명종 22회, 선조 16회, 광해군 16회, 인조 10회, 효종 5회, 현종 12회, 숙종 7회, 경종 1회, 정조 11회, 순조 1회, 고종 10회 합계 259회 모두 삼천리 유배형을 의미.

**225** 『조선왕조실록』 '삼천리 유배형'. 1402년(태종 2년) 9월 3일(조선 최초의 '삼천리 유배형' 기록) 대명률에 삼천리(三千里) 유형(流刑)의 죄는 동전 36관을 수속하도록 되어있음. / 1898년(고종 35년) 8월 14일(조선 최후의 '삼천리 유배형' 기록) 피고 김재풍과 피고 이용한, 피고 이충구와 피고 이종림은 장일백(杖一百)에 유삼천리(流三千里)의 율로 처하였음.

**226** 『비변사등록』은 조선조 중·후기의 최고의결기관이었던 비변사에서 처리한 사건을 등록한 사료로 1971년 12월 30일 국보 152호로 지정되었다. 임진왜란 때에 소실되어 1617년(광해군 9년)부터 1892년(고종 29년)까지의 280여 년간의 등록만이 현존한다.

**227** 『승정원일기』는 조선 시대에 왕명의 출납을 관장하던 승정원에서 매일매일 취급한 문서와 사건을 기록한 일기로 1999년 4월 9일 국보 303호로 지정되었다. 임진왜란 때에 소실되어 1623년(인조 1)부터 1894년(고종 31)까지 270여 년간의 일기만이 현존한다.

## 조선 3대 사서의 '三千里' 기록 횟수 및 의미(형벌 vs 영토) 비교 일람표

| 시대 | 조선왕조실록 | | | 비변사등록 | | | 승정원일기 | | | 비고 |
|---|---|---|---|---|---|---|---|---|---|---|
| | 형벌 | 영토 | 계 | 형벌 | 영토 | 계 | 형벌 | 영토 | 계 | |
| 태종 | 9 | 0 | 9 | | | | | | | 1402년 최초 기록 |
| 세종 | 9 | 0 | 9 | | | | | | | |
| 문종 | 4 | 0 | 4 | | | | | | | |
| 단종 | 2 | 0 | 2 | | | | | | | |
| 세조 | 16 | 0 | 16 | | | | | | | |
| 예종 | 1 | 0 | 1 | | | | | | | |
| 정종 | 3 | 0 | 3 | | | | | | | |
| 연산 | 6 | 0 | 6 | | | | | | | 1498년 무오사화 |
| 중종 | 98 | 0 | 98 | | | | | | | 1504년 갑자사화, 1519년 기묘사화 |
| 명종 | 22 | 0 | 22 | | | | | | | 1545년 을사사화 |
| 선조 | 16 | 0 | 16 | | | | | | | 임진왜란 비변사등록과 승정원일기 소실 |
| 광해 | 16 | 0 | 16 | | | | | | | |
| 인조 | 10 | 0 | 10 | 10 | 0 | 10 | 45 | 0 | 45 | |
| 효종 | 5 | 0 | 5 | 1 | 0 | 1 | 26 | 0 | 26 | |
| 현종 | 12 | 0 | 12 | 0 | 0 | 0 | 38 | 0 | 38 | |
| 숙종 | 7 | 0 | 7 | 7 | 0 | 7 | 154 | 0 | 154 | |
| 경종 | 1 | 0 | 1 | 0 | 0 | 0 | 20 | 0 | 20 | |
| 영조 | 0 | 0 | 0 | 17 | 0 | 17 | 280 | 0 | 280 | |
| 정조 | 11 | 0 | 11 | 2 | 0 | 2 | 490 | 0 | 490 | |
| 순조 | 1 | 0 | 1 | 4 | 0 | 4 | 425 | 0 | 425 | |
| 헌종 | 0 | 0 | 0 | 6 | 0 | 6 | 20 | 0 | 20 | |
| 고종 1~12년 | 2 | 0 | 2 | 1 | 0 | 1 | 195 | 0 | 195 | |
| 고종 13년~ | 8 | 32 | 40 | 0 | 0 | 0 | 98 | 238 | 336 | 1876년 1월 20일 최초 '삼천리 영토' 1898년 8월 14일 최후 삼천리 유배형 |
| 순종 | 0 | 1 | 1 | 0 | 0 | 0 | 0 | 0 | 0 | 1909년 12월 4일 '삼천리 영토' 한일합방청원 최후기록 |
| 합 | 259 | 33 | 292 | 48 | 0 | 48 | 1,791 | 238 | 2,029 | |

## ■ '대한 영토 4천 리, 유배형 '삼천리'

유배형 삼천리가 우리나라 영토의 의미로 사상 처음 사용된 때는 1876년(고종 13년) 1월 20일. 일본의 강압에 의한 불평등조약 강화도 조약 체결 직전, 판중추부사 박규수[228]의 발언이다.

> 판중추부사 박규수(朴珪壽)가 아뢰기를, "일본이 좋은 관계를
> 맺자고 하면서도 병선(兵船)을 끌고 오니 그 속셈을 헤아리기
> 어렵습니다. 다만 생각건대 '삼천리' 강토가 안으로는 정사를 잘하고
> 밖으로는 외적의 침입을 막는 방도를 다하여 부국강병해지는
> 성과를 얻는다면 어찌 감히 함부로 수도 부근에 와서 엿보며
> 마음대로 위협할 수 있겠습니까?"[229]

그날 이후 '삼천리'는 '삼천리 유배형'에서 '삼천리 강토'로 둔갑해갔다. 윤치호, 이완용을 비롯한 종일매국노들은 물론 일제의 흉계를 알 수 없는 송병선(1836~1905) 같은 순국지사들도 자주 삼천리 강토를 언급했다. 특히 윤치호는 '삼천리'를 입에 달고 살다시피 했다. 고종황제는 국토를 '사천리'라 하는데 신하는 천 리나 참절한 '삼천리'라 하다니. 윤치호가 얼마나 '삼천리'를 입에 달고 달았으면 '윤치호'와 '삼천리'가 『고종실록』 3

---

228  박규수(1807년~1877년)는 제너럴셔먼호 사건(1866년)에 당시 평양감사로. 미군을 격퇴해 대원군의 총애를 받은 인물이다. 일본과의 수교를 주장한 개화파인데 그가 왜 역사상 처음으로 삼천리 강토라는 용어를 사용했는가는 더 연구해 볼 일이다.

229  『고종실록』 1876년(고종 13년) 1월 20일 "일본이 관계를 맺기를 원하는 일에 관하여 대신들과 논의하다."

회, 『승정원일기』 3회 모두 다섯 차례나 나란히 등장한다.

'사천리 금수강산'에서 천 리나 국토를 참절한 '삼천리 강토'. 그 추악한 변신의 대미를 장식한 것은 종일매국의 돌격대장 격인 일진회장 이용구가 발표한 〈일한 합방 성명서〉(1909년 12월 4일)에서다.

윤치호가 이토 히로부미 추도위원장과 대한협회장을 역임할 즈음 그가 작사한 애국가 후렴 '무궁화 삼천리'가 인구에 널리 회자하기 시작할 무렵이었다.

"지극히 어진 일본 천황폐하인데야 더 말할 것이 있겠습니까?
우리 2천만 동포를 교화시키고 양육하여 동등한 백성으로 잘 만들
것입니다. 그러니 살래야 살 수 없었던 사람이 이에 새롭게 살길을
얻게 되며 죽을래야 죽을 수 없었던 사람이 이에 죽을 곳도 알게
되는 것입니다. 그래서 신들은 생각하기를 합방을 이룩하는 것은
'삼천리' 강토에 바꿀 수 없는 태산 같은 터전을 일으키는 것입니다."
230

며칠 후 12월 20일 와카바야시 경시총감은 소네 아라스케 통감에게 대한협회(회장 윤치호)와 일진회(회장 송병준), 사실상 통감부 산하의 이들 두 단체에 대한 역할 분담과 속도 조절책을 상신했다.[231]

---

230 『순종실록』 1909년(순종2년) 12월 4일 "일한 합방 성명서"

231 『조선통감부 특비문건』 제4417호 요지(1909년 12월 20일) – 겉으론 애국계몽단체
의 탈을 쓴 온건한 친일매국단체 대한협회(회장 : 윤치호, 일제가 봉급 지급)와 겉
과 속 모두 과격한 종일매국단체 일진회(회장 : 송병준, 본부 서울이 아닌 동경) 모
두 조선통감부의 관리와 조정을 받는 산하단체나 다름없었다. (※ 관련 상세 내용
은 본서 2권에서 상술할 예정)

① 대한협회가 합방 문제에 대해 시기상조론을 제창시키되 절대적 반대 의사를 성명케 하지 않게 할 것
② 일진회의 중심을 경성(서울)에 둘 것, 현재와 같이 중심을 동경에 두고 이를 조종함은 한국의 사정에 소상하지 않기 때문에 왕왕 부적당한 행동을 하여 일을 저지를 우려가 있기 때문임

3천 리 유배 극형을 삼천리 영토 개념으로 변조한 '삼천리'는 대한민국과 북한, 한민족 모두에게 이루 말할 수 없는 고통과 해악을 끼치고 있다. '삼천리'를 애국가 후렴으로 밤낮으로 반복 주입 세뇌함으로써 한민족 고유의 영토관념 4천 리를 3천 리로 축소하게 한 자의 행위는 결코 용서받지 못할 민족반역과 국토 참절 대역죄에 해당한다 하겠다.

### ■ 친일매국 '삼천리' 전성시대

일제강점기 『삼천리』와 그 자매지 『삼천리 문학』은 '친일 매국 삼천리' 문화를 선도하는 양대 견인 역할을 했다. 특히 『삼천리』창간자 김동환은 조선문인협회 간사, 조선임전보국단 상무위원, 대의당 위원, 국민총력조선연맹 문화위원 등의 직책을 맡아 일제에 적극적으로 협조하여 『친일파 군상』에서 이광수, 문명기 등과 함께 친일 열성 협력자로 분류된 인물이

일제강점기 대표 친일 월간잡지
『삼천리』 창간호 표지(1930년 5월)

었다.[232] 이러한 김동환의 친일매국 이력과 관련하여 『삼천리』는 일제강점기 가장 발행 부수가 많은 대중잡지로 번창했다.[233]

조선총독부의 정책을 앞장서 홍보하고 천황제 국가이데올로기를 선전하는 선봉대 역할을 한 『삼천리』는 1939년 일왕 내외 사진과 '봉수성수무강(奉壽聖壽無彊)'이라는 제목의 신년하례를 실었다. 1940년 1월호부터는〈국어판〉난을 설정하여 일본 글을 게재하기 시작했다.[234]

『삼천리』의 주요 필진은 애국가 작사자이자 무궁화 도입자겸 국화 지정자 윤치호를 비롯 이광수, 김동인, 이상협, 주요한 등 대다수 『친일인명사전』 등재 인물이다.

---

**232**  김윤태, 「김동환 - 각종 친일단체의 핵심으로 맹활약한 친일시인」, 『친일파 99인
(3)』, 돌베개, 1993, 38쪽.

**233**  이지원, 「『삼천리』를 통해 본 친일의 논리와 정서」, 『역사와현실』(69), 2008,
136~137쪽.

**234**  1941년 11월 태평양 전쟁 발발 이후 총독부의 전시출판정책으로 『삼천리』를 폐간
하고 1942년 5월호로 『대동아』를 창간했다. 그러나 『대동아』 표지에는 '삼천리 개제
(改題)'라 하고, 1943년 3월호에 삼천리 창간 15주년이라는 표현을 쓰는 등 『대동
아』는 『삼천리』의 연장임을 표명했다. 전영표, 「잡지, 출판인으로서의 파인 김동환
(2) : 파인의 『삼천리』와 『대동아』 지의 친일 성향 연구」, 『출판잡지연구』( 9권 1호),
1995, 34~35쪽.

# 20세기 초에도 만주는 우리땅

만리장성의 남쪽에 있는 나라를 중국이라 하고 요하(遼河) 동쪽에 있는 나라를 동국(한국)이라 한다.

– 정약용, 『아방강역고』[235] 1811년

간도 지역은 고구려와 발해의 옛 땅이다.

– 한국학민족문화대백과사전

악마는 프레임에 있다. 만주는 20세기 초에도 한국 땅인데 아득한 옛 고구려 발해 시대에만 가둬두는 프레임, 그 악마의 프레임을 깨뜨려라.[236]

– 강효백, 『新아방강역고』, 2021년

---

**235** 현재 전하는 『아방강역고』는 장지연(張志淵, 1864~1921, 친일 변절자로서 친일인 명사전 등재 인물)의 주석에 의해 재발행되었다. 하지만 그것조차도 조선총독부에 의해 금서로 규정되고 이후의 개정과정도 상당히 불투명하여 현재 전하는 『아방강역고』가 정약용의 판본과 같은지는 계속 논란의 대상이 되고 있다.

**236** 『고려사』 「지리지」 서문 – "서북은 당(唐) 이래로 압록(鴨綠)을 한계로 삼았고, 동북은 선춘령(先春嶺)을 경계로 삼았다. 무릇 서북은 그 이르는 곳이 고구려에 미치지 못했으나, 동북은 그것을 넘어섰다.(西北, 自唐以來, 以鴨綠爲限, 而東北則以先春嶺爲界. 盖西北所至不及高句麗, 而東北過之.)"

## ■ 만주를 잃지 않으려면 잊지 않아야 한다

한국과 중국 사이(間)에는 섬(島)이 있다. 그 섬은 바로 간도(間島)이
다. 간도는 주위가 물로 둘러싸인 예사 섬은 아니다. 간도는 사방이 동
북아 민족의 혈사(血史)로 에워싸인 '역사적 섬(Historic Island)'이다. 바다
의 섬들이 21세기 세계 각국에 그 중요성이 갈수록 두드러지는 땅이라
면 대륙의 섬 간도는 대한민국에 체념과 망각의 피안 너머로 사라지게
끔 해서는 안 될 우리의 소중한 옛 영토이다. 잃지 않으려면 잊지 않아
야 한다.

간도라는 지명의 유래는 만주족의 청나라가 중원을 석권한 뒤 랴오
닝성과 헤이룽장성의 중북부지대를 봉금 지역으로 정한 것에 기인한
다. 즉 간도는 세계역사상 최장 최대의 비무장지대(DMZ)였던 셈이다.
지금의 랴오닝, 헤이룽장성의 남부지역은 조선땅이었다. 원래 연변조선
족 자치주의 이북지역에 위치해 있었던 간도가 19세기 후반에 이르자
남만주 지역으로 축소 후퇴하여 원래의 간도 지역은 북간도로, 두만강
이북은 동간도로, 압록강 이북의 서간도로 불리기 시작했다.

일제는 1905년 대한제국의 외교권을 박탈한 뒤 간도를 청나라에
넘겨주는 간도협약(1909년 9월 4일)을 체결했다.

－『두산백과사전』

# ■ 20세기 초까지 만주는 우리땅

・ 간도 100년 시효설은 허구

무엇보다 우선 척결해야 할 것은 '간도 100년 시효설'이다. 영토를 점유한 지 100년이 지나면 나중에 무효로 할 수 없다는 고약한 괴담이 우리나라에 정설로 둔갑해 창궐하고 있다. 국민들 다수는 간도가 중국으로 넘어간 지 100년이 지났으니 간도는 영원히 중국 땅으로 굳어져 버렸다고 탄식하고 있다.

그러나 분명한 사실은 국제법상 영토 문제는 시효가 없다는 것. 일제가 1909년 간도협약을 체결한 바탕이 된 1905년 을사늑약은 강압에 의한 것으로 원천 무효다. 정부는 간도협약이 무효임을 선언하고 국민 모두가 '만주는 우리 땅'이라는 사실을 잊지 말도록 널리 알려야 한다. 만주를 잃지 않으려면 잊지 않아야 한다.

아득한 옛날 고구려 발해 고토는 "우리땅"을 백만 번 외쳐보았자 아무 소용없다. 20세기까지 만주가 한국땅이라는 인식은 남북통일과 대륙으로 뻗어 나아갈 대한의 영토의식 함양뿐만 아니라 국제법상으로도 유리하다. 그러려면 "무궁화 삼천리" 애국가를 없애야 한다.

1909년 간도협약체결 직전까지 다롄 ― 선양 ― 하얼빈 선을 잇는 선의 중남부 만주는 대한제국의 직간접 통치지역이었다. 이에 관한 증거는 많지만, 다음 1903년 중국제작과 1905년 일본제작 두 지도 강철증거만을 들겠다.

## ■ 1903년에도 만주는 한국땅 (대청제국 우정국 제작지도)

〈대청우정공서비용여도(大淸邮政公署备用舆图)〉 1903년 5월 15일 대
청제국의 세관총국과 우정총국에서 제작했다. 청나라 전국 우편망이
표기되어 있다. 중국어와 영어로 인쇄되고 검정과 빨강으로 2도채색된
대형지도엔 성회(도청소재지격), 부(府), 주(州) 현(県) 등 행정단위 외에 우
체국과 속달, 전보국 분포를 명기했다. 지도 왼쪽 상단 부분엔 별도로
다롄 - 셴양 - 하얼빈을 잇는 만주 중북부의 우편망이 표기되어 있으
나 이는 1903년까지 랴오닝성과 헤이룽장성 중남부와 지린성 전역이
한국 땅임을 중국 정부가 공인하고 있는 강력한 물증이다.

〈대청우정공서비용여도(大淸邮政公署备用舆图)〉 140.5cm×139cm, 1903년(광서 29년)
5월 15일 대청제국 세관총국과 우정총국 Inspectorate general of customs and post
postal secretary's office) 上海东方出版社(Oriental press, Shanghai) 제작,
미국 하버드대학 소장

■ 1905년에도 만주는 한국 땅 (일본제작 〈대청국최신도〉)

　1905년(明治 38년, 光瑞 31년) 일본에서 제작한 가로, 세로 1m의 대형 채색지도 「대청국최신도(大淸國最新圖)」는 21세기 현대지도와 비교해서도 조금도 손색이 없다. 과연 당시 일본의 문물은 세계 최고선도국 수준이었다. 「대청국최신도」엔 수도 북경과 20개의 성, 성도, 유명도시, 직할지(직예)[237], 주요 도시, 만리장성, 대운하, 도로, 철도, 항로, 부두, 군항뿐만 아니라 금은광, 철광, 두유, 차, 소금, 비단, 벼와 밀 특산지 등 23종의 중국의 자원분포도가 세세히 명기되어 있다.

〈大淸國最新圖(일본제작)〉, 1905년(明治38년, 光瑞31년) 가로100cm x 세로100cm
일본 도쿄도 교바시(京橋)구 현 중앙구(中央区) 소재 進世堂 발행(4도 컬러)

---

237　직예(直隸)는 우리나라의 경기도 격으로 수도권 관할지역은 지금의 베이징과 톈진, 허베이성(河北省) 대부분과 허난성(河南省) 산동의 일부를 포함했다.

그러나 「대청국최신도」의 최대 특징 중의 하나는 인접국들과 국경선과 중국 내의 성(省)별 지방구획이 명확하게 표기되어 있다는 것이다. 이 지도 오른편 상단을 똑똑히 보자. 대한제국과 대청제국의 국경선은 랴오허(遼河) 유역으로 표기되어 있다.

> "만리장성의 남쪽에 있는 나라를 중국이라 하고 요하 동쪽에 있는 나라를 동국(한국)이라 한다."
> – 「아방강역고」 1811년

역시 다산 정약용이 옳았다!

즉 일본 제작 「대청국최신도」는 1905년 당시 만주 북부는 진공상태였고 만주 중남부는 여전히 한국의 판도였음을 증명해주는 최고의 스모킹 건이다.

## ■ 한·중·일·영·불 5개국 지도, '만주는 한국땅' 증언

상술한 1903년 중국 제작과 1905년 일본 제작 두 지도를 다시 다음 18세기 중엽의 영국(1745년), 조선(1757년), 프랑스(1771년) 권위 지도들과 크로스체크(비교 교차 재검증)해보자, 이들 한·중·일·영·불 5개국 5개 지도들은 만장일치로 18세기 중엽부터 20세기 초까지 '만주는 확실히 한국 땅이었음'을 증언하고 있다.

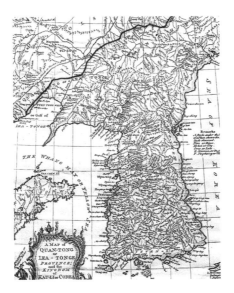

1745년 영국의 수로학의 권위자이며 세계적인 지도제작자인 토마스 키친(Thomas
Kitchin)이 제작한 'A Map of QUAN-TONG or LEA-TONGE PROVINCE ; and the
KINGDOM of KAU-LI or COREA' 지도.
동해를 'SEA OF KOREA'라고 표기했다. 한국과 중국의 국경선이 압록강,
두만강 이북에 형성된 것으로 만주 일대가 한국땅으로 나온다.
경희대 부설 혜정박물관 소장

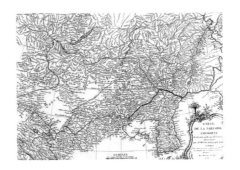

1771년, '본 도법(Bonne's projection)'으로 프랑스의 유명한 지도학자 본(R. Bonne)이
제작한 'CARTE DE LA TARTARIE CHINOISE' 지도.
한국과 중국의 국경선이 랴오허와 헤이룽장성에 설정된 것으로
만주 일대가 한국 땅인 것으로 보인다.
경희대 부설 혜정박물관 소장

## ■ 동국대지도, 만주는 우리 땅

18세기 대표적 지리학자 정상기(鄭尙驥, 1678~1752)가 1750년대에 제작한 「동국대지도(東國大地圖)」는 만주와 조선을 아우르는 영토를 조선전도로 표기하고 있다. 「동국대지도」는 영조(英祖, 1694~1776, 재위 1724~1776) 이후 역대 조선 왕실에 의해 공인된 조선 후기 대표지도다.

동국대지도
조선후기 대표지도
(보물 제1538호)

1750년대 정상기(鄭尙驥)가 제작한 조선 후기 대표 지도이자 왕실공인지도인 동국대지도(국립중앙박물관 소장). 조·청 간의 국경선이 그어진 카친의 지도를 비롯, 서양의 고지도 400여 점과 〈황여전람도〉, 〈대청광여도〉 등 18세기 중국과 일본의 지도 외 정약용의 여유당전서의 "요하의 동쪽에 있는 나라를 동국이라 한다."와 정확하게 일치한다. 또한 한반도와 만주 지역을 아우르고 있는 영토 범위는 대한민국임시정부 헌법상의 '대한의 고유한 판도'와 일치된다.

영조는 70 평생에 이런 지도를 본 일이 없다면서 감탄을 하며 「동국대지도」를 홍문관(弘文館)에 보내 모사하도록 지시했다(『조선왕조실록朝鮮王朝實錄』「영조실록」 90권, 1757년 8월 6일(을축)).

흔히들 1861년 평민 출신인 김정호(金正浩, 생몰년 미상)가 「동국대지도」에 토대하여 사적(私的)으로 제작한 대동여지도가 조선 시대를 대표하는 지도로 알려져 있는데, 이는 일제의 식민사관이 만들어낸 '상식의 오류'이다. 「대동여지도」가 조선을 대표하는 지도처럼 인식된 계기는 일제의 조선총독부가 1934년에 교과서 『조선어독본』에 「김정호와 대동여지도」를 수록한 후부터다. 우리에게 알려진 김정호에 대한 이야기, 그가 대동여지도를 만들기 위해 전국을 세 차례나 답사하고 백두산을 일곱 번이나 등정했으며, 대동여지도가 완성된 후에는 국가의 기밀을 누설했다고 하여 분노한 흥선대원군이 옥에 가둬 죽였다는 『조선어독본』에 실린 이런 이야기는 실제 사실이 아니다.[238]

지금도 「대동여지도」보다 앞서 만들어진 정교한 고지도가 「동국대지도」를 비롯해 4백여 종이 남아 있다. 당시에는 더 좋은 고지도가 많이 있었다. 그런데도 일제가 발행한 『조선어독본』은 김정호가 지도를 제작하게 된 계기는 조선의 지도 제작 수준이 형편없었던 데 있었다고 하는데, 무엇 때문이었을까? 거기에는 우리 민족의 전통과 우수성을 깎아내림으로써 식민지 지배를 합리화하려는 음모가 있었던 것이다.[239]

「대동여지도」는 「동국대지도」를 비롯한 300여 종의 조선 시대 지도와 달리 만주를 국토에서 제외된 것으로 표기되어 있어 일제의 구미에 부합되었다. 이것이 바로 일제가 김정호의 「대동여지도」를 부각한 가장 중요한 요인의 하나로 분석된다.

또한 영조 중엽 시기 홍문관에서 간행한 『해동지도海東地圖』의 「서북피아양계만리일람지도西北彼我兩界萬里一覽之圖」에도 만주 일대를 아우르는 대한이었음을 알 수 있다.

---

238 "김정호가 지도 제작과 지리학에 재능이 많았으나 국가는 지도 제작에 전혀 뜻이 없어 김정호 자신이 직접 전 국토를 답사하여 지도를 만들었지만, 쇄국정책을 취하던 흥선대원군이 이에 분노하여 나라의 기밀을 누설했다며 대동여지도를 압수하고 김정호 부녀를 감옥에 가뒀고 결국 김정호는 옥사했다."(조선총독부, 『조선어독본』, 서울, 1934년, 54쪽.)

239 「김정호, 과연 옥에서 죽었을까?」, 『매일경제』 2016년 6월 12일

## ■ 대한민국임시정부 헌법 '대한의 고유한 판도'

1919년 4월 11일 공포된 대한민국임시정부 헌장은 10개 조로 이루어진 간략한 내용이었다. 국호를 '대한민국'으로, 정치 체제를 '민주 공화제'로 한다고 명시했다. 8조에 "구 황실을 우대한다."라고 하여, 대한민국임시정부가 대한제국을 계승한다는 것을 간접적으로 표시했다.

상해임시정부 헌장 공포 후 정확히 5개월 후인 1919년 9월 11일 대한민국임시정부는 임시헌법을 공포했다. 10개조였던 헌장을 총 8장 58조로 체계화하고 '헌장'을 '헌법'으로 바꾼 임시헌법은 형식상 1차 개헌이지만 사실상 임시정부 최초헌법이라고 할 수 있다.

임시헌법 제3조에 대한민국의 영토는 구한국의 판도로 한다고 명시하고, 제7조에 대한민국은 구황실을 우대한다고 하여, 대한민국 임시정부가 대한제국을 계승함을 분명히 했다. 또 충칭(重慶)으로 천도한 대한민국임시정부의 임시헌법(제5차 개헌 1944년 4월 22일) 제2조는 '대한민국 강토는 대한의 고유한 판도'라고 규정했다. 이처럼 역대 대한민국 임시정부 헌법은 한반도는 물론 간도를 비롯한 북방영토의 주권 회복을 국가목표로 설정하였음을 알 수 있다.

역대 임시정부의 헌법이 대한민국이 대한제국을 계승함을 직접 또는 간접적으로 표시한 취지는 무엇일까? 그것은 바로 대한제국의 국체, 즉 황제가 다스리는 '제국'이 아니라 대한제국의 판도, 즉 '구한국(Old Korea)의 판도' 또는 '대한(Great Korea)의 고유한 판도' 때문이다.

대한민국임시정부가 대한제국을 이어받은 것은 국호뿐이 아니다. 대한제국의 4천 리 국토이다. 대한민국임시정부 헌법 제2조 영토 '대한의 고유한 판도'가 바로 대한제국 원년(1897년)에 선포한 4천 리 강토이다.

## ■ 국토 참절과 남북분단의 저주문 '무궁화 삼천리'

헌법 전문(前文)에 명시되어 있듯 대한민국은 건립된 대한민국임시정부의 법통을 이어받았고, 대한민국임시정부 역대 헌법은 대한제국을 계승함이 분명하다. 대한민국임시정부가 왜 망해버린 대한제국의 국호를 계승했을까? 가장 근본적인 목적은 대한제국의 강토 4천 리를 상속받기 위해서였다. 그 증거는 대한민국임시정부 역대 헌법[대한민국 강토는 구한국의 판도(1919년 헌법 제3조) 또는 대한의 고유한 판도(1944년 헌법 제2조)이다.

대한민국임시정부는 대한제국의 국호(대한)와 국토(4천 리)를 상속받았으나 국체(제국)는 상속받지 못했다. 그러나 대한민국은 대한민국임시정부의 국호(대한)와 국체(공화국)만 상속받았을 뿐 국토4천 리중 1천 리나 국토 상속을 포기했다.

아버지(대한민국임시정부)는 헌법으로 대한의 고유한 영토를 제정해 할아버지(대한제국)의 재산 4천 리 국토를 고스란히 상속받으려 애썼다. 그러나 대한제국의 손자이자 대한민국임시정부의 아들 대한민국은 '무궁화 삼천리' 애국가 후렴을 "대한민국의 영토는 한반도와 그 부속도서로 한다(헌법 제3조)"로 헌법 조문화하는 우를 범했다. 즉 4천 리 강산을 3천 리로 축내버렸다. 다시 그마저 반 토막(무궁화 자생 가능 지역인 남한뿐)내고 말았다.

"대한민국의 영토는 한반도와 그 부속도서로 한다."라는 헌법 제3조는 남북이 갈라지던 해방공간에서 통일의 염원을 담은 소중한 조항이라고 할 수 있다. 그러나 1948년 헌법제정안 초안 검토 시에 김교헌 의원을 비롯한 제헌의원 13명은 "대한민국 영토를 반도라고 쓴 것은 일본의 의도를 따른 것이다. 간도의 모든 권리는 한민족에게 있기 때문에 당연히 우리 국토로 편입해야 할 것"이라며 조선의 영토가 3천 리 한반도라고 인식한 유진오의 헌법 초안에 대한 수정안을 내었던 사실을 상기해야 한다. 필자는 향후 헌법을 개정할 때 임시정부 최종헌법인 헌장 제2조를 원용하여 '대한민국의 영토는 한반도와 간도를 아우르는 대한의 고유한 판도로 한다.'라고 규정할 것을 제안한다.

하지만 무엇보다 우선 북방영토 상실, 국토 참절과 남북분단 고착화의 저주문, 애국가 아닌 '왜(倭)국가'를 퇴출하고 국민의 뜻과 지혜를 모은 진짜 대한민국 국가를 제정하길 재삼 촉구한다.

'무궁화 삼천리'는 그것을 성문화한 헌법 제3조로 대한제국과 대한민국임시정부의 4천 리 국토 상속을 포기하게 했을 뿐만 아니라 무궁화의 재배 가능지이자 실효적 지배지역인 남한 지역 1천 리로, 대한의 고유한 영토를 4분의 1로 축소하게 만든 원흉이기 때문이다.

| 국호 | 국체 | 국토 범위 | 국토 내역 |
|------|------|-----------|-----------|
| | | | 국토참절과 동북공정의 단초 악마의 주술 '무궁화 삼천리' |
| 대한제국 | 군주국 | 4천 리<br>(한반도+만주) | 고구려+말갈+백제+신라를 합한 영토<br>(고종실록 1897. 10. 13.) |
| 대한민국<br>임시정부 | 공화국 | 4천 리<br>(한반도+만주) | 대한의 고유한 영토<br>대한제국 영토 상속<br>강력한 의지<br>(대한민국임시정부 임시헌법 제3조) |
| 대한민국 | 공화국 | 3천 리<br>(한반도, 사실상<br>무궁화 재배 가<br>능지인 남한 지<br>역뿐) | **"무궁화 삼천리"**<br>애국가 후렴을 성문화한 헌법 제3조로 대<br>한제국과 대한민국 임시정부의 국토 상속<br>포기 |

\* 국토 참절 악마의 저주문 '무궁화 삼천리'는 대한민국이 대한제국과 대한민국임시정부
의 영토 4천 리 국토 상속을 포기하게끔 만들었다

# 04

# 한국 애국가는 '삼천리', 만주 국가는 '삼천만'

일제는 '무궁화 삼천리' 애국가 후렴을 암송케 하여 한국에서 만주를 분리, 한국을 식민지배했다. 다시 일제는 '인민 삼천만 인민 삼천만' 만주 국가 가사를 반복 암송케 함으로써 만주와 몽골을 분할, 만주를 괴뢰화 통치했다.

## ▪ 만일 이 여인이 한국에서 태어났더라면?

1975년 여름 중국 최북단 헤이룽장성 싱안링(興安嶺) 산맥 기슭 산림에서 나무꾼들에 의해 여인의 시체 한 구가 발견되었다. 당시 경찰 조사 결과 시체의 주인공은 장치(張琦, 사진). 30년간 혼자 깊은 산중에서 살다가 발견 며칠 전에 자연사했다. 장치는 누구이며 왜 인적 없는 깊은 산속에서 여인 혼자 30년간이나 숨어 살아야 했을까?

장치는 일제 괴뢰 만주국 제2대 총리이자 만주국 두 번째 국가의 명의상 작사자인 장징후이(張景惠, 1871~1959)의 7인의 정부 중 최연소로, 입산(?) 당시 방년 25세였다.

장치(张琦, 1920~1975)
만주국 총리 장징후이(张景惠)의 정부(情婦).
20세기 중국 정치인의 여인 중 최고 미녀로 알려져 있다.

1945년 8월 일본의 패망으로 장징후이와 그의 처첩들이 체포되기 직전, 장치 혼자 용케 자리를 피하여 헤이룽장 싱안링산맥의 심산유곡까지 도피, 그곳에서 움막을 짓고 혼자 숨어 살았다. 1975년 여름 그녀의 시체가 발견되었을 때 시체 곁에는 오래된 나무상자 하나가 놓여 있었다. 나무상자 속에는 장징후이의 권총, 그와 함께 찍은 사진들과 주고받은 연애편지들이 가지런히 정리되어 있었다.[240]

---

240  身为大户千金, 她孤身隐藏深山30年, 死后身份被扒出, 令人惋惜 (https://xw.qq.com/cmsid/20210309A0773900)

## ■ 죽어서도 영광 윤치호 vs 죽어서는 치욕 장징후이

한국 애국가 작사자 윤치호와 만주국 국가 작사자 장징후이의 생의 궤적은 많이 닮았다. 둘은 각각 조선과 만주를 대표할만한 종일매국노로서 일제의 극진한 대우를 받았다. 윤치호는 이완용도 해보지 못한 일본 제국의회 귀족원 의원, 장징후이는 만주국 제2대 총리를 누렸으니, 둘 다 피지배 국민으로서는 더는 오를 수 없는 극상의 지위까지 올랐다.

1937년 4월 21~26일 장징후이는 경성을 방문, 미나미 조선총독과 회담하고 관민 유지들을 만나 '만선일가(滿鮮一家, 만주와 조선은 한 가족)'의 구호를 외치며 조선과 만주가 함께 일제에 협력하자고 호소했다.[241]

1942년 3월 윤치호는 만주국 건국 10주년을 맞이하여 만주국 수도 신경(新京, 지금의 창춘)을 방문하여 장징후이를 만났다. 장징후이는 윤치호에게 자신이 쓴 기념사가 수록된 『반도사화와 낙토만주(半島史話와 樂土滿洲)』라는 일제 식민사관이 그득한 책의 표지에 글씨를 써 주었다.[242]

그러나 둘의 말로와 사후평가는 완전히 다르다. 장징후이는 1945년 8월 만주국 패망 직후 푸순전범관리수용소에 수감되어 1959년 11월 감옥에서 사망했다. 그의 시체는 소각되어 광야에 뿌려졌다. 장징후이는 용서받을 수 없는 악질 종일매국노 한간(漢奸)으로 여전히 15억 중

---

**241** 「관민유지발기로 만주국 총리 환영회」, 『조선일보』 1937년 4월 25일 2면.

**242** 1942년 만주국 건국 10년을 기념해서 방문한 윤치호, 최남선 등을 만났으며 자신이 쓴 기념사가 수록된 신경만주학해사에서 출간한 '반도사화와 낙토만주'에 표지 글씨를 써주었다. (http://www.gerenjianli.com/mingren/05/1en9pr20dp7t249.html)

국 인구에 회자되고 있다.[243]

만주괴뢰국 2대 총리 장징후이

　반면 윤치호는 광복 직후인 1945년 10월 20일 이승만과 김구, 미국 군정청에 각각 「한 노인의 명상록」이라는 제목으로 역사의 불가역적 불가항력을 역설하는 편지를 보냈다. 편지에서 그는 애국자연(然)하는 독립운동가가 독립을 이룩한 것이 아니라, 미군의 승전으로 우연히 독립을 달성한 것이라고 독립지사들을 신랄히 비난했다.

　윤치호는 그해 12월 11일 개성 자택에서 노환으로 죽었다. 그의 유해는 두 부인과 함께 선영에 합장되었다. 그의 묘소 옆에는 검은색 오석 재질의 비석이 세워져 있다. 1950년 윤치호의 장남 윤영선은 2대 농림

243　中央档案馆, 「伪满洲国的统治与内幕 : 伪满官员供述」, 中华书局, 2000, 41쪽.

부 장관을 지냈다.[244] 윤치호는 오늘날에도 이른바 보수우파 일각에서 선각자로 추앙받고 있다.[245]

### ■ "하느님이 보우하사"와 "하늘의 보우를 받으사"

장징후이는 만주국 두 번째 국가의 작사자로 되어있으나 사실상 이름뿐이었고 만주국 일본인 관료들이 작사했다. 만주국 건국 10주년을 맞아 1941년 10월 22일, 만주국 국가제정위원회(회장·장징후이 국무원 총리)가 발족되고, 그 아래에 기초위원회(위원장·무토 토미오)가 설치되었다. 국가제정위원회는 또 하나의 일본국가 제정위원회였다.[246] 국가제정위원회 기초위원회는 일본어 가사를 먼저 정한 후 이어서 곡을 붙인 이후에 중국어 가사를 결정하기로 한 수순에 따라 진행했다. 먼저 일본인에 의해서 일본어 가사가 만들어진 후, 일·만 양국의 작곡가로 위촉하고 헌납된 원안을 작곡위원회가 심의하여 작곡 방안을 결정, 일본 측음악 고문 야마다 야사쿠가 곡을 붙였다. 여기에 장징후이 등이 중국어로 의역한 가사를 첨부하여 1942년 9월 5일 만주국 국가(2차)를 제정 공표했다.

---

244 「농림에 윤영선씨」, 『조선일보』 1950년 1월 22일 1면.

245 「'3·1운동도 비난'…문창극이 옹호한 '친일파' 윤치호」, 『노컷뉴스』 2014년 6월 16일.

246 満洲帝国政府·滝川政次郎·衞藤瀋吉,『満洲建国十年史』, 原書房, 1969년, 893~894쪽.

: 〈만주국 국가〉 2차 (1942–1945)

신의 빛이 우주를 열고 神光開宇宙

산하 안팎이 황제께 바치고 表裏山河壯皇猷

제덕의 융성함이 크고 광대하니 帝德之隆 巍巍蕩蕩莫與儔

영원히 하늘이 보우를 받으사 永受天祐兮

만수무강이 세계에 퍼지니 萬壽無疆薄海謳

천업을 찬미하며 일월이 휘황찬란하리라 仰贊天業兮 輝煌日月侔


신의 빛은 일본 황통을 가리키고 제덕은 만주국 황제 부의의 덕을 가리킨다. 천업을 찬미한다는 만주 건국의 창업에 천손이 재강림한다는 뜻으로 천손은 천조대신의 자손의 다른 이름이며, 그 천손이 국토평정을 위하여 강림한다는 천손강림을 찬양하는 뜻을 비밀스럽게 가리키고 있다.[247]

〈만주국 국가〉(2차)는 일본 천조대신의 황통을 이어서 부의의 제덕으로 이룩한 국가임을 찬양하고 있으니 또 하나의 일본 국가이다.[248] 〈만주국 국가〉(2차) 가사는 윤치호 작사 명의의 〈애국가〉와 많이 닮았다. 특히 '영원히 하늘의 보우를 받으사'는 애국가 1절의 '하느님이 보우하사'는 한 사람이 작사한 것처럼 보인다.

---

247  노동은, 『친일음악론』, 민속원, 2017, 211쪽.
248  노동은, 앞의 책, 212쪽.

## ■ '무궁화 삼천리'와 '인민 3천만 인민 3천만'

동서고금을 막론하고 가사에 숫자가 나오는 국가(國歌)는 거의 없다. 특히 공교롭게도 '3000'이라는 숫자가 있는 아주 희한한 국가가 셋 있는데, 한국과 북한의 〈애국가〉'삼천리'와 이미 망한 일제의 괴뢰국 만주국 1차 국가인 〈만주 건국가〉의 '삼천만'이다. 하필이면 일제의 침략 영향을 받은 이들 세 나라 국가에만 3천이 나올 확률과 로또 1등이 3천 번 연속 당첨될 확률, 이 둘 중 어느 쪽이 더 높을까?

만주국 첫 번째 국가 〈만주건국가〉는 1933년 2월 24일 만주 국무원 포고령 제4호로 제정되었다. 명의상 작사자는 만주국 초대 총리 정샤오쉬(郑孝胥, 1860~1938)[249]로 되어있다. 작곡자는 '만주국 문교부선'이라는 애매한 주체로 표시되어 있지만, 다롄에 머물고 있던 일본 음악인들인 타카츠 사토시와 소노야마 민페이, 무라오카 라쿠도 등이 맡았다. 경쾌한 선율이 중국적인 느낌을 주고 일본어 가사가 아님에도 불구하고 일본인에게 사랑을 받았다.[250]

실제 작사자도 정샤오쉬가 아니라 만주국의 실세 만주국 국무원 총무처 일본인 관료라는 설이 있다.[251] 가사를 들여다보면 일본인 작사설

---

249 제1차 만주국 국가 작사자로 알려진 정샤오쉬의 매국 행적은 제2차 만주국 국가 명의상 작사자 장징후이에 비해 경미했다. 그러나 정샤오쉬에 대한 중국인의 평가는 장징후이 못지않게 매섭다. 후일 그의 묘지는 파묘되어 유해가 불태워지고 비석과 석물들은 쪼개어져 농민들의 돼지 울타리로 사용되었다. 赵润田, 「郑孝胥 : 尴尬的盛名」, 『檢察日報』, 2016년 7월 29일, 6면.

250 滿洲國歌正解…從建國歌到國歌. 滿洲帝國協和會 Concordia Association of Manchuria | Medium freemanchuria.medium.com(https://freemanchuria.medium.com/)

251 森脇佐喜子, 「旧満洲国国歌の作曲者は山田耕筰か?」, 『天理大学学報』 제187집, 1998년 2월호.

이 설득력이 크다는 것을 알 수 있다.

: 〈만주국 국가〉 1차 (1933~1942)
천지 안에 새로운 만주 天地內 有了新滿洲
새로운 만주는 바로 신천지 新滿洲 便是新天地
굳건한 자립정신 아래 굳건한 頂天立地 無苦無憂
평화가 우리의 나라를 세웠도다 造成我國家
사랑이 넘치고 증오가 없는 只有親愛竝無怨仇
인민 삼천만, 인민 삼천만 人民三千萬 人民三千萬

'인민 삼천만, 인민 삼천만'의 대목에서 소름이 돋는다.

전범 기업 미쓰비시(三菱), 미쓰이(三井)…. 헌데 만주 괴뢰국 국가도 '인민 3천만 인민 3천만', 한국의 애국가도 '무궁화 삼천리'. 세상에 이처럼 이상한 우연의 일치가 또 있을까?

가사와 작사자뿐만 아니다. 작곡자와 곡조도 한국 애국가와 만주 국가는 마치 쌍둥이처럼 닮았다. 만주국 국가(2차)를 작곡한 일본의 유명한 작곡가 야마다 고사쿠(山田耕筰, 1886~1965)는 한국 애국가의 작곡자 안익태(安益泰, 1906~1965)의 경쟁자이다. 안익태는 '에키타이안'으로 일본인 행세한 나치 음악회 회원이고 애국가의 곡은 〈만주환상곡〉의 끝부분이고 불가리아 민요를 표전한 의혹이 짙다.

일제 보호국 시절에 작사되고 식민지 시절에 작곡된 애국가와 일제 괴뢰국 시절에 작사 작곡된 만주국 국가(1차 2차)가 이처럼 공통점이 많은 것은 조금도 이상하지 않은 당연한 일일 수 있다. 그러나 크게 다른 점 두 가지가 있다. 첫 번째는 앞에서 말했듯 작사자에 대한 사후평가와 대우가 다르다는 점이다. 두 번째는 만주국 국가는 일제의 패전과 함께 만주국의 멸망으로 사라져 버렸으나 한국의 애국가는 아무런 법적 근거 없이 계속 국가로 불리고 있다는 점이다.

**〈한국 애국가 vs 만주국 국가〉**

**'작사자 – 가사 – 작곡자 – 곡조 전방위 도플갱어'**

| 국가의 명칭 | 애국가 | 만주국 건국가 |
|---|---|---|
| 작자작곡당시 한국만주상황 | 일본위성국(작사 1908년) 일본식민지(작곡 1935년) | 일본의 괴뢰국 (1차 국가 1932년, 2차 국가 1941년) |
| 작사자 | 윤치호 : 이토히로부미 추도 회장, 일본제국의회 귀족의원, 종일매국노의 대부 | 1차 : 정샤오쉬(만주국 초대 총리) 실제 일본인 작사 의혹 2차 : 명의상 장징후이(만주국 2대총리), 일본인 작사, 실제 일본인 작사 공표 |
| 가사의 특성 | 종일매국 내선일체 | 1차 : 한족과 만주족 이간 만주족 회유 목적 2차 : 노골적 일제 천황 찬가 |
| 닮은꼴 가사 | **후렴 : 무궁화 삼천리** | **1차 : 인민3천만, 인민3천만** |
| | **1절 : 하느님이 보우하사** | **2차 : 영원히 하늘의 보우를 받으사** |
| 작곡자 | 에키타이 안(안익태 일본인 행세, 나치 음악회 회원) | 야마다 고사쿠(山田耕筰) 안익태와 동료이자 경쟁자 |
| 곡조의 특성 | 만주환상곡의 끝부분, 불가리아 민요 표절 의혹 | 1차 : 기미가요와 비슷 2차 : 일본창가 풍 |
| 방송 홍보 | 공중파 TV3사, 오프닝 클로징 방송 중, 각종 기념행사시 연주 | 50명의 국가봉창단 조직, 만주 모든 라디오 방송국에서 항상 국가를 방송 |
| 현재 상황 | 아무런 법적 근거 없이 계속 국가로 불리고 있음 | 일제의 패전과 함께 일제 괴뢰국 만주국의 멸망으로 폐지 |

# 05

# '화려강산'에 숨은 간교
# 화려한 친일 코드

화려 : 예로부터 사치와 동의어로 쓰인 부정적 용어, 야하고
　　　 외설적인 어감으로 나라의 영토를 형용하기 부적합하다.

강산 : 물(강)이 산보다 먼저 나오는 일본식 용어, 강산은 정치적
　　　 자치권이 없거나 취약한 영토를 의미한다.

우리 옛 선조들은 우리나라를 형용할 경우 '화려'를 전혀 쓰지 않았
다. 중국인과 일본인도 예나 지금이나 자국을 묘사할 경우 '화려'를 전
혀 쓰지 않는다. 중국인은 '금수²⁵²'를, 일본인은 '수려'를 쓴다.²⁵³

지금도 우리나라 사람은 '금수강산'이라 하지 '화려강산'이라고 하지
않는다. 그리고 보니 국내는 물론 중국에서 한국인이나 조선족 동포가
운영하는 한식당에 '금수강산' 간판은 많이 봤어도 '화려강산' 상호는

---

252　锦绣山河 高山和河流就像精美鲜艳的丝织品一样，形容美好的国土。出自《清明二首(其二)》

253　해군사관학교 교가 : 수려나라 秀麗の国, 수려한 후카쿠 12경 秀麗富嶽十二景

한 번도 본 적이 없다. 구한말 이전 옛 한국은 물론 중국과 일본에서도 '화려강산'이란 글자 자체가 없었다. 아득한 옛날까지 거슬러 올라갈 필요도 없다. 국립국어교육원 출간 『표준국어대사전』에도 '화려강산'이 없다. 온라인 『표준국어대사전』에 '화려강산'을 입력하면 "해당 단어로 시작하는 검색어가 없습니다."라고 뜬다.

반면 금수강산, 팔도강산을 비롯하여[254] 적막강산, 만고강산, 생면강산, 절벽강산, 제일강산, 반벽강산, 초면강산, 와유강산, 대관관산 등등 무려 23개의 '강산'이 친절하게 설명되어 나온다.

매일 새벽 TV 오프닝방송에 어김없이 등장하고 〈애국가〉를 4절까지 부를 때는 4회나 반복하는 '화려강산'이 대한민국 대표 국어사전 『표준국어대사전』에는 단 한 번도 나오지 않는다. 이게 예사로 넘어가도 될 사항인가?


■ '화려'는 사치와 동의어

〈화려한 휴가〉는 5.18 광주민주화운동을 바탕으로 만들어진 영화이다. 당시 전두환 보안사령관이 시행한 작전 이름이 바로 '화려한 휴가'이다. 〈화려한 휴가〉뿐만 아니다. 드라마 〈화려한 유혹〉, 영화 〈화려한 외출〉 등에 쓰인 '화려한' 모두 좋은 뜻은 아니다.

---

**254** 금수강산(錦繡江山) : 비단에 수를 놓은 것처럼 아름다운 산천이라는 뜻으로, 우리 나라의 산천을 비유적으로 이르는 말. / 팔도강산(八道江山) : 팔도의 강산이라는 뜻으로, 우리나라 전체의 강산을 이르는 말. (https://stdict.korean.go.kr/main/main. do)

'화려하다'의 사전적 의미는 빛과 그림자의 두 얼굴을 가지고 있다.

① 환하게 빛나며 곱고 아름답다.
② 어떤 일이나 생활 따위가 보통사람들이 누리기 어려울 만큼 대단
하거나 사치스럽다.

영화 포스터 (좌) 화려한 휴가 (중) 화려한 유혹 (우) 화려한 외출

'화려華麗'는 후한 시대 대학자 순열(荀悅, 148~209)의 저서 『신감申鑑』
에서 처음 등장하는데 '사치'와 비슷한 용어로 쓰였음을 알 수 있다.

"무익한 물건을 구하지 말고, 얻기 어려운 재물을 쌓으려 하지 말고,
화려한 장식을 절제하라.[255]

---

**255** 不求无益之物, 不蓄难得之货, 节华丽之饰

「고려사」와 『조선왕조실록』에도 '화려'는 사치와 함께 부정적 용어로
쓰였다.

'화려'하고 사치한 의복과 음식 및 그릇의 사용을 금지하다.
  ─『고려사』제85권 「지」39권 형법2 금령

어사대에서 아뢰기를, "최근에 풍속이 날로 사치스러워져 공사의
연회에 사용되는 그릇이 '화려'하여 상하 구분이 없어지니 옛
제도를 따라 거듭 엄하게 금지하도록 하되⋯."
  ─『고려사』97권 「열전」10 제신

각도와 주와 군의 연회석이 극히 '화려'하다고 하는데, 나는
침실에서 언제나 헌 자리를 깔고 앉아 있다. 빨리 이 사실을
알려라.
  ─『세조실록』4권, 1456년(세조 2년) 5월 24일

'절검'을 강조하고 '화려'를 금기시한 성리학의 나라 조선의 군주 중에
유독 '화려'를 제일 많이 말한 군주는 연산군(燕山君, 재위 1495~1506)이
었다.

왕이 전교하기를, "시는 '화려'함을 귀히 여기거늘, 지금 지은 두
시사(詩詞)는 '화려'하지 못하니 고쳐 지어서 바치도록 하라." 했다.
  ─『연산군일기』1505년 연산 11년 1월 30일

홍청의 진연 등에 드는 비용이 많고 '화려'하게 하라.

– 『연산군일기』 1505년 (연산 11년) 5월 5일


왕이 전교하기를, "부모가 상중에도 출사하는 인원은, 옥색 옷을
입지 말고 화려한 옷을 입으라."

– 『연산군일기』 1506년 연산 12년 5월 19일 무술 7번째 기사


그런데 문제는 '화려'는 사치의 동의어 단일 코드 하나로만 그치는 게
아니라는 점이다.


## ■ 옛 우리 문헌에 '강산'은 없고 '산천'과 '산하'만 있는 까닭은?


구한말 이전 우리나라 모든 문헌에는 '화려강산'은 물론 '금수강산'도
없다. 한국의 양대 정사(正史)『삼국사기』와 『고려사』엔 '강산(江山)'이란
낱말조차도 없다.

옛 선조들은 우리 영토를 가리켜 산천(山川) 또는 산하(山河)라 했다.
고려산천(高麗山川), 삼한산천(三韓山川)[256], 종묘산천(宗廟山川), 사직산
천(社稷山川) 조선산천(朝鮮山川)[257], '금수산하(錦繡山河)'로 일컬었다. 그
중에서도 '고려산천'은 『고려사』와 『조선왕조실록』을 비롯해 『신동국여지
승람』, 『중경지』, 『송도지』, 『연려실기술』 등 주요 옛 주요 사서와 지리지

---

**256**  고려 태조 왕건 등 고려 시대 초기에 '삼한산천'이란 용어를 많이 사용했다. (『고려
사』「세가」 제2권 943년 4월 (음))

**257**  『정조실록』 19권, 정조 9년 3월 1일 庚戌 2번째 기사(1785년)

등에 자주 나온다.

"고려산천은 숲이 10분의 7이 되므로"
－『고려사』제105권〈열전〉18권 제신

홍무 3년에 황제가 도사 서사호를 보내어 고려산천에 제사 지내게
했다.〈…중략…〉태조 황제가 처음에 고려산천을 부·주·현의
의식으로 치제한 것은 아니었다.[258]
－『세종실록』1438년(세종 20년) 12월 19일

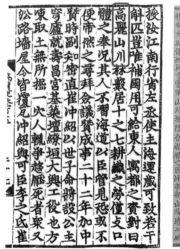

(좌)『고려사』제105권〈열전〉18권 제신
(우)『세종실록』제83권, 세종 20년(1438년)

---

**258**  洪武三年, 帝遣道士徐師昊, 祀高麗山川. 師昊至國, 設壇城南, 引大華嶽神及諸山之神,
大南海神及諸水之神以祭. 然則太祖皇帝初不以高麗山川爲府州縣儀而致祭.

금수 뒤에는 강산이 아닌 산하(山河)가 붙는 '금수산하(錦繡山河)'를 사용했다.

영조 : (한 나라의 수도로서) 어떻게 평양이 한양과 같은가?
신하 : 평양이든 송도든 함흥이든 큰 기세를 가지고 있지만 한양에 비할 수 없습니다.
영조 : 한양이야말로 '금수산하錦繡山河'이다.[259]

그렇다면 왜 구한말 이전에는 화려강산은커녕 강산도 없고 산천이나 산하만 있는 걸까? 원래 중국에서 '강산(江山)'은 정치적 자치권이 없거나 취약한 특정 지역 '영지(領地)'를 의미했고,[260] 정치적 자치권이 있는 나라의 영토는 산하(山河), 산천(山川)으로 표기했기 때문이다.[261] 지금도 중국에서는 전체 중국 국토를 가리킬 때는 '금수산하(錦繡山河)'를, 계림이나 여강처럼 강과 산이 어우러져 풍경이 아름다운 특정 지역을 지칭할 때는 '금수강산(錦繡江山)'을 쓰고 있다. 일본에서도 '강산(江山)'은 일본 전체 국토를 전혀 의미하지 않고 강과 산이 어우러진 풍경을 가리킨

---

259　○上曰 俄臨彰義宮, 往見南北山, 則果清明異常, 予乃歎息曰. 錦繡山河, 今將如此云矣.『승정원일기』1154책 (탈초본 64책) 영조 34년 3월 9일 을미 21/21 기사 1758년 규장각 원본 / ○上曰 俄臨彰義宮, 往見南北山, 則果清明異常, 予乃歎息曰. 錦繡山河, 今將如此云矣.『승정원일기』1154책 (탈초본 64책) 영조 34년 3월 9일 을미 21/21 기사 1758년 규장각 원본

260　多指以政治自治权区别出来的领地 Mostly refers to territories distinguished by political autonomy."『晋郭璞《江赋》: "芦人渔子, 摈落江山。https://baike.baidu.com/item/%E6%B1%9F%E5%B1%B1/2340?fr = aladdin 中英词典大全』

261　*山河 : 指大山大河, 自然景胜, 疆, 国土。锦绣山河, 大好~。《史记·孙子吴起列传》: "美哉乎山河之固, 此魏国之宝也。"*山川 : 指山岳、江河,如：祖国壮丽的山川。

다.[262] 일본은 애국가의 화려강산을 화려한 산하(華麗な山河)로 번역하고 있다.

■ 화려강산 : 화려현 출신 이성계가 세운 정치적 자치권이 없는 영지

조선 태조 이성계의 고향 화령(영흥부, 현재 북한의 금야군)의 옛 지명은 화려(華麗)현이다.[263] 1392년 7월 17일 고려를 무너뜨리고 조선을 개국한 이성계는 1392년 11월 예문관학사 한상질을 명나라에 파견해 국호 개정의 뜻을 전하고, '조선'과 자신의 본향 '화령' 둘 중에서 국호를 택해줄 것을 청했다. 이듬해 2월 한상질이 명나라 예부의 자문을 가지고 왔는데, 여기서 조선이 채택되었다.

만일 명나라가 '화령'을 조선의 국호로 택했으면 조선은 화령으로 불렀을 것이었기에 화령의 옛 이름 화려는 곧 조선을 의미했다.[264]

---

262  日本国語大辞典の解説 https://kotobank.jp/
word/%E6%B1%9F%E5%B1%B1-261000【名】川と山。山川。山水。また、水陸の交わる
景色。

263  화려(華麗)와 불내(不耐) 2현(縣) 사람들이 함께 모의해 기병을 이끌고 북쪽 변경을
침략했다. - 『삼국사기』 「신라본기」 1권 44년 (유리 이사금 17년) 음력 9월 / 여름 6
월에 왕이 예맥과 함께 한의 현도를 습격하여 화려성(華麗城)을 공격했다. - 『삼국
사기』 「고구려 본기」 제3권 118년 (태조대왕 66년) 음력 6월

264  고려말 화령부 호적관련고문서(高麗末和寧府戶籍關聯古文書)(국보 제131호)는 고
려 공양왕 2년(1390)에 화녕부(和寧府)에서 장적에 준하여 이성계에게 등급하여 준
문서로서, 이성계의 공신호, 관직과 20구의 노비가 기록되어 있다. 〈문화재청 국가
문화유산포탈〉(http://www.heritage.go.kr/heri/cul/culSelectDetail.do?VdkVgwKey
= 11,01310000,11&pageNo = 1_1_1_1)

한편 한국의 식민사관 언·관·학계는 '조선'을 '이조(李朝)' 또는 '이씨조선(李氏朝鮮)'이라고 표기하고 있다.[265] 이씨조선과 화려강산은 이성계 일족이 세운 조선이라는 뜻으로, '조선'을 낮추어 이르는 말이다. 즉 화려강산은 사치의 뜻에 더하여 화려현 출신 이성계 일족이 세운 정치적 자치권이 취약한 영지 '강산'이라는 뜻을 중첩하여 만든 일제의 간교정밀한 조어로 파악된다.


■ '화려강산'의 출생의 비밀은?


한·중·일에는 없고 애국가 후렴에만 나오는 '화려강산'은 누가 언제 어디서 왜 어떻게 만들었을까? 애국가 작사자이자 무궁화 도입자인 윤치호가 도쿄에서 상하이로 떠나기 직전 쓴 그의 일기와 상하이에 도착한 후 '윤치호'에 관한 일본어판 위키피디아에서 그 해답을 찾을 수 있다.

: 〈윤치호 영문 일기〉 1893년 11월 1일
만약 내가 마음대로 '내 나라'를 정할 수 있다면 일본을 선택했을 것이다. 나는 지긋지긋한 냄새가 나는 중국이나 인종에 대한 편견 및 차별이 무서운 힘을 가지고 있는 미국 또는 지긋지긋한 정권이 존재하는 한 조선에서도 살고 싶지 않다. 오, 축복받은 일본이여!

---

**265** 李氏朝鮮 일본 위키피디아 ; 문창극, 「식민지는 하나님의 뜻 '이조 5백년 허송세월 보낸 민족 비하」, 『KBS 2014년 6월 11일 9시 뉴스』

동양의 낙원이여! 세계의 동산이여!²⁶⁶

: 〈1893년 11~12월 상하이에서의 윤치호 일본어판 위키피디아〉

1983년 상하이에 잠복해 있던 윤치호는 남궁억의 방문을 받았다.
둘은 서로 조선의 상징으로 무궁화를 나라꽃으로 정했으며
그로부터 애국가 후렴에 '무궁화 삼천리 화려강산'이란 가사를
넣었다.²⁶⁷

윤치호의 '화려강산'은 『동아일보』 1925년(大正 14년) 10월 21일자 2면
에 실린 기사로 확인된다. 맞춤법 수정 없이 그대로 옮긴다.

: 〈현대에 무궁화(無窮花)〉

근화, 즉 무궁화를 지금과 가치 무궁화(無窮花)라고 쓰게 되기는
극히 젊은 근대의 일이라 합니다. 아마 지금부터 이십오륙년 전
조선에도 개화풍이 붙게 되어 양인의 출입이 빈번하게 되자 그때의
선진이라고 하는 윤치호(尹致昊)씨등의 발의로 우리 대한에도
국가가 잇서야 된다고 한편으로 양악가도 세우고 한편으로 국가도
창작(?)할대 태어난 --- 영원무궁하소서. 附屬되어 생기었다고

---

**266**  If I had means to choose my home at my pleasure, Japan would be the
country. I don't want to live in China with its abominable smells or in America
where racial prejudice and discrimination hold their horrid sway, or in Corea
as long as its infernal government lasts. O blessed Japan! The Paradise of the
East! The Garden of the World!

**267**  潜伏中の尹致昊を訪ねてきた。1893年には南宮檍と相談してムクゲを国花に定め、それか
ら愛国歌のリフレーンに〈無窮花,三千里,華麗山河〉という歌詞を入れた。

하는(?) 마르고 닳도록 하는 애국가의 후렴인 '無窮花 三千里
華麗江山'이라는 구절이 끼일 때에 비로소 근화 즉 무궁화를
'無窮花'라고 쓰기 시작한 듯합니다.

1890년대 후반에서 1900년대 초 윤치호가 '무궁화 삼천리 화려강산'
애국가를 작사하고 '근화'를 '무궁화(無窮花)'로 한글로나 한자로나 사상
최초 표기한 사실과 아울러 '화려강산'을 한국 국토를 의미하는 단어로
최초 조어했음을 알 수 있다.

■ **한국인은 '금수강산', 일본 외무성과 애국가에만 '화려강산'**

'화려'는 사치와 동의어로 절검을 중시하는 성리학의 사상적 기초로
세워진 조선의 지배층에게는 금기어나 마찬가지였다. 그래서일까? 오늘
날에도 애국가 외에 우리나라를 화려강산으로 부르는 한국인은 찾기
힘들다.

일제강점기 일간지와 주요 잡지에는 금수강산만 나온다. '화려강산'은
대표적 친일 잡지 『삼천리』에 단 2회 나오는데, 그것도 애국가 후렴 가
사 "무궁화 삼천리 화려강산"을 인용할 때만 나온다.

: 〈'금수강산' 표기 사례〉
① 대한민국임시정부 「포유문」 금수강산
  우리 원수 외적을 쳐 물리치고 〈금수강산〉을 거듭 빛내고 자자손
  손이 자유로 살아가자고 피바람 사나운 비에 싸우고 버티어 바른

힘줄을 이어오든 이 임시정부로 모이라. 있는 힘 가진 재능을 모두 바치라.

② 대한민국임시정부 군관학교 제1회 졸업식

우리는 우리나라가 망할 때부터 우리 밭에 우리 손으로 씨를 뿌려 우리 손으로 수확하여 우리 소반에 올려놓는 '금수강산' 안에서 마땅히 향유할 우리 민족의 아름다운 생활을 하기를 맹서하였습니다.[268]

③ 대한민국 광복군 기관지 『광복光復』 제1권 제1기

우리의 '금수강산'이 왜적에게 유린을 당하고 있으니 국권과 강토를 찾지 아니하면 밖으로는 세계 인류의 공영을 도모할 수 업고 안으로는 동포가 생존과 발전을 할 수 없다.

④ 조선민족혁명당 창립대표대회 선언(1935. 7. 5)

일본 제국주의는 이후 자원이 풍부한 우리 '금수강산'을 일본의 상품시장, 기업 투자장으로, 또 공업원료와 식량 및 저렴한 노동력공급지로 변화시킴으로써 일본 제국주의를 성장 발전시켰다.

⑤ 『합성신보』 제16호, 1908년 5월 16일 일본헌병대 압수

4천 년 역사의 〈금수강산〉을 왜놈의 말먹이로 맡겨둘 수는 없다고 외치며 모두 결사하기를 주장했습니다.

⑥ '고향의 노래'(윤봉길 의사가 젊은 시절 고향에서 야학을 운영할 때 만든 작품)

가야산 맑은 기운 가슴마다에 서리었고, 천하절경 수덕산 눈앞에 펼쳐지네. 〈금수강산〉 삼천리 무궁화 강산, 영원토록 빛나리라 우리 고향 시량리. – 추헌수, 『한국독립운동』 2, 1972, 375~376쪽.

⑦ 『신한국보』 제1호·제2호

동해의 자라도 마음이 있다면 우리처럼 슬퍼할 것이다, 〈금수강

---

268 『독립신문』 1920년 6월 10일 2면

산〉은 빛을 잃고, 광명한 일월도 또한 어둑어둑하다. 나태한 악습
과 의뢰하는 사상을, 모두 모두 한칼에 베어버리자.

⑧ 3·1운동 격문 15건 중 14건 '금수강산(국내외 한국인)'
　단 1건만 '화려강산(일본외무성 출처 미상)'

⑨ 한인 학살사건에 대한 선언서(대한독립단임시위원회)
　금수강산의 소중한 자원들을 모두 빼앗아 갔으며

⑩ 찬동문(경성 천도교본부)
　금수강산에 초목이 만발하고 10여 년 동안 갇혀 있던 세상

⑪ 대한독립 일주년 기념 축하 경고문(대한민국회)
　피땀을 흘려가며 지키고 보전한 금수강산을

⑫ 국치기념경고문(대한청년외교단 중앙부)
　금수강산에서 피눈물을 뿌리고, 우리 청년들이 피와 뼈가 쓰리고

⑬ 금수강산 삼천리를 회복하기 위해,(AKP단)
　금수강산 삼천리를 회복하기 위해, 단군 자손 이천만은

⑭ 공직에 있는 동포에게 경고함(미상)
　금수강산은 우리 조상들께서 남기신 유산

⑮ 피눈물을 흘려라(대한민국 국민대회 결사단)
　금수강산을 짓밟던 꼭두각시의 발굽을 몰아내고….

⑯ 대한국민노인동맹단 취지서(대한국민노인동맹단)
　대동 천지의 금수강산을 우리 민족의 생활의 근거지로 개척하시고

⑰ 조선국민보 제1호(간도한족독립선언운동 의사부)
　자유의 종을 울렸다. 금수강산은 기뻐서 춤을 추고….

⑱ 원수를 갚는 노래(怨復雛歌)(작자 미상)
　금수강산 살진 국토를 빼앗은 큰 원수를

⑲ 동포에게 급히 알리노라!!(권남선 등)

　　우리의 금수강산은 맑고 아름답다.

⑳ 대한독립선언서(경남 하동 배포, 박치화)

　　우리 오천 년 신성한 역사와 삼천리 금수강산을 가진 우리 동포여!

㉑ 독립가(목포정명여중)

　　금수강산 이천만 민족 살았구나 살았구나

㉒ 경고문(조선노동회경성단)

　　온갖 꽃이 만발하는 금수강산에 천하에


: 〈'화려강산' 표기 사례 : 유일무이〉

〈기원절²⁶⁹ 경축가〉 (일본외무성 출처 : 미상 )

삼천리 강산 무궁화 강산 / 너의 화려함은 세계에서 제일이네

더렵혀진 우리의 화려강산 / 오늘이 되니까 너도 뛰네

오늘을 맞이한 이천만 민족 / 너의 10년의 고통 어떠하였나?

오늘은 기원절 이것을 경축하고 / 만세까지라도 나아갑시다.²⁷⁰

---

**269**　기원절(紀元節)은 일본의 개천절 2월 11일 기원절의 날짜는 《일본서기》의 진무 천
　　　황이 즉위한 날(신유년 봄 정월 경진 그믐)에서 유래한다. 일본외무성문서(불령단관
　　　계잡건) 또한 기원절은 일제강점기 창가(唱歌)의 한 곡목. 일본의 개천절(開天節) 노
　　　래인 〈기겐세쓰〉다. 일본의 개천절 노래가 일본 국가인 〈기미가요(君ガキ)〉와 함께
　　　이상준(李尙俊)의 『최신창가집』(最新唱歌集 1918)에 〈권학가〉·〈수학여행〉·〈운동가〉
　　　등과 함께 수록되었다.

**270**　http://db.history.go.kr/samil/home/manifesto/select_manifesto_detail.do

제4장

# 한·일
# 애국가류
# 비교

한국 음악은 일본 제국주의의 이데올로기적 기능을 사회적 토대로
전개한 역사가 명백함에도, 오늘에 와서 반성의 힘으로 진실에
다가가지 않은 채 전래해온 우리민족 고유의 존재방식이라고 강변,
왜곡하는 일은 말아야 한다.

– 노동은 한국음악학회 회장

# 한·일 〈찬미가〉 비교

| 한·일 〈찬미가〉 및 〈찬미가〉내 애국가 류 제작 시기 | | | |
|---|---|---|---|
| **한국 「찬미가」 1908년** | | **일본 「讚美歌」 1903년** | |
| 황제송<br>(찬미가 제1장) | 1896년 | 명치송(明治頌)<br>(찬미가 國歌3) | 1884년 |
| 무궁화가<br>(찬미가 제10장) | 1896년 | 부상가(扶桑歌)<br>(찬미가 國歌5) | 1886년 |
| 애국가<br>(찬미가 제14장) | 1908년 | 기미가요(君が代)<br>(찬미가 國歌1) | 1880년 |
| 찬송가 280장<br>천부여 의지 없어서 | | 반딧불의 빛 蛍の光<br>(찬미가 370번) | 1881년 |

〈애국가〉의 옛 곡조는 일본 대표 창가
〈반딧불의 빛 蛍の光〉(1881년)의 곡조 올드랭사인을 본땄다.
무궁화를 배경으로 한 〈반딧불의 빛〉악보와 가사가 실린 동영상 맨 앞 화면
https://www.youtube.com/watch?fbclid = IwAR2GMOsfi7lhJN9lnnzTUAV5vCpOi1QvfOJ
6sGbep9hn618Of1iGdq1L4bk&v = 5wub91fwMog&feature = youtu.be

## ■ 윤치호의 『찬미가』 vs 일본 기독교 〈찬미가〉

『찬미가』 (1908년)　　1903년 일본기독교연합
출간 『讚美歌』

윤치호가 1908년 6월 20일 광학서포(廣學書舖)에서 총 15곡이 수록된 『찬미가』를 펴냈다.[271] 『찬미가』는 전부 15장인데, 12개 장은 찬송가로, 3개 장은 애국가류(類)가 가사로만 수록되어 있다. 윤치호의 1908년 『찬미가』는 얼핏 보면 대단히 독창적인 같지만 일본 기독교협회에서 펴낸 1903년 〈찬미가〉의 체제와 구성을 본따 엮어낸 것이다.

1903년 『찬미가讚美歌』(명치 36년)에 일본 최초로 기독교 각파의 찬미가(찬송가)를 통합한 공동찬미가가 출판되었다. 이 찬송가집은 1931년판 『찬미가』가 나오기 전까지 일본 전국의 교회에서 사용되었다. 1903

---

271 『찬미가』 서문에 1905년에 『찬미가』(1905) 제1판이 출간되었고, 1908년에 『찬미가』
(1908) 제2판이 출간되었다고 작성되어 있기 때문에 1905년에 제1판이 출간되었을
것으로 추정하고 있지만, 1905년에 발행된 것으로 보이는 『찬미가』(1905)는 아직
원본이 확인되지 않는다.

년판 『찬미가』는 일본 기독교 감리교파 목사 벳쇼우 메노스케(別所梅之助, 1872~1945) 등 4인에 의해 창작 편집되었고, 일본제국 해군 군목 오자키 히로미치(和田秀豊) 등이 방역(邦譯)했다.[272]

모두 459편의 찬송가와 3편의 영송(頌栄, ode), 18편의 찬영(讚詠, hymn)으로 구성되어 있다.[273] 18편의 찬영에는 일본의 국가 기미가요(君が代), 명치송(明治頌), 부상가(扶桑歌) 3곡의 애국가류가 포함되어 있다.

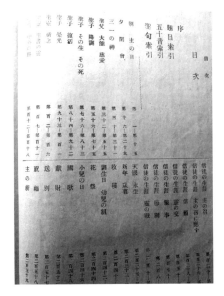

『찬미가』 송영 국가편에 기미가요 명치송 부상가 등이 수록되어 있다.

---

272  浜田 美弥子, (「『〈君が代〉賛美歌』(1903年)に載せられた〈君が代〉」, 『西南女学院大学紀要』Vol.22, 2018, 16쪽.)

273  [http://ja.wikipedia.org/wiki/%E8%AE%83%E7%BE%8E%E6%AD%8C_(1903%E5%B9%B4%E7%89%88)]

## ■ 〈황제송〉과 〈명치송〉

: 〈황제송〉

1. 우리 황상폐하 / 텬디일월 갓치 / 만수무강 / 산놉고 물고흔 /
   우리 대한뎨국 / 하느님 도우사 / 독립부강

2. 길고긴 왕업은 / 룡흥강 푸른 물 / 쉬지 안틋 / 금강 천만봉에 /
   날빗 찬란함은 / 태극긔 영광이 / 빗취난듯

3. 비단갓흔 강산 / 봄곳 가을달도 / 곱거니와 / 오곡풍등하고 /
   금옥 구비하니 / 아세아 락토가 / 이 아닌가

4. 이천만 동포난 / 한맘 한쯧으로 / 직분하세 / 사욕은 바리고 /
   충의만 압세워 / 님군과 나라를 / 보답ᄒ세

　윤치호 『찬미가』 제1곡은 영어 제목이 KOREA로 되어 있고 한국제
목이 없다. 1896년 9월 9일 고종황제 탄신일에 새문안교회 축하 예배
에서 처음 불렀다 해서 후일 〈황제송〉으로 칭해졌다. 선율은 영국국가
인 "〈God Save the Queen〉"에서 차용했다.[274]
　1896년 〈황제송〉의 선율은 1884년 〈명치송〉이 차용한 선율 〈God
Save the Queen〉과 같다.

---

**274** 조서윤, 「윤치호 번역의 『찬미가』(1908) 연구」, 『한국음악사학보』, 2018년 (61권),
　　245~246쪽.

: 〈명치송〉

나라를 비추는 거울 되고. 나라를 지키는 칼이니라 / 나라의 빛은
옥과 같고 묘한 빛이어라 / 하늘의 차례차례 세 가지 보물이로다
/ 황국은 천황의 것 천세 만세 다스린다 / 국민들아 천황 만세
축원하라 만세를 축원하라. 자, 국민들아 천황 만세를 기도하라.[275]

    일본『찬미가』송영 국가3에 실린 〈명치송(明治頌)〉은 일본 1884년 문
부성이 메이지 천황에 바친 찬가이다. 〈명치송〉 원본은 신기(神器), 국기
(国旗), 어모(禦侮 모욕을 참아냄), 외정(外征), 명치유신(明治維新)의 5부로
구성된 장편 대서사시인데 대폭 축약했으며 기미가요와 함께 국가의 하
나로 불렸다.[276]

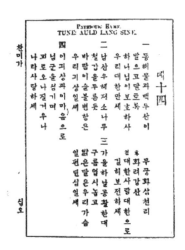

---

**275** 国を照らすは鏡なり。国を守るは剣なり。/ くにの光りはまが玉の。妙なる玉ぞたとふべき。/
天津日嗣のつぎつぎに。三種の宝伝へ来し。/ すめらみ国は大君の。千世万世も治しめす国。
/ いざ国民よ君万歳と唱へかし。君万歳と祝へかし。/ いざ国民よ君万歳と祈れかし。

**276** 辻田真佐憲,『ふしぎな君が代』, 幻冬舎, 2015년, 102쪽.

## ■ 무궁화가 vs 부상가

: 〈무궁화가〉(1896년)

• 후렴

무궁화삼천리 / 화려강산 / 대한사람 대한으로 / 길히 보전하세

1. 승자신손 천만년은 (聖子神孫) / 우리 황실이오 / 산고슈려 동
   반도난 / 우리 본국일세 /

2. 애국하난 열심의긔 / 북악갓치 놉고 / 충군하난 일편단심 / 동해
   갓치 깁허

3. 이천만인 오즉 한맘 / 나라 사랑하야 / 사롱공상 귀천 없이 /
   직분만 다하세

4. 우리나라 우리 님군 / 황천이 도으사 / 국민동락 만만세에 /
   태평 독립하세

윤치호 『찬미가』 10장에 실린 〈무궁화가〉는 1896년 11월 21일에 독
립문 정초식 때 배재학당 학생들이 노래한 것으로 멜로디는 Auld Lang
Syne의 곡조로 불렀다. F 장조의 곡으로 8·6·8·6조의 운율로 구성
되어 있다.

제10장 〈무궁화가〉의 후렴은 제14장의 〈애국가〉 후렴과 똑같다. 이런
점에서 〈무궁화가〉가 현행 〈애국가〉로 진화했음을 의미한다.[277]

---

**277** 김원모, 『대한민국 임시정부(김구)의 애국가(윤치호 작사, 안익태 작곡) 국가(國歌)
제정』, 294~296쪽.

∷ 〈부상가〉(1886년)

우리나라의 나날은 우리 천황의 통치 / 만세에도 끄덕 없으리라

통치자와 통치자가 / 움직이지 않는 것은 이상하지 않으리라 /

사방으로 빛나는 천황의 위광은 달빛처럼 빛난다 / 그래서 아침과

저녁에 우리나라 사람들이 / 천황은 마음을 함께 모아 축복 할

것이리라 / 신민들을 움직이고 마음을 다바쳐 움직이리라.[278]


일본 『찬미가』 「찬영 국가3」에 실린 〈부상가(扶桑歌)〉[279]는 일본제국 육군 군악대의 초빙 강사로 입국한 프랑스군 군악 교관 샤를 르루가 작곡했다. 명치 천황에게 1886년에 헌정한 곡과 함께 『발도대(拔刀隊)』와 육군열병식 행진곡용 〈부상가〉가 작사되었다.

일본은 무궁화를 종종 무궁화(hibiscus syriacus)와 같은 과·목·족·속의 '부상(扶桑, hibiscus rosa-sinensis)' 또는 부용(芙蓉, hibiscus mutabilis)으로 살짝 뒤틀어 부른다.

---

278 天皇尊(すめらみこと)ノ。統御(をさめ)シル。吾日本(わかひのもと)ハ。千五百代(ちいほよ)モ。一代(ひとよ)ノ如ク。神ナガラ。治メ給ヘハ。大御稜威(おほみいつ)。

279 부상(扶桑)은 일본의 옛 국호이자 일본을 상징하는 꽃이다. 학명은 'Hibiscus-rosa-sinensis'로 같은 아욱과 아욱목 같은 무궁화(Hibiscus) 족(族), 같은 무궁화 속(屬)이다.

■ 〈애국가〉 vs 〈기미가요〉

  : 〈애국가〉(1908년)

1. 동해 물과 백두산이 / 말으고 달토록 / 하나님이 보우하사 /
   우리 대한 만세
   후렴 : 무궁화 삼천리 / 화려강산 / 대한 사람 대한으로 / 길이
          보전하세
2. 남산 우헤 저 소나무 / 철갑을 두른 듯 / 바람이슬 불변함은 /
   우리 긔상일세
3. 가을 하날 공활한대 / 구름업시 놉고 / 밝은 달은 우리 가슴 /
   일편단심일세
4. 이 긔상과 이 마음으로 / 님군을 섬기며 / 괴로오나 질거우나 /
   나라 사랑하세

윤치호 1908년 『찬미가』 제14장에 실린 〈애국가〉역시 한국 제목은 없
으며 곡조는 일본 대표 창가 1881년 〈반딧불의 빛〉의 곡과 같은 올드
랭 사인 Auld Lang Syne이다. F 장조의 곡으로 8,6,8,6조의 운율로 구
성되어 있다.

  : 〈기미가요〉 1880년
군주의 치세는 천대부터 팔천대까지
작은 조약돌이 큰 바위가 되어 이끼가 낄 때까지
(君が代は 千代に八千代に 細石の巖となりて 苔の生すまで)

일본 『찬미가』 「송영 국가1」에 실린 기미가요다. 1880년 오쿠 요시이 사와 하야시 히로모리가 만든 선율을 독일 군악대 교관 프란츠 에케르트가 서양식 화음으로 편곡했다. 일본 『찬미가』에는 처음부터 일본 국가 〈기미가요君が代〉가 실려 있었다. 1889년(메이지 22년) 『찬미가』부터 1903년(메이지 36년) 『찬미가』, 1943년(쇼와18년) 『흥아 소년 찬미가』까지…. 왜 『찬미가』에 기미가요가 수록되었을까?

## ■ 〈애국가〉의 옛곡 '올드랭사인'도 일본 따라하기

윤치호의 1908년 『찬미가』에 실린 제14장 〈애국가〉를 '올드랭사인'에 맞춰 불렀던 것마저 일본 모방이었다. 1881년(메이지 14년) 스코틀랜드 민요 〈Auld Lang Syne〉[280] 선율을 채택한 〈반딧불의 빛(蛍の光 호타루노 히카리)〉은 일본 국가 기미가요보다 더 오래, 많이 알려져 있는 일본의 대표 국민가의 하나다. 19세기 말부터 일본제국 해군이 전역식이나 이임식에 연주되는 곡으로 사용되었고 현재도 해상자위대 간부학교와 하사관 학교의 졸업식 곡으로 연주되고 있다.[281]

〈애국가〉 옛 선율 올드랭사인은 스코트랜드에서 직접 도입한게 전혀

---

**280** Robert Burns(1759-1796)가 작시한 시에 William Shield(1748-1829)가 곡조를 수집한 스코틀랜드의 민요로의 선율로 구성된다. 이 곡은 찬송가 280장인 '천부여 의지 없어서'와 선율이 같다. '천부여 의지 없어서'는 찰스 웨슬리가 쓴 것으로 '믿음의 기도'라는 부제가 붙었다

**281** 2020년 1월 29일 유럽의회 의원들은 영국의 EU탈퇴 브렉시트가 통과되자 전원 기립하여 '올드랭사인'을 합창했다. "Brexit : European Parliament overwhelmingly backs terms of UK's exit". BBC News. 29 January 2020.

아니다. 2021년 오늘도 그러하듯 일본의 대표 국민창가를 별다른 문제의식없이 그대로 도입한 것이 확실시된다.

〈반딧불의 빛〉 가사 역시 일본 애국가류의 공통 빈출어
: 바다가 산보다 먼저 나오고 소나무, 바람, 하늘, 보우하사,
   괴로우나 즐거우나 있음

〈반딧불의 빛〉의 특히 4절 가사는 영토 확장에 따라 여러 번 수정되었다. 오카나와(유구왕국)을 병탄한 1879년부터는 쿠릴열도에서 오키나와까지, 청일전쟁에서 승리하여 대만을 식민지화한 1895년부터는 쿠릴열도에서 대만까지, 러일전쟁에서 승리하여 사할린을 할양받은 1905년부터는 대만에서 사할린까지 무궁팽창했다.[282]

식민지 한국 애국가는 4천리에서 3천리로 축소해 놓은 채….

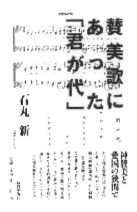

石丸新,
『賛美歌にあった「君が代」』
新教出版社,
2007년 책 표지

---

**282**　4番の歌詞は、領土拡張により文部省の手によって何度か改変されている。千島の奥も 沖縄も 八洲の外の 守りなり(明治初期の案)千島の奥も 沖縄も 八洲の内の守りなり(千島樺太交換条約・琉球処分による領土確定を受けて)千島の奥も 台湾も 八洲の内の 守りなり(日清戦争による台湾割譲) 台湾の果ても 樺太も 八洲の内の 守りなり(日露戦争後) (https://ja.wikipedia.org/wiki/%E8%9B%8D%E3%81%AE%E5%85%89)

# 한국 〈애국가〉 vs 일본 〈애국행진곡〉

보라 동해에 떠오르는 태양 누구의 머리 위에 이글거리나

– 조영남 노래, 〈동해의 태양〉(1971년)

보라 동해의 하늘 밝아 아침 태양(욱일) 높이 빛나면 천지의 정기 이글거리고

– 일본의 국민가 〈애국행진곡〉

일본의 통치지역이던 동아시아에는 〈애국행진곡〉의 가사와 선율을 바탕으로 한 유사 곡이 많다.

–『週刊文春』1991년 11월 14일호

## ■ 유엔헌장상 '세 적국'의 국가

유엔헌장에서 한국의 지위는 일본보다 훨씬 높다. 이상한 노릇이다. 유엔헌장상 대한민국의 국제적 지위는 일본보다 훨씬 높다는 사실이 세계인에겐 상식인데. 우리나라 사람에겐 그야말로 '세상에 이런 일'이다.

일본은 유엔헌장 제53조와 제107조에 '적국(enemy state)'으로 존재한다.[283] 비록 적국이 특정 국가로 명기되어 있지 않지만, '제2차 세계대전 중에 이 헌장서명국의 적국이었던' 헌장의 조문은 적국이 어느 나라인지 금방 알 수 있다. 세계 헌법이라 할 수 있는 유엔 헌장상 '적국'은 일본과 독일, 그리고 이탈리아다. 북한, 이란, 이라크는 미국의 조지 부시전 대통령의 3대 악의 축일뿐…. 일본, 독일, 이탈리아는 세계 인류사회의 3대 악의 축이었으며 유엔헌장에 이른바 빨간 줄이 그어진 전범국이다. 일본과 독일, 이탈리아 추축국만 없었다면 제2차 세계대전도 없었고 유엔도 필요 없었다.

독재국가들은 국민의 광열적 애국심을 고취하기 총력을 다하는데,

---

**283** 〈유엔헌장 제53조 2항〉 "이 조 제1항에서 사용된 적국이라는 용어는 제2차 세계대전 중에 이 헌장서명국의 '적국'이었던 어떠한 국가에도 적용된다."(Article 53-2 The term 'enemy state' as used in paragraph 1 of this Article applies to any state which during the Second World War has been an enemy of any signatory of the present Charter) / 〈제107조〉 "이 헌장의 어떠한 규정도 제2차 세계대전 중이 헌장 서명국의 적국에 관한 조치로서, 그러한 조치에 대하여 책임을 지는 정부가 그 전쟁의 결과로서 취하였거나 허가한 것을 무효로 하거나 배제하지 아니한다."(〈Article 107〉 "Nothing in the present Charter shall invalidate or preclude action, in relation to any state which during the Second World War has been an enemy of any signatory to the present Charter, taken or authorized as a result of that war by the Governments having responsibility for such action.")

독일, 이탈리아, 일본 등 유엔헌장 세 전범 국가들의 당시 국가를 살펴본다.

: 히틀러시대 독일 국가 〈독일인의 노래〉 1절
모든 것 위에 군림하는 독일 세상에서 가장 위대한 독일! / 방어와
공격의 정신으로 우리는 단결하자 형제처럼 단결하자 / 마스에서
메멜까지 에치에서 벨트까지 / 독일, 모든 것 위에 군림하는 독일
세상에서 가장 위대한 독일!

독일 국가 〈독일인의 노래〉는 모두 3절로 구성되어 있다. 아돌프 히
틀러 나치 집권 시에 노골적인 팽창주의 일색의 1절만 국가로 불렀다.
마스(뫼즈강)는 독일의 서쪽 국경 밖, 메멜(네만강)은 독일의 동쪽 국경
밖, 에치(아디제강)는 독일의 남쪽 알프스산맥을 넘어 이탈리아 강, 벨트
(페마른 해협)는 독일의 북쪽 바다를 건너 덴마크 해역이다. 패전 후 팽창
주의 국가는 폐지되고 '권리와 자유'를 노래하는 3절만을 국가로 바꾸었
다. 이는 전쟁 책임에 대해 진심으로 반성하고 사죄하여 국제신뢰를 회
복한 독일 집단지성의 표지라 할 수 있다.

: 무솔리니 시대 이탈리아 국가 〈젊음〉 후렴
젊음이여, 젊음이여 / 아름다움의 봄이로다 / 삶의 역경 속에서도 /
그대의 노래는 울려퍼진다!
베니토 무솔리니를 위하여 / 만세, 만세, 만만세! / 우리의
아름다운 조국을 위하여 / 만세, 만세, 만만세!

동서고금을 막론하고 국가에 현존 최고 정치 지도자의 성명이 있는 유일한 국가는 무솔리니 시대 이탈리아 국가 〈젊음〉(1932~1945년)이다. 이는 마치 헌법 서두에 현존 최고 정치 지도자 성명을 삽입한 거와 마찬가지다. 괴기스럽다. 당연히 망해야 하고 당연히 망했다. 패망 이후 이탈리아는 22세의 꽃다운 나이로 이탈리아의 통일을 위해 싸우다 간 이탈리아의 애국 열사의 작시 〈이탈리아인의 찬가〉로 바꾸었다.[284] 독일에 이어 이탈리아 역시 전쟁 책임을 반성하고 사죄하고 있다.

  : 일본 국가 〈기미가요 (きみがよ)〉
  군주의 치세는 천대부터 팔천 대까지
  작은 조약돌이 큰 바위가 되어 이끼가 낄 때까지

일본의 국가 '기미가요'는 세계에서 가장 짧은 31음절, 노랫말 부분 43초, 총 연주 시간 62초, 세계에서 가장 짧고, 가장 침울하고 맥빠지는 가(A)단조의 장송곡 같다. 세계에서 가장 평화적인 노래다. 패전 이후 바뀌지 않고 1996년 국가로 입법화되었다. 독일과 이탈리아와 달리 과거사를 반성 사죄하지 않듯 국가 역시 바뀌지 않았다.

---

**284** 〈마멜리 찬가〉(Inno di Mameli) 〈작사자 : 고프레도 마멜리(Goffredo mameli, 1827~1849)〉 22세의 꽃다운 나이로 이탈리아의 통일을 위해 싸우다간 이탈리아의 애국 열사, 시인이자 작가이다. 제노바 출신 마멜리는 주세페 마치니의 민족 통일주의에 감명받아 가리발디 장군 휘하의 장병으로 통일 전쟁에 참전했다가 1849년 로마의 지나코로 언덕에서 전사했다. 이탈리아의 국가의 공식 이름 '이탈리아인의 찬가(Il Canto degli Italiani)'보다 그의 이름을 딴 '마멜리의 찬가'로 불린다. 〈작곡자 : 미켈레 노바로(Michele Novaro, 1818~1885)〉 제노바 출신의 작곡자이며 이탈리아 통일운동가이며 진보적 자유주의자다. 그는 로마의 지나코로 언덕에서 마멜리의 가슴 속에 피묻은 시를 찾아내어 곡을 붙였다.

그런데 이상하지 않은가? 히틀러 독일과 무솔리니 이탈리아 국가와 비교해보면 이게 웬일인가? 마약보다 강렬한 음악으로 앳된 병사들을 도취시켜 죽음으로 내몰아야지 않겠나? 어찌 이런 맥빠지는 노래로 '덴노 반자이(천황 만세)'를 외치며 자폭한 가미카제 특공대를 생산해 낼 수 있었겠나? 너무 이상하지 않은가?

일본 국민 본마음의 국가 〈애국행진곡〉을 잘 부르기로 유명한
일본 인기 여가수 야마구치 사이노조미(山口采希)

■ 일본인 본마음의 국가 〈애국행진곡〉

일본어판 위키피디아는 '일본의 국가상징(日本の国の象徴)'을 ① 기미가요(君が代), ② 국민가(国民歌), ③ 일본의 국기(日本の国旗) ④ 벚꽃(桜) ⑤

일본의 천황(日本の天皇)의 다섯 가지 카테고리로 분류하고 있다.[285]

일본국가 〈기미가요〉에 이어 '국민가'는 ① 〈애국행진곡愛国行進曲〉 ② 〈바다에 가면(海行かば)〉 ③ 〈녹색의 산하(緑の山河)〉 ④ 〈젊은 힘 (若い力)〉 ⑤ 〈우리 사랑(われら愛す)〉 ⑥ 〈우리 일본(われらの日本)〉6곡의 카테고리로 분류한다.[286] 그러나 ① 〈애국행진곡〉과 ② 〈바다에 가면〉을 제외한 나머지 네 곡은 지금은 거의 부르지 않는 곡이다. 〈바다에 가면〉은 1945년 이전 구 일본의 제2국가였으며 〈애국행진곡〉은 1945년 이후 현재 일본의 제2국가로 불리고 있다. 즉 현대 일본의 국가와 제2국가는 각각 〈기미가요〉와 〈애국행진곡〉이다. 특히 21세기 일본인은 〈애국행진곡〉을 일본 국민의 본래의 음성 즉 혼네(國民の本音)를 노래한 곡으로 애호하고 있다.[287]

일본인의 특성과 사회적 교류 행태를 다테마에(建前)와 혼네(本音)로 묶어 요약한다. '다테마에'는 상대방에게 드러내는 마음(겉마음), '혼네'는 실제 가지고 있는 본 마음(속마음)이다. 한 마디로 혼네와 다테마에는 겉 다르고 속 다른 표리부동이다.

일본의 나라꽃과 나라새 등 국가상징에도 표리부동, 즉 다테마에와

---

**285** Category : 日本の国の象徴https://ja.wikipedia.org/wiki/%E6%97%A5%E6%9C%AC%E3%81%AE%E5%9B%BD%E3%81%AE%E8%B1%A1%E5%BE%B4

**286** Category : 国民歌 https://ja.wikipedia.org/wiki/Category : %E5%9B%BD%E6%B0%91%E6%AD%8C

**287** 〈애국행진곡〉(유튜브 https://www.youtube.com/watch?v = 4M8a-Gy7lcl 조회수 1,025,955회) / 〈애국행진곡〉(유튜브들은 조회수 천만이 넘으며, 국가, 애국가, 국민가, 군가, 시가, 현가 등 현대 일본의 모든 애국가류 중에서 인기 1위를 차지하고 있다. https://gendai.ismedia.jp/articles/-/53915)

혼네가 병존한다. 일본의 겉모습 다테마에의 나라꽃은 벚꽃(일반국민)인 반면에 일본의 본 마음 혼네의 나라꽃은 무궁화(핵심 엘리트층)이다. 마찬가지로 일본의 겉모습의 나라 새는 꿩(국민)인 반면 일본의 본마음의 나라 새는 학(鶴, 두루미)이다. 일본 공식상의 국가 〈기미가요〉는 일본 다테마에의 겉 국가이고, 일본 국민가 〈애국행진곡〉은 일본 혼네 속 본마음의 국가라 하겠다.

| 일본 표리부동 국가상징(國歌-國花-國鳥) | | | |
|---|---|---|---|
| | 국가 - 애국가 | 나라꽃 | 나라새 |
| 겉<br>다테마에<br>建前 | 國歌 기미가요<br>君が代 | 菊花<br>오동<br>벚꽃 | 꿩<br>キジ |
| 속<br>혼네<br>本音 | 愛国歌 애국행진곡<br>愛國行進曲<br>嵐が生歌…そ<br>国民の本音 | 무궁화<br>もくげ, 木槿 | 학<br>ツル |

■ "보라 동해로" 시작하는 〈애국행진곡〉[288]

- 1절

보라 동해의 하늘 밝아 / 욱일이 높이 빛나면

천지의 정기 이글거리고 / 희망이 힘차게 뛰는 대팔주

오 해맑은 아침 구름에 / 솟아오른 후지산의 자태야말로

흔들림 없는 금구무결 / 우리 일본의 자랑이어라


- 2절

일어나라 만세일계의 대왕을 / 빛으로 영원히 받들고서

신민 우리 모두 다 함께 / 천황의 위광을 따르자 대사명이다

가라 팔굉일우를 하나로 하여 / 사해의 신민들을 지휘하여

올바른 평화를 바로 세우자 / 이상은 꽃과 꽃향기로 피어나라

---

288 〈愛國行進曲〉

〈1番〉見よ 東海の 空明けて(みよ とうかいの そらあけて)旭日高く 輝けば (きょくじつた
かく かがやけば)天地の正気 溌剌と(てんちのせいき はつらつと)希望は躍る 大八洲 (き
ぼうはおどる おおやしま)おゝ 清朗の 朝雲に (おお せいろうの あさぐもに)聳ゆる富士の
姿こそ (そびゆるふじの すがたこそ)金甌無欠 揺ぎなき(きんおうむけつ ゆるぎなき)我が
日本の 誇れ(わがにっぽんの ほこりなれ)

〈2番〉起て 一系の 大君を(たて いっけいの おおきみを)光と永久に 戴きて(ひかりととわ
に いただきて)臣民我等 皆共に(しんみんわれら みなともに)御稜威に副はん 大使命(み
いつにそわん だいしめい)往け 八紘を 宇となし(ゆけ はっこうを いえとなし)四海の人を
導きて(しかいのひとを みちびきて)正しき平和 うち建てん(ただしきへいわ うちたてん)理
想は花と 咲き薫る(りそうははなと さきかおる)

〈3番〉いま 幾度か 我が上に(いま いくたびか わがうえに)試練の嵐 哮るとも(しれんのあ
らし たけるとも)断乎と守れ その正義(だんことまもれ そのせいぎ)

進まん道は 一つのみ(すすまんみちは ひとつのみ)あゝ 悠遠の 神代より(ああ ゆうえんの
かみより)轟く歩調 うけつぎて(とどろくほちょう うけつぎて)

大行進の 往く彼方(だいこうしんの ゆくかなた)皇国つねに 栄あれ(こうこくつねに さかえあれ)

• 3절

지금 몇 번인가 우리 위에 / 시련의 폭풍이 몰아치더라도

단호히 지켜나가리 그 정의 / 나아가자 길은 오직 하나뿐

아아 유구한 신의 시대로부터 / 힘차게 발걸음을 이어나가자

대행진을 하는 저편으로 / 황국엔 항상 영광 있으라


1937년(쇼와 12년) 8월 일본 각의는 '국민정신 총동원' 대방침 하에 '5억 신민이 영원히 애창할 황국신민의 노래' 제작방침을 결정했다. 이에 내각 정보부(현 내각 정보조사실 CIRO의 전신)는 밝고 아름다운 행진곡풍으로 일본의 진정한 모습을 칭송하는 제국의 영원한 생명과 이상을 상징할 애국가의 가사를 공모한다고 발표했다.

(좌) 일본 내각 정보국 주관 공모 선정한 〈애국행진곡〉1937
(우) 일본 국민가 〈애국행진곡〉 가사


일본 내지인을 비롯한 대만과 조선총독부, 만주 괴뢰국과 중국의 점령지 등 각지 '황국신민'으로부터 쇄도한 응모작 57,578편 가사 중에서

돗토리현에서 인쇄업을 영위하고 있던 모리카와 유키오(森川幸雄)가 출품한 가사를 우승작으로 선정했다.

내각정보부는 연이어 이 우승작 가사에 맞춘 곡조를 공모했다. 총 9,555편의 응모곡 중 일본제국 해군 군가 〈군함 행진곡〉의 작곡자인 해군 군악대장 세토구치 도키치(瀨戶口藤吉)가 출품한 곡을 우승작으로 선정했다. 이를 〈애국행진곡〉으로 이름하여 1937년 12월 24일 총리 관저 내각정보부에서 최초 시연하였고 이틀 뒤인 26일 도쿄 히비야(日比谷) 공원 공회당에서 일반 청중에게 공개했다.[289]

〈애국행진곡〉은 일본 제국주의 시절 쏟아져 나온 무수한 군가와 국민가, 국민가요 애국가류들 중에서 군계일학의 지위와 인기를 누렸고, 지금도 일본 국민가로서의 제2의 국가 대우를 받고 있다.[290]

동아시아에는 〈애국행진곡〉 선율과 가사를 바탕으로 한 유사곡이 많다. 〈애국행진곡〉은 〈기미가요〉와 함께 일제 치하의 5억 신민들의 '애국가'로 강요되었다. 미·영·중·러 등 연합국 측에서도 〈애국행진곡〉을 일본의 '국가' 또는 '애국가'로 여겨왔다. 반면에 맥빠진 짧은 장송곡 같은 〈기미가요〉는 그저 일본의 왕실가 쯤으로 여겨졌다.

중일전쟁과 태평양 전쟁 시 아시아와 태평양 각지를 점령한 일본군이 〈애국행진곡〉을 전파했다. 동아시아와 남태평양을 중국과 서방의 제국주의에서 '해방'한 일본군에 의해 널리 퍼졌기 때문에 지금도 일본의 통치지역이던 동아시아에는 〈애국행진곡〉 선율과 가사를 바탕으로 한 유

---

**289** 倉田喜弘, 『日本レコード文化史』東京書籍, 1992년, 202쪽.

**290** (https://ja.wikipedia.org/wiki/%E6%84%9B%E5%9B%BD%E8%A1%8C%E9%80%B2%E6%9B%B2)

사곡이 많다.[291]

1938년 대만총독부는 〈애국행진곡〉을 모방하여 1938년 〈대만행진곡〉을 제작하여 대만 식민지인들이 각종 행사에서 부르게 했다. 아직도 대만사람 일부는 〈애국행진곡〉과 〈대만행진곡〉을 부르길 좋아한다. 인도네시아는 자국의 독립기념일(8월 17일)에 비공식적으로 〈애국행진곡〉을 제창하기도 한다. 〈애국행진곡〉은 1942년 만주괴뢰국 제2차 국가에도 많은 영향을 미쳤다.[292]

1966년 9월 마르코스 필리핀 대통령의 부인 이멜다 마르코스가 국빈 방일했을 때 그는 히로히토 전 일왕의 부인 고준(香淳, 1903~2000, 현 나루히토 일왕의 할머니) 왕후와 함께 〈애국행진곡〉을 열창하여 1억 일본 신민으로부터 갈채를 받은 바 있다.[293]

〈애국행진곡〉은 가사와 멜로디가 진취적이고 쾌활하여 공식국가 〈기미가요〉보다 환영을 받고 있다. 또한 〈애국행진곡〉은 일본 우익의 총본부 '일본회의(日本會議)'의 의전 행사곡이다. 또한 이곡은 아베 신조 전 총리의 부인 아베 아키에(安倍昭惠)가 눈물을 흘리며 듣고 부르는 애창곡이다.[294]

---

**291** (https//news.infoseek.co.jp/article/mediagong_21815/)<総理は辞めると啖呵？>, 〈安倍晋三記念小学校〉国有地払 い下げ問題.

**292** 李有姫, 「明治・昭和軍歌にみる近代的特徴 －楽曲・テーマ・言語表現を中心に」(大阪大學 博士論文), 2016, 98쪽.

**293** 『週刊文春』, 1991년 11월 14일호, 219쪽.

**294** (https://ja.wikipedia.org/wiki/%E6%84%9B%E5%9B%BD%E8%A1%8C%E9%80%B2%E6%9B%B2)

## ■ 한·일 양국의 제2 국가 유사율 44%?

: 〈동해의 태양(내 나라 내 겨레)〉

보라 동해에 떠오르는 태양 / 누구의 머리 위에 이글거리나

피맺힌 투쟁의 흐름 속에 / 고귀한 순결함을 얻은 우리 위에

보라 동해의 떠오르는 태양 / 누구의 앞길에서 훤히 비치나

찬란한 선조의 문화 속에 /고요히 기다려온 우리 민족 앞에

숨소리 점점 커져 맥박이 힘차게 뛴다 /이 땅에 순결하게 얽힌

겨레여 / 보라 동해에 떠오르는 태양 /우리가 간직함이 옳지 않겠나

숨소리 점점 커져 맥박이 힘차게 뛴다 /이 땅에 순결하게 얽힌

겨레여 / 보라 동해에 떠오르는 태양 /우리가 간직함이 옳지 않겠나

우리가 간직함이 옳지 않겠나

1971년 조영남은 〈동해의 태양〉을 처음으로 노래했다. 조영남은 번안가요에는 두 번째 가라면 서러운 가수다. 성악을 전공하여 여러 장르의 음악을 능히 소화해 냈던 조영남은 처음에 번안가요로 가창력을 인정받기 시작했다. 하지만 팝송은 물론 가곡, 흘러간 옛 노래까지 소화해 내는 그의 히트곡은 〈화개장터〉 빼고는 모두 번안곡이라고 해도 과언이 아닐 정도다.[295]

1972년 〈내나라 내조국〉으로 개명된 후 우리나라 일각에서 제2 애국가[296]로 자리매김되고 있다. 그러나 이 곡은 한국의 국가 〈애국가〉와 일

---

295 「조영남의 〈내고향 충청도〉, 원곡 가사는 치정살인」, 『오마이뉴스』 2010년 12월 6일.

296 임진택 국악연구자는 이 〈내 나라 내 겨레〉를 통일 후의 겨레 애국가로 강력 추천하면서 찬사를 아끼지 않았다. "이 노래의 처음 제목은 '동해의 태양'이었다는데, 나

본의 국민가 〈애국행진곡〉 사이에 놓인 다리 같은 존재다. 〈동해의 태양〉의 가사를 표절검색기에 넣어 〈애국행진곡〉과의 유사도를 검색했더니 최대 44%의 표절률을 기록했다.[297]


■ 한국 애국가와 일본 애국행진곡은 같은 7·5조


7.5조는 〈애국행진곡〉을 비롯해 국가(기미가요), 군가, 국민가, 전시가요 등 일본 애국가류의 보편적 음율이다(책 2권에서 상술).

작곡가 나운영은 지금의 애국가는 서양식 찬송가라고 말하면서 새로 제정할 국가의 곡조는 7·5조를 피하자고 주장한 바 있다. 필자는 왜 나운영이 뜬금없이 애국가의 곡조에 한국 고유의 음률로 알려진 7.5조를 피하자고 주장했는가 의문이 들었다. 〈애국행진곡〉의 히라가나 가사와 〈애국가〉의 일본 위키피디어 일본어역(日本語訳)가사를 기준으로 대조해 보았다.[298]

애국가 4개절 16개 소절 대부분 7·5조로 특히 후렴의 일본어는 모두 31음절로 일본의 국가 〈기미가요〉 31음절과 똑같다. 만주국 국가도 일본인이 일본어 가사를 먼저 정한 후에 중국어 가사를 붙인 것처럼 애

---

는 국가(國歌) 공모(公募)를 따로 할 필요도 없이 '내 나라 내 겨레'야말로 지금 바로 국가(國歌)로 지정되어도 전혀 손색이 없다고 생각한다.「애국가 교체와 국가(國歌) 제정에 관한 백가쟁명(百家爭鳴)」,『프레시안』 2020.6.16.)

297  (https://www.copykiller.com/?mid = myspace&act = dispBoardWrite)

298  愛国歌 (大韓民国)日本語訳 https://ja.wikipedia.org/wiki/%E6%84%9B%E5%9B%BD%E6%AD%8C_(%E5%A4%A7%E9%9F%93%E6%B0%91%E5%9B%BD)

국가도 일본인이 먼저 일본어(7.5조)로 작사한 후 이를 윤치호 등 한국인에게 건네줘 한국어로 재번역하게끔 한 것은 아닐까? 하는 생각에 온몸에 소름이 돋는다. 기우이길 바란다.

• 〈1절〉

동해 물과 백두산이 마르고 닳도록 하느님이 보우하사

우리나라만세 東海の水と白頭山が乾き果て、磨り減まで 神樣御加護

我が国万歳 도카이노미즈도(7) 하쿠토산가(5) 카와키하테(5)

수리겐마데(5) 가미사마 미카고(7) 와카쿠니반자이(7)

• 〈후렴〉

무궁화 삼천리 화려강산 대한 사람, 대한으로

길이 보전하세. 無窮花、三千里 華麗な山河

大韓人、大韓を以て永久に保全せよ무큐하나산젠리(7) 카레이산게(5)

다이칸히토(5) 다이칸모테(5) 에이큐호젠세요(7)

• 〈2절〉

남산 위에 저 소나무, 철갑을 두른 듯 바람서리 불변함은

우리 기상일세. 南山の老松が鉄の鎧を身にまとったように

風霜にさえ変わらぬものは、我等の気性なり。난잔오이마쯔가(7)

가테쓰요리(5) 미니마토다요니(7) 푸소니사에(5) 카와라누모노와(7)

와레라키쇼나리(7)

· 〈3절〉

가을하늘 공활한데 높고 구름 없이 밝은 달은 우리 가슴
일편단심일세. 秋の空は広くて雲ひとつなく澄み渡り,明るい月は,我等
の精神,真心からの赤誠なり아키노소라 히로쿠테쿠모 히토츠나쿠
스미와타리 아카루이츠키와 와레라노세신, 세키세나리

· 〈4절〉

이 기상과 이 맘으로 충성을 다하여 괴로우나 즐거우나
나라 사랑하세. この気性とこの心で忠誠を尽くし
辛くとも,楽しくとも,国を愛そう 고노기쇼토 고노고고로
추세이오츠쿠시 츠라쿠도모 타노시도모 쿠니오아이소우

# 03

## 애국가 50개 낱말 일본 애국가류와 비교
### – 애국가 가사는 온통 왜색

   필자는 지난 2년 6개월간 일본의 국가, 국민가, 군가, 군국가요, 전시가요, 국민가요 248개 곡, 만주괴뢰국의 1·2차 국가 2개 곡, 자위대 군가 20개 곡 등 총 270곡의 애국가류의 가사를 일일이 살펴보았다.[299]

---

**299**  1. 기미가요君が代, 2. 바다에 가면海行かば, 3. 애국행진곡愛国行進曲, 4. 에다섬 건아가江田島健児の歌, 5. 일본해군, 6. 기원 2600년, 7. 대일본의 노래大日本の歌, 8. 부상가扶桑歌, 9. 대동아성전가大東亜聖戦の歌 10. 만주행진곡, 11. 육군사관학교가, 12. 흥아행진곡興亞行進曲, 13. 히노마루 행진곡日の丸行進曲, 14. 사쿠라 이에의 결별桜井の訣別, 15. 태평양행진곡, 16. 타치바나중좌(橘中佐), 17. 부인종군가, 18. 애국의 꽃, 19. 노영의 노래露營の歌, 20. 눈의 진군, 21.대동아결전가, 22. 대동아전쟁가, 23. 대륙행진곡, 24. 대만군의 노래, 25. 동기의 벚꽃同期の櫻, 26. 미 본토 공습의 노래米本土空襲の歌, 27. 해군예식가, 28. 특공대가特攻隊節, 29. 폭탄3용사爆彈三勇士, 30. 아아 선혈이 불탄다ああ紅の血は燃ゆる, 31. 성난 독수리, 32. 붉은 수련 33. 아침의 기도暁に祈る, 34. 아아 나의 전우ああわが戦友, 35. 애국의 꽃愛国の花, 36. 애마행愛馬行, 37. 애마진군가愛馬進軍歌, 38. 애마신부愛馬花嫁, 39.아침의 벚꽃향기 朝日に匂う桜花, 40. 아시아의 힘アジアの力, 41. 너 내일 일어설 수 있어明日はお立ちか, 42. 아다치 육군의식가足曳~陸軍礼式歌, 43. 아츠섬혈전용사アッツ島血戰勇士 44. 국민선양가, 45. 아무르강의 유혈アムール河の流血や, 46. 아라마타荒鷲の歌, 47. 구보가 歩くうた, 48. 어떻게 미쳐如何に狂風, 49. 이국의 언덕 異国の丘, 50. 용감한 은륜勇む銀輪, 51. 너의 생명을 던져라 52. 지금 결전이다. 53. 지금 부르라今ぞ召されて, 54. 위문대慰問袋を, 55. 우에무라 장군上村将軍, 56. 육해군 의장가, 57. 바다로 가는 일본海行く日本, 58. 바다의 초진海の

初陣, 59. 바다의 진군海の進軍, 60. 바다의 용사海の勇者, 61. 바다정벌가海を征く歌, 62. 매화의 군대梅と兵隊, 63. 영국동양함대궤멸英國東洋艦隊潰滅, 64. 백두산가白頭山節, 65. 압록강가鴨綠江節, 66. 대항공의 노래大航空の歌, 67. 필리핀 결전의 노래比島決彈の歌, 68. 하와이 격멸의 노래ハワイ擊滅の歌, 69. 황군의 전과 빛난다皇軍の戰果輝く, 70. 해군기념일의 노래海軍記念日の歌, 71. 해군타령海軍小唄, 72. 오오 카미카제특공대嗚呼神風特別攻擊隊, 73. 관동군군가關東軍軍歌, 74. 히로세 중좌 廣瀬中佐, 75. 가토 하야부사전투대加藤隼全鬪隊, 76. 아아 카이텐あゝ回天, 77. 이국의 언덕異國の丘, 78. 하바로프스크 타령ハバロフスク小唄, 79. 미영격멸米英擊滅, 80. 라이덴 전투기대의 노래雷電戰鬪機隊々歌, 81. 라바울 속요ラバウル小唄, 82. 라바울 해군항공대ラバウル海軍航空隊, 83. 말레이 해상의 개선가マレー沖の凱歌, 84. 목표는 워싱턴目指すはワシントン, 85. 무너뜨려라 미국 영국 우리의 적이다屠れ米英我等の敵だ 86. 미야상 미야상宮さん宮さん, 87. 남중국 파견군의 노래南支派遣軍の歌, 88. 발도대拔刀隊, 89. 보병의 본령步兵の本領, 90. 기미가요 행진곡君が代行進曲, 91. 북지파견군의 노래北支派遣軍の歌, 92. 사천진격의 노래四川進擊の歌, 93. 오오 붉은 피는 불탄다嗚呼紅の血は燃ゆる, 94. 아아 특별공격대嗚呼特別攻擊隊別, 95. 아버지여 당신은 강하셨다父よ貴方は強かった, 96. 빛나는 해군기념일輝く海軍記念日, 97. 상해소식上海便り, 98. 상해파견군의 노래上海派遣軍の歌, 99. 성난독수리의 노래荒鷲の歌, 100. 새벽에 기도하다曉に祈る, 101. 승리의 날까지勝利の日迄, 102. 아메리카 폭격アメリカ爆擊 – 1942년, 103. 애마진군가愛馬進軍歌, 104. 영국동양함대궤멸英國東洋艦隊潰滅, 105. 용감한 수병勇敢なる水兵, 106. 원구元寇, 107. 월월화수목금일月火水木金金, 108. 인도항공작전의 노래印度航空作戰の歌, 109. 일본육군日本陸軍, 110. 일본해해전2日本海海戰2, 111. 굉침轟沈, 112. 전우戰友, 113. 전우의 유골을 안고戰友の遺骨を抱いて, 114. 적은 수만 敵は幾萬, 115. 젊은 독수리의 노래若鷲の歌, 116. 정복하자 런던征けや倫敦, 117. 결전의 하늘로決戰の空へ, 118. 청년일본의 노래青年日本の歌, 119. 출정병사를 보내는 노래出征兵士を送る歌, 120. 군함軍艦, 121. 관동군 군가関東軍軍歌, 122. 야스쿠니신사가靖国神社の歌, 123. 밤이슬의 마차夜霧の馬車, 124. 육군기념일의 축가陸軍記念日を祝う歌, 125. 육군항공의 노래陸軍航空の歌, 126. 육군행진곡1陸軍行進曲 其の1, 127. 육군행진곡2, 128. 대만군의 노래臺灣軍の歌, 129. 연합함대행진곡連合艦隊行進曲, 130. 내가 해군 我が海軍, 131. 개선군가凱旋軍歌, 132. 카다카나의 충의カタカナ忠義, 133. 가타카오루 전투대加藤隼戦闘隊, 134. 함선근무艦船勤務, 135. 기원 2600년 송가, 136. 북만주다北満だより, 137. 나를 보러 오라来らば来れ, 138. 아아 선혈이 불탄다ああ紅の血は燃ゆる, 139. 당신은 만주君は満州, 140. 청도절青島節, 141. 군국의 어머니軍国の母, 142. 군사우편軍事郵便, 143. 군인칙유軍人勅諭, 144. 군인칙유의 노래軍人勅諭の歌, 145. 군대타령軍隊小唄, 146. 월하의 노래月下の吟詠, 147. 월하의 진月下の陣, 148. 결사대決死隊, 149. 결전의 항공決戰の大空へ, 150.황해의 전투黄海の戦, 151. 황해대첩黄海の大捷,

152. 항공결사대航空決死兵, 153. 항공일본의 노래航空日本の歌, 154. 황군대첩의 노래皇軍大捷の歌, 155. 황국의 어머니皇国の母, 156. 황국의 수비皇国の守, 157. 해군진군가, 158. 국민진군가国民進軍歌, 159. 국경의 봄国境の春, 160. 국경의 마을国境の町, 161. 서호의 달西湖の月, 162. 수색적군행索敵行, 163. 벚꽃 우물의 이별桜井の訣別, 164. 사계의 노래四季の歌, 165. 사기의 노래士気の歌, 166. 중국의 밤支那の夜, 167. 출정, 168. 출정병사를 보내며出征兵士を送る歌, 169. 순항절巡航節, 170. 순국용사 애도가殉国勇士を弔う歌, 171. 아아 나의 전우ああわが戦友, 172. 소국민진군가少国民進軍歌, 173. 승리의 날까지勝利の日まで, 174. 여성진군女性進軍, 175. 흰국화의 노래白菊の歌, 176. 신오절新呉節, 177. 진군進軍, 178. 진군의 노래進軍の歌, 179. 수뢰정水雷艇, 180. 황어국皇御国, 181. 정예 우리해군精鋭なる我が海軍, 182. 청년일본가青年日本の歌, 183. 전차병의 노래戦車兵の歌, 184. 전진훈련가戦陣訓の歌, 185. 천인침千人針, 186. 전우, 187. 전우의 유골을 품고서戦友の遺骨を抱いて, 188. 조국의 기둥, 189. 소주야곡蘇州夜曲, 190. 하늘의 신병空の神兵, 191. 하늘의 용사空の勇士, 192. 대동아전쟁해군가大東亜戦争海軍の歌, 193. 대동아전쟁육군가大東亜戦争陸軍の歌, 194. 군함행진곡軍艦行進曲, 195. 대륙행진곡, 196. 용감한 수병勇敢なる水兵, 197. 황혼의 전선, 198. 피로 물든 전투모血染めの戦闘帽, 199. 조선북경비의 노래朝鮮北境警備の歌, 200. 애마진군가, 201. 적의 화염, 202. 전격대출근電撃隊出動, 203. 전격대대가電撃隊歌, 204. 토비행討匪行, 205. 특별간부의 노래, 206. 독립수비대의 노래独立守備隊の歌, 207. 특공대가特攻隊節, 208. 남경폭격대, 209. 일장기 아래서日章旗の下に, 210. 사쿠마함장佐久間艇長, 211. 낙하산 부대가, 212. 일본해군, 213. 일본육군, 214. 들국화의 용사野菊の勇士, 215. 폭탄3용사, 217. 마적의 노래, 218. 모자선두가母子船頭歌, 219. 정말정말 고생하셨군요ほんとにほんとに御苦労ね, 220. 창공을 지켜라護れ大空, 221. 우리의 창공을 지켜라護れわが空, 222. 만주리아満州おもえば, 223. 만주처녀満州娘, 224. 오로지みたみわれ, 225. 길은 680리, 226. 남으로 남으로南から南から, 227. 남쪽의 신부南の花嫁さん, 228. 미야상 미야상宮さん宮さん, 229. 보리와 병사麦と兵隊, 230. 폭설은 깊어지고睦奥の吹雪, 231. 멘코이우마めんこい仔馬, 232. 불타는 하늘燃ゆる大空, 233. 사병학교의 세용사兵学校の三勇士, 234. 부인애국가婦人愛国の歌, 237. 어디로 가야하나どこいとやせぬ, 238. 돌격의 나팔로 건너라突撃ラッパ鳴り渡る, 239. 이웃隣組, 240. 풍도의 전쟁豊島の戦, 241. 나가사키 이야기長崎物語, 242. 남경소식南京だより, 243. 만세 히틀러 유겐트万歳ヒットラー・ユーゲント, 244. 정찰대대가偵察隊の歌, 245. 전투기대대가戦闘機隊の歌, 246. 뇌격기대대가雷撃隊隊歌, 247. 시키시마행진곡敷島艦行進曲, 248. 나아가자 1억 불덩어리 공으로進め一億火の玉だせ

〈만주 국가〉
1. 만주건국가満洲建国歌1차(1932∼1942), 2. 만주건국가満洲建国歌2차(1942∼1945)

다시 이들 270개 일본 애국가류 중 주요 40개 곡은 직접 여러 번 들어보면서 정밀 분석해 보았다.

> 바다에 가면(1880), 부상가(1886), 군기의 노래(1886), 호국의
> 노래(1888), 야스쿠니신사가(1890), 적은 수만(1891), 원구(1892),
> 개선문가(1894), 부인종군가(1894), 우리 일본가(1894),
> 용감한 수병(1895), 군함행진곡(1897), 우리해군 (1897),
> 사쿠라이에의 결별(1899), 일본해군(1904), 타치바다중좌(1904),
> 해군사관학교교가(1924), 육군사관학교 교가(1924),
> 조선국경수비대의 노래(1929), 일본국민가(1932), 만주행진곡(1932),
> 만주국 국가 1차 (1932), 만주제국해군가(1934), 애국행진곡(1937),
> 진군의 노래(1937), 국민총동원가(1937), 소국민 애국가(1938),
> 흥아행진곡(1938), 만세 히틀러 유겐트(1938), 대륙행진곡(1938),
> 태평양행진곡(1938), 히노마루 행진곡(1939), 기원 2600년(1941),
> 만주국 국가2차(1942), 대동아전쟁해군의 노래(1942), 황군의
> 노래1942), 대동아결전가(1942), 대일본의 노래(1939), 승리의
> 날까지(1944), 가미가제특별공격대(1945)

---

〈자위대 군가〉
1. 이 나라는(この国は), 2. 일본을 사랑하는 젊은이여(日本を愛する若者は), 3. 영광의 깃발 아래서(栄光の旗の下に) 4. 너의 그 손으로(君のその手で), 5. 들으라 당당한 발소리를(聞け堂々の足音を), 6. 영광의 자위대 7. 치안을 지키리(治安の護り), 8. 이상의 노래 9. 남자의 무리(男の群れ), 10. 산이여 바다여 하늘이여(山よ海よ空よ), 11. 기갑의 노래(機甲の歌), 12. 보통과의 본령(普通科の本領), 13. 포병의 노래(砲兵の歌), 14. 하늘의 신병(空の神兵), 15. 바다를 간다(海をゆく), 16. 자위대 군함 행진곡(軍艦行進曲), 17. 창공 멀리(蒼空遠く), 18. 육군분열행진곡(陸軍分列行進曲), 19. 하늘의 정예(空の精鋭), 20. 빛이 가려서(光かざして)

분석 결과, 한국의 〈애국가〉와 일본의 애국가류는 모두 거기서 거기, 다둥이, 오십보백보, 도플갱어다. 가사의 빈출 단어 심지어 단어의 등장 순서 패턴까지 〈애국가〉와 비슷하다.

① 바다(물) → ② 산 → ③ 하늘(태양, 신)
→ ④ 소나무→ ⑤ 바람→ ⑥ 충의

다만 한국은 어둡고 소극적이고 현상 유지인 데 반하여, 일본의 그것은 밝고 적극적이고 공격적 팽창적이다.

〈애국행진곡〉과 함께 우리나라 애국가와 가사가 가장 많이 닮은 일본의 애국가류는 〈해군사관학교(1924년 제작)〉이다.[300] '소나무', '수려나라(화려강산)', '동해', '부용(무궁화)'이 줄줄이 나온다. 이 노래는 히로시마 부근에 소재한 일제 해군병학교 교가이자 지금의 해상자위대 간부학교 교가('해군사관학교 교가'로 약칭)이다.

: 〈해군사관학교 교가〉
• 〈1절〉
드넓은 바다 거센 파도 솟구치는 곳 상록의 소나무 짙푸르고
*澎湃寄する海原の大濤砕け散るところ 常盤の松の翠濃き*

---

**300** 일본 육군사관학교 교가는 있지만 해군사관학교의 교가는 없다. 카미타게(神代猛男) 작사 해군 군악대 소위 사이토 세이키(斎藤清吉) 작곡의 〈에다섬 건아가〉가 해군 사관학교의 교가로 쓰였다.(https://blog.goo.ne.jp/raffaell0/e/5a5095d7612e1c7ee 76c5dee50d4b437)

수려나라 추진주 유구한 수천 년 역사 천황의 위엄 숭고하다.

秀麗の国 秋津洲 有史悠々数千載 皇謨仰げば弥高し

일본은 사치와 방탕의 어감의 '화려' 대신 '수려'를 쓴다. 즉 '수려나라 (秀麗の国)'는 애국가 후렴의 '화려강산'에 해당하는 용어이다. '추진주(秋津洲 아키츠시마)'는 고대 일본 혼슈의 별명이다.[301]

• 〈2절〉

영롱하게 떠오르는 동해의 부용봉[302]

우러러보라 일본남아의 혈기로다.

玲瓏聳ゆる東海の 芙蓉の峰を仰ぎては 神洲男子の熱血に

우리 가슴 더욱 뛰는구나 아아 영광의 조국 기둥으로

이 몸 다 바쳐 보위하리라

わが胸さらに躍るかな ああ光栄の国柱 護らで止まじ身を捨てて

동해는 일본의 이칭이고 부용은 무궁화와 같은 과의 꽃나무이며, 부용봉은 후지산의 이칭이다.

---

**301** (https://ja.wikipedia.org/wiki/%E7%A7%8B%E6%B4%A5%E5%B3%B6)

**302** 동해는 일본의 이칭이고 부용봉은 후지산의 이칭이다.(www.weblio.jp/content/芙蓉峰 の意味は富士山の異称のこと。)

## ■ 〈애국가〉 가사의 50개 낱말과 일본 애국가류 가사의 빈출어 비교

### • (1) 동해

한국의 영해 동해가 아니라 일본의 이칭 또는 물 좋기로 유명한 도카이(東海)지방

* 〈애국행진곡〉 : 보라 동해의 東海の
* 〈대일본의 노래〉 : 동해의 이 나라 높고 빛나는 천황신이 다스리는 東の海にこの国ぞ　高光る天皇
* 〈해군사관학교 교가〉 : 영롱하게 솟구치는 동해의 부용봉
  玲瓏聳ゆる東海の　芙蓉の峰を仰ぎては

### • (2) 물

물이 산보다 먼저 나오는 일본 특유 어법

* 〈바다에 가면〉 바다에 가면 물에 잠긴 시체, 산으로 가면 풀이 난 송장
  海行かば水漬く屍, 山行かば草生す尸
* 〈태평양 행진곡〉(서두) 해양민족이라면 남자라면 海の民なら　男なら
* 〈흥아행진곡〉 희망이 넘친다 바다와 땅에 希望はあふる　海陸(かいりく)に

### • (3) 백두산

〈애국행진곡〉 후지산의(富士の) 빛나고 輝けば, 솟아오른 聳ゆる

* 〈조선국경수비대가〉 천고의 수호진지 백두의 千古の鎮護　白頭の
* 〈만주제국해군가〉 백산의 푸른 풀은 길고 흑수의 푸른 물결은 잔잔한데
  白山碧草長　黒水清波濺

- (4) (5) 마르고 닳도록

일본만의 사자성어 '수궁산진'은 물이 마르고 산이 닳은 지경으로 헤쳐 나올 수 없는 절망적 처지를 의미한다.

일본만의 사자성어 '잉수잔산'은 마른 물과 닳은 산처럼 전쟁 후 남겨진 망한 나라의 처량한 풍경을 의미한다.

- (6) ~ (7) 하느님이 보우하사

일본에선 〈애국가〉의 하느님만 자기네 최고신 태양신 아마테라스와 같은 가미사마로 번역

  * 〈애국행진곡〉 신의 시대 神代より, 대행진하는 곳곳마다 大行進の 往く彼方
  * 〈야스쿠니신사의 노래〉 지금 조국을 보우하는 가미(하느님) 今じゃ御国の 護り神
  * 〈가미가제특공대〉여전히 황국을 보호하리 가미(하느님) なおも皇国の護り神~
  * 〈만주국 국가〉 "영원히 하느님이 보우하사(永受天祐兮)"

- (8) 우리나라

  * 〈우리 일본가 我が日本の歌〉 제목
  * 〈우리 해군 我が海軍〉 제목
  * 〈애국행진곡〉 우리 일본 자랑하세 我が日本 誇なれ
  * 〈개선군가〉 우리 일본 군인 천세 만세 만만세 我が日の本の軍人千歳万歳
  * 〈군함행진곡〉 황국의 영광, 빛내어보라 皇国の光輝かせ

- **(9) 만세**

* 〈대륙행진곡〉 감사에 불타는 만세를 보내라 빛나는 히노마루에感謝に燃える万歳を 送れ輝く日の丸に*

* 〈만세, 히틀러 유겐트〉 万歳,ヒットラー·ユーゲント 만세, 나치스万歳,ナチス


- **(10) 무궁화**

* 〈부상가(扶桑歌)〉

* 〈애국행진곡〉 : 이상의 꽃 理想は花

* 〈해군사관학교 교가〉 : 동해의 부용봉 우러러 보이고 東海の 芙蓉の峰を 仰ぎては

* 〈일본제국 해군군가〉 : 부상의 하늘이 빛나리라 扶桑の空を照らすなり


- **(11) 삼천리**

* 〈만주국 국가〉 인민 삼천만 인민 삼천만

* 〈만주제국 해군가〉 삼천만 군중이 마시자三千万衆斉歓忭


- **(12)~(13) 화려강산**

* 〈애국행진가〉 : 팔굉우주八紘を宇

* 〈기원 2600년〉 : 환희 넘쳐흐르는 이 강산을 歓喜あふるる この土を

* 〈해군사관학교 교가〉 : 수려 나라 추진주 秀麗の国秋津州


- **(14)~(16) 대한 사람 대한으로**

애국가 작사 유포 당시 대한제국은 일본의 보호국이다.

* 〈애국행진곡〉 : 우리 일본 신민 우리 我が日本, 臣民我等,

* 〈흥아행진곡〉 : 영원한 왕국의 대아시아永久の栄えの大アジア
* 〈기원 2,600년〉 : 아아 1억[303] 백성의 가슴은 우네ああ一億(いちおく)の 胸(むね)はなる
* 〈대동아전쟁 해군의 노래〉 : 아아 1억이 모두 울었다ああ一億はみな泣けり


## • (17)~(18) 길이 보전하세
* 〈선구자〉 사나이 굳은 마음 길이 새겨 두었네
* 〈애국행진곡〉 영원히 황국으로 永久に 皇国つねに
* 〈호국의 노래〉 황국을 지키자 다함께皇国を 護れ諸共に
* 〈흥아행진곡〉 빛으로 영원히 받들자光と永久に 戴きて


## • (19)~(20) '남산' '위에'
한국식 표현은 '남산에'이나 일본은 '남산 위에'라는 '위에(上に)'라는 특유의 처소격조사를 쓴다.
* 〈사쿠라이에의 결별〉 철갑 소매 위에 흐르는 忍ぶ鎧(よろい)の袖の上(え)に
* 〈타치바타중좌〉 이 산 위에 조릿대 この山上に 篠つけば


## • (21)~(24) 저 소나무 철갑을 두른 듯
2절의 '저' 소나무, 4절의 '이' 기상과 '이' 마음으로, '저'가 '이'보다 먼저 나온다. 일본의 시가는 지시대명사 '저'(あの)가 '이'(この)보다 먼저 나오는 경우가 많다.

---

**303** 1억은 일본제국 시기 일제의 머릿수를 강조할 때 쓰던 숫자로 당시 일본열도의 인구는 약 7천만에 불과했다. 나머지 3천만은 조선과 대만에서 끌어왔다.

* 〈승리의 날까지〉(1절) 저(あの) 일장기를 日の丸を, 4절 이(この) 전쟁에서 戰に
* 〈청년 일본가〉 너의 그 손으로 나의 이 손으로 君のその手で 僕のこの手で
* 〈해군사관학교 교가〉 늘 푸른 소나무 짙고常磐の松のみどり濃き


• (25)〜(29) 바람서리 불변함은 우리 기상일세
* 〈애국행진곡〉 시련의 바람 試練の嵐, 폭풍이 몰아치더라도 嵐哮るとも, 단
  호히 지킴은 斷乎と守れ
* 〈제국해군가〉 바람도 빛나는 이 아침이다. 風も輝くこの朝だ
* 〈흥아행진곡〉 폭풍에 견디어 내어 嵐に堪へて　笑き香
* 〈막말애국가〉 수난의 태풍(바람서리)에조차 변하지 않는 일본의 정기로다.
  受難の嵐に　歌ふ. 文天祥と藤田東湖の正気歌


• (30)〜(32) 가을 하늘 공활한데
* 〈부인종군가〉 가을 하늘에 달의 조각이秋天に月のかけら
* 〈청년 일본가〉 보라 구천의 구름이 드리운 사해見よ九天の雲は垂れ
* 〈용감한 수병〉 하늘의 해 그림자도 어두워天つ日影も　色暗し
* 〈애국행진곡〉 동해의 하늘 밝아 東海の　空明けて


• (33)〜(37) 높고 구름 없이 밝은 달은
* 〈일본국민가〉 가린 구름을 끊고 헤쳐遮る雲断じて徹る
* 〈애국백인일수〉 구름없이 밝은 달을 보기에曇りなき月を見るに

- (38)~(40) 우리 가슴 일편단심일세
* 〈막말애국가〉 밝은 달은 가슴의 단심을 비추네
* 〈애국행진곡〉 우리 모두 다 함께 我等 皆共に 길은 하나뿐일세 道は一つのみ
* 〈승리의 날까지〉 나라를 위해서 우리들은 모두 힘껏お國の爲に 我等はみんな 力の限り


- (41)~(44) 이 기상과 이 마음으로
* 〈애국행진곡〉 천지의 정기 이글거리고 天地の正気 溌剌と
* 〈개선가〉 이 진심 산에 この眞心は山の
* 〈진군의 노래〉 정의를 세우는 대일본 正義に立てリ大日本


- (45)~(46) 충성을 다하여
* 〈소국민 애국가〉 충의의 마음을 이어 감사로 忠義の心受け継いで感謝で
* 〈야스쿠니신사의 노래〉 충용 의열의 영혼이 忠勇義烈の英魂は
* 〈국민총동원가〉 일억의 신민이 진충의 불꽃이 되어 一億の民 尽忠の炎となりて


- (47)~(50) 괴로우나~ 나라 사랑하세
* 〈애국행진곡〉 시련의 바람 試練の嵐 폭풍이 몰아치더라도 嵐哮るとも
* 〈흥아행진곡〉 빛으로 영원히 받들자 光と永久に 戴きて
* 〈대동아결전가〉 후회 없이 지는 야마토 혼 지금 진충의 때가 왔다 散って悔いなき大和魂 今盡忠の時來る

부록

"무어라! 외국의 개떼들이 우리의 고향에서 법을 만들게 된다고!"

*Quoi ! des cohortes étrangères Feraient la loi dans nos foyers*

– 세계 최초로 국가를 법률로 규정한(1795년) 프랑스 국가
〈라 마르세예즈 La Marseillaise〉 3절 서두

# 부록1

# 신기한 세계 국가 20선

## 1) 국가(國歌) 그랜드슬램 챔피언, 선혈이 낭자한 〈라 마르세예즈〉

프랑스의 여덟 번째 국가 〈라 마르세예즈〉는 세계에서 가장 호전적인 가사이자 국가 교체회수 세계 최다(7회), 세계 최초로 국가를 법률로 규정(1795년), 헌법상 지위 최고국가(헌법 제2조 3항), 그리고 세계 최고의 인지도 등 각종 부문을 석권한 국가(國歌) 그랜드슬램 챔피언 격이다.

그런데 세계국가들의 모델이라고 해도 과언이 아닌 라 마르세예즈의 특징이자 가장 큰 단점은 믿을 수 없을 만큼 피에 굶주린 가사다.

"피 묻은 깃발이 올랐도다, 들리는가, 저 들판에서 고함치는 흉폭한
적들의 소리가? 시민들이여, 저 더러운 피가 우리의 밭고랑을
적시도록!"

7개 절 가사 행간마다 선혈이 낭자하다.

## 2) 영화 '미저리'의 모티브? 멕시코 국가 탄생 스토리

세계 최초로 작사 경연대회를 통해 제정된 멕시코의 국가 〈조국에 평화를〉의 탄생 스토리에서 호러 영화 〈미저리(misery)〉가 오버랩된다. 1853년 안토니오 로페즈 멕시코 대통령은 거액의 상금을 걸고 국가 작사 경연대회를 한다고 공고했다. 건장한 젊은 여성 과달루페 델 피노는 자신의 약혼자 프란시스코 곤잘레스에게 작사 경연대회 참여를 권했다. 그런데 곤잘레스는 자신이 연애 시 전문가이기에 국가 작사는 자기 분야가 아니라며 난색을 표했다. 그러자 그녀는 곤잘레스를 침실로 유혹해 그를 침실에 감금해 버렸다. 시 10수를 쓸 때까지 살아서 나오지 못할 거라고 엄포를 놓았다. 곤살레스는 문틈으로 10수를 밀어 넣고서야 석방되었다. 그렇게 강박에 의해 쓴 시 〈조국의 평화〉를 출품했는데 최종 결승에서 만장일치로 최우수작으로 선정됐다.

이듬해 1854년 2월 3일 로페즈 대통령은 곤잘레스에게 최우수상을 시상하면서 조국에 평화를 멕시코 국가의 공식 가사로 정한다고 선포했다. 그리하여 곤잘레스와 델 피노는 결혼해서 오래오래 행복하게 살았다는 호러 영화 〈미저리〉가 아닌 기적 같은 행복 실화 〈미라클 (miracle)〉이라고 할까?

## 3) 폴란드는 아직 죽지 않았다

폴란드의 국가 제목은 〈폴란드는 아직 죽지 않았다.〉이다. '폴란드는 우리가 살아가는 한 무너지지 않으리라, 어떠한 외적들이 침략해도 우리는 손에 든 칼로 되찾으리라.'라는 1절로 시작한다.

"우크라이나는 아직 죽지 않았다."

우크라이나 국가 역시 이렇게 시작한다. 이어서 '우리의 적은 죽으리라! 햇볕의 이슬처럼. 우리, 형제 동포, 우리는 우리 땅에서 행복하게 살리라. 그래 맞다! 살아있어야만 희망을 걸 수 있다. 생명이 있는 한 희망은 있으니까!'로 이어진다.

## 4) 난 진작에 그 나라가 쪼개질 것을 알고 있었다

1993년 체코슬로바키아는 체코와 슬로바키아 둘로 쪼개졌다. 그러나 필자는 진즉에 체코슬로바키아가 쪼개질 줄 알았다. 어떻게 알았냐고? 1918년 체코슬로바키아 정부 수립 시 '1절 따로 2절 따로' 국가를 제정했다. 1절은 〈나의 집은 어디에?〉로 체코의 오페라였고, 2절 〈타트라 산맥에 번개가 쳐도〉는 슬로바키아 민요다.

그런데 체코 사람은 1절만, 슬로바키아 사람은 2절만 불렀다. 나라가 둘로 쪼개지지 않고 어찌 버티겠는가? 결국 1절 〈나의 집은 어디에?〉는 체코의 국가로, 2절 〈타트라 산맥에 번개가 쳐도〉는 슬로바키아 국가로 됐다.

## 5) 위대한 타고르의 힘

아시아 최초의 노벨문학상 수상자 인도의 대문호 라빈드라나트 타고르는 인도 국가 〈모든 국민의 마음〉의 작사자 겸 작곡자, 방글라데시 국가 〈나의 황금빛 벵골〉 작사자다. 스리랑카 국가 〈조국 스리랑카〉의 작사자·작곡자 아난다 사마라쿤 역시 타고르에게서 영감을 받아 작사 작곡했다고 자랑스럽게 말한다.

〈인도 국가 가사〉 : 그대의 이름을 찬미하고 그대의 행운과 축복을
갈구하고 그대의 승리 영광을 노래하리라
〈스리랑카 국가 가사〉 : 친애하는 조국 그대 스리랑카여. 그대
번영과 축복 속에 풍요로움이 넘치리라.

이처럼 양국의 가사도 비슷하고 직접 국가를 들어보니 선율도 비슷했다. 스리랑카와 방글라데시는 인도와 사이가 썩 좋지 않다. 그러나 대문호에 대한 흠모와 경애는 국경과 종교를 초월하고 있는 것 같다.

## 6) 가장 길고 가장 비장한 국가

그리스 국가 〈자유의 찬가〉는 세계에서 가장 긴 국가이자 가장 많이 불리는 국가의 하나다. 가사가 158절이나 된다. 웬만한 시집에 담을 수 없을 만큼 길어 1절만 국가로 불린다. 그리스 어느 선박회사 면접시험 때 158절 중 157절을 외워보라는 사장도 있었는데, 그 사장은 욕을 엄

청 먹었다고 한다.

그리스가 올림픽의 발상지인 덕분으로 하계와 동계 올림픽 폐막식과 차기 개최국 국가에 앞서 항상 그리스 국가가 울려 퍼진다. 그런데 가사의 첫 마디가 무섭다. '날카로운 공포의 칼날로 해방을 이루자'다.


## 7) 가장 짧고 침울한 국가

'군주의 치세는 천대부터 팔천 대까지 작은 조약돌이 큰 바위가
되어 이끼가 낄 때까지.'


일본의 국가 〈기미가요〉는 세계에서 가장 짧고[일본의 전통 정형시 와카(和歌)의 5·7·5·7·7의 31글자], 가장 침울하고 어두운 분위기의 국가로 유명하다. 일본의 기미가요는 세계에서 가장 짧고 간결한 가사에다가 전통 아악을 담은 노래로 늘어지고 힘 빠지는 곡조로도 유명하다. 그러나 그나마 일본의 국가는 자국의 고유한 역사성과 정체성을 담고 있는 찬가라고 평가할 수 있다.


## 8) 가사가 없는 유일한 연주곡

스페인의 〈국왕 행진곡〉은 세계에서 가사가 없는 유일한 국가다. 간결하고 장엄한 52초짜리 군대 행진곡풍 트럼펫 연주곡이 전부다. 왜 스페인 국가에 가사에 없는가에 대한 본격적인 연구는 없다. 다만 프랑코

총통 독재정권 시절 〈척탄병 행진곡〉이라는 제목의 군국주의·국가주의가 물씬 풍기는 국가 가사에 질려서라고 한다. 1946년 신국가 제정 때 가사를 아예 빼버렸다고 한다.


## 9) 세계 유일, 1인칭 화법 국가

안도라의 국가 〈국가 위대한 샤를마뉴〉

모든 국가가 국가를 대표하는 데 초점을 맞추고 있지만, 안도라의 국가만 1인칭 서사에서 이야기를 들려주듯 하고 있다.

안도라는 '나',

"나는 두 나라 사이의 중립자 공주로 태어났다. 나는 샤를마뉴
제국의 유일한 남은 딸이다."

프랑스와 스페인 사이에 낀 안도라의 신세를 말해주고 있다.


## 10) 5개 부분으로 나누어 5개 언어로 부르는 국가

남아프리카공화국 국가 〈주여, 아프리카를 구원하소서〉다. 1절은 코사어, 2절은 줄루어, 3절은 소토어, 4절은 아프리칸스어, 5절은 영어로 부른다. 악명 높던 인종차별 정책을 벗어나고 인종·종족 간 화합을 위한 목적이다. 언어가 다르다 보니 자기 모국어가 아닌 가사 부분에는

'웅얼웅얼'거리는 경우가 많다고 한다.

## 11) 가사는 다르나 곡조는 같은 나라

리히텐슈타인 국가의 멜로디는 영국의 국가 멜로디를 쓴다. 에스토니아 국가의 곡조는 핀란드 국가의 곡조를 쓴다. 영국과 리히텐슈타인의 국가, 에스토니아와 핀란드 국가는 곡조는 같으나 가사는 다르다. 그 반대의 경우, 곡조는 다르나 가사가 같은 국가는 전혀 없다. 글로벌 스탠다드 국가에서 음악은 문학의 보충일 뿐이다.

## 12) 〈우리의 언어〉, 알 수 없는 국가

몰도바의 국가 〈우리의 언어〉는 1994년 몰도바의 새 국가이다.

"우리의 언어는 과거의 깊은 그림자로부터 끓어오른 보물…, 우리의 언어는 불타는 화염…, 우리의 언어는 깊은 잠에서…, 우리의 언어는…."

6번이나 등장하는 주어인데, '우리의 언어'가 무엇인지는 적시(摘示)하고 있지 않다. 몰도바의 주민이 '몰도바인'인지 '루마니아인'인지를 둘러싼 문제는 정치적으로 민감한 사안으로 풀이된다. 루마니아 국가를 그대로 사용한 독립 직후의 몰도바가 그러한 경우이다.

## 13) 별빛으로 반짝이는 국가

미국의 〈별이 빛나는 깃발〉은 빛으로 반짝인다. 국기인 성조기 자체를 노래하기 때문이다.

"새벽의 여명(dawn's early light), 빛나는 별빛(bright stars), 아침의 광휘(morning's first beam), 물결에 지금 비추다(now shines on the stream), 성조기는 오래도록 휘날릴지어다."

미국의 〈별이 빛나는 깃발〉 외에도 알바니아의 〈깃발을 찬양하라〉, 소말리아의 〈깃발을 노래함〉, 터키의 국가 〈독립행진곡〉은 국기 속의 별과 새벽 초승달을 노래하기에 빛이 가득하다.


## 14) 자기가 없고 이웃만 있는 국가

슬로베니아 국가 〈축배〉의 가사다.

"신의 가호 있으라, 그날이 오기를 기다리는 모든 나라에게. 그날, 태양이 비추는 모든 곳에서 어떠한 싸움도 사라지고, 그날, 모든 사람은 자유가 되어 더 이상 적은 없으리니, 오직 이웃만 있으리라!"

자기는 없고 남과의 관계만 있는 이타적이고 평화를 사랑하는 세계 유일한 국가 가사이다. 8절까지 있었으나 현재 7절만 부르고 있다.

## 15) 세계에서 가장 널리 불렸던 국가

영국 국가 〈신이여, 여왕을 지켜주소서(God save Queen)〉는 영국을 비롯한 5대양 6대주에 펼쳐진 해가 지지 않는 나라, 대영제국에서 국가로 쓰였다. 현재 영국 국가는 뉴질랜드에서 쓰이는 두 국가 중 하나이며, 오스트레일리아, 자메이카, 캐나다, 투발루, 지브롤터, 맨 섬 등에서도 왕실 찬가로 쓰이고 있다.

## 16) 작사자보다 작곡자가 더 유명한 국가

세계 대다수 국가들은 대체로 작사자가 작곡자보다 유명한 편이다. 작사자·작곡자 둘 다 평범한 사람이더라도 작사자를 중시한다. 가사에 자기 나라의 지와 정이 응축되어 있기 때문이다. 그러나 예외 없는 법칙은 없다.

독일 국가 〈독일인의 노래〉는 유명한 요제프 하이든이 작곡했고, 오스트리아 국가 〈산의 나라, 강의 나라〉는 볼프강 아마데우스 모차르트가 작곡했다. 아르메니아의 국가 〈교황 찬가와 행진곡〉은 동구권의 대표 작곡가 아람 일치 하차투리안이 작곡했다. 바티칸 국가 〈교황 찬가와 행진곡〉은 1869년 교황 비오 9세의 성직 서품 25년제를 축하하여 프랑스의 유명 작곡가 샤를 구노가 작곡했다.

## 17) 기라성 같은 'VVIP' 작사가들

중화민국(대만)의 국가 〈삼민주의〉는 중국의 국부 쑨원이 작사했다. 콜롬비아의 국가 〈콜롬비아 불멸의 영광〉은 라파엘 누녜스 콜롬비아 대통령이, 아르헨티나의 국가 '조국의 행진'은 비센테 로페즈 아르헨티나 대통령이 작사했다.

또한 서부 아프리카의 라이베리아의 국가 〈모두 라이베리아에 만세를〉은 바샤이워너 라이베리아 대통령이 작사했다. 타고르 노벨 문학상 수상자 라빈드라나트 타고르는 인도와 방글라데시 국가를, 노르웨이 소설가·극작가·1903년 노벨 문학상 수상자 마르티누스 비에른손은 노르웨이 국가 〈그렇다, 우린 이 땅을 사랑한다〉를 작사했다.


## 18) 이런 게 바로 진짜 민주주의 국가

영국의 보호령이었던 오스트레일리아는 가사와 음악 경연대회(1973년), 여론조사(1974년), 국민투표(1977년)를 통하여 새 국가로 교체했다.

오스트레일리아 외에도 가사와 음악 경연대회를 통해 국가를 제정하거나 교체한 나라들이 17개국이나 된다. 페루, 뉴질랜드, 캐나다. 멕시코, 태국, 오스트레일리아, 말레이시아, 브라질, 트리니다드토바고, 남아공, 케냐, 자마이카, 네팔, 카자흐스탄, 나미비아, 방글라데시, 남수단이 대표적이다.

이 외에도 스위스는 2015년 가사 경연대회를 거쳐 선정된 새 국가를 스위스 의회에 제출한 바 있다. 세계에서 유일하게 국가에 가사가 없는 스페인도 2006년, 2009년, 2015년 가사 선정 콩쿠르를 개최했다.


## 19) 가장 훌륭한 대우를 받는 작사자·작곡자

터키 국가 작사자 겸 작곡자인 메흐메트 아키프 에르소이(Mehmet Akif Ersoy, 1873~1936)은 오스만 출신의 터키 시인, 작가, 학자, 정치인이다. 터키어 보급에 평생 힘쓰고 케말파샤를 도와 터키 독립전쟁의 정통성과 애국심을 고취한 터키 국민 영웅이다. 터키 국기와 에르소이가 작사·작곡한 독립행진곡 액자, 무스타파 '케말 아타튀르크(국부)'의 사진은 터키 전역의 모든 학교 교실에 걸려 있다.


## 20) 가장 놀라운 국가 순위

BBC 통신이 선정한 'Rio 2016 : 가장 놀라운 국가(The most amazing national anthems) 순위'는 아래와 같다.


1위 러시아 〈러시아 연방 국가〉

2위 미얀마 〈세상 끝까지〉

3위 네팔 〈백만 송이 꽃〉

4위 이스라엘 〈희망〉

5위 카자흐스탄 〈나의 카자흐스탄〉

6위 브라질 〈브라질 국가〉

7위 중국 〈의용군 행진곡〉

8위 모리타니 〈이슬람 국가〉

9위 콩고 〈콩고의 노래〉

10위 파라과이 〈공화정이 아니면 죽음을〉

# '네 땅도 내 땅' 진격의 국가들

마음의 지배자, 그대의 이름은 펀자브 신디…
잠자는 나라 인도의 마음을 눈뜨게 한다.

- 인도 국가 〈인도의 아침〉 타고르 작사
  펀자브와 신디는 파키스탄의 영토

대다수 나라의 국가는 자기 나라의 주권적 지위와 권능 노래 국가에 자국의 최대확장 버전을 담고 있다.

지면 관계상 인도와 네팔, 독일과 폴란드 4개 나라의 국가만 소개한다.


## 1) 네 땅도 내 땅 진격의 국가들


• 타고르 작사 인도 국가는 파키스탄 영토 절반이 인도 영토

: 인도 국가 〈인도의 아침(Jana Gana Mana)〉

그대만이 인도의 운명을 좌우한다. / 마음의 지배자, / 그대의 이름은 잠자는 나라 인도의 마음을 눈뜨게 한다. / 그대의 이름은 펀자브, 신드, 구자라트와 마라타, / 드라비다와 오리사와 벵골의 마음에서 깨어난다. / 그 이름이 빈디아의 언덕과 히말라야 산봉에 메아리치고 / 갠지스강과 야무나강의 노래와 섞이며, 인도양의 찬송을 받는다. / 마음의 지배자 그대에게 승리, 승리, 승리 / 승리는 그대에게

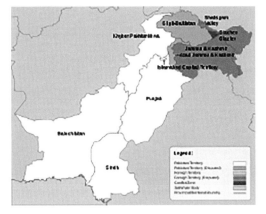

(좌) 타고르가 작사한 인도 국가에 따르면 펀자브주와 신드주도 인도 영토
(우) 타고르 작사 작곡 초본 1911년

대문호 라빈드라나트 타고르(Rabindranath Tagore, 1861년~1941년)가 영국에 항거하면서 1911년 직접 작사 작곡했다. 타고르가 쓴 시는 5개 절로 되었으나, 그 1절만을 인도 헌법의회에서 1950년 1월 24일 국가로 채택되었다.

한 개 절 뿐인 가사의 총 연주 시간 52초, 이 짧은 시가에 '펀자브'부터 '인도양'까지 지명이 무려 12개나 나와 세계에서 가장 지명이 나오는 국가로 손꼽는다. 그런데 이 지명들은 모두 현재 인도의 영토일까? 아니다! 맨 처음 나오는 '펀자브(Punjap)'는 파키스탄의 4개 주 가운데 인구가 가장 많이 사는 주의 이름이다. 두 번째 나오는 지명 '신드(Sind)'는 파키스탄의 최대도시 카라치가 소재한 주의 이름이다. 참고로 파키스탄(Pakistan)의 국호는 펀자브(Punjap), 아프간(Afghan), 카슈미르(Kashimir), 신드(Sind), 발루치스탄(Baluchistan)의 글자를 딴 글이다.

사실 타고르는 파키스탄 땅을 탐내서 쓴 시가 아니다. 1911년 당시 영국이 지배 중인 '펀자브'와 '신드'를 수복하려는 의도로 작시한 것이다. 사실 파키스탄은 영국령 인도제국이었으나, 영국의 분할 통치의 일환이자 종교적 이유로 1947년 8월 인도와 분리 독립했다.

인도 국가는 한국의 국가 가사에 '요령과 길림, 송화강, 흑룡강 등 모든 만주는 우리 땅'이라고 명기해놓은 격이다. 지금의 애국가가 국토 참절가, 일왕 찬양 '왜국가'가 아니고 진짜 한국 애국가라면 그럴 수도 있겠다.


## 2) 기개가 놀라운 네팔 국가


: 네팔 국가 〈백송이의 꽃〉
수백 송이 꽃으로 묶인, 우리는 네팔의 화환이다 / 메치부터
머하칼리까지 주권을 넓혀 나가자.
대자연이 주는 풍요의 옷자락은 그 끝이 없고 / 열사들의 피로써
이룬 이 나라는 자유롭고 흔들리지 않는다 / 지혜와 평화와 들과
언덕과 높은 산의 땅 / 나눌 수 없는 이 사랑받는 우리 땅, 우리의
모국 네팔 / 수많은 인종, 언어, 종교, 문화가 놀랍도록 펼쳐지는 /
우리의 진보하는 나라, 네팔을 모두 찬미하세!


네팔은 인도 북부 히말라야산맥에 자리 잡은 작은 나라다. 1814년 영국 침략군의 전투에서 패배하여 영토를 상당수 잃었다. 하지만 인도나 파키스탄 방글라데시 스리랑카, 그리고 티베트 모두 영국의 식민지

상태에 빠졌으나 네팔만은 독립을 유지했다.

네팔의 국가 〈백송이 꽃〉은 2006년 네팔 신정부가 주최한 국가 가사 선정 공모전 출품 1272편 가운데 최우수작 시가다. 국가의 사전적 정의는 '나라의 이상과 기개(氣槪)를 나타낸, 의식(儀式) 때 부르도록 지어서 작정(作定)한 노래'이다. 네팔의 국가가 가장 부합한다고 평가된다.

네팔의 주권, 국토, 통일, 용기, 아름다운 경치, 자부심, 진보, 평화, 문화, 생물 다양성, 존중을 찬양하는 가사로 평가받고 있다. 가사의 우수성 덕분에 2016년 8월 리우데자네이루 올림픽 당시 영국의 BBC가 주최한 '가장 놀라운 국가(Rio 2016 : The most amazing national anthems)' 세계 3위로 등극했다.

그런데 이 국가 올림픽(?) 동메달 획득 국가의 두 번째 마디 '메치부터 머하칼리까지 주권을 넓혀 나가자'에 등장하는 '메치'와 '머하칼리'가 어디인가? 메치는 네팔의 극동부와 그 너머 땅, 머하칼리는 네팔의 극서부와 그 너머 땅을 가리킨다. 네팔 국가 가사 역시 최대한 자국의 영토 최대 확장 버전 가사다. 영국의 BBC는 이런 네팔의 넘치는 패기 때문에 세계에서 가장 놀라운 국가 3위 곡에 선정한 건 아닐까?

모름지기 국가엔 그 나라의 이상과 기개를 담아야 한다.

## 3) 히틀러 이전, 독일은 '유럽정복'의 이상을 국가에 담았다

: 독일 국가 〈독일인의 노래〉

1절 : 모든 것 위에 군림하는 독일, / 세상에서 가장 위대한 독일!
/ 방어와 공격의 정신으로 / 우리는 단결하자 형제처럼
단결하자/ 마스에서 메멜까지 에치에서 벨트까지 / 독일,
모든 것 위에 군림하는 독일 세상에서 가장 위대한 독일!

2절 : 독일의 여인은, 독일의 성실은, / 독일의 와인은, 독일의
노래는, / 온 세계에 간직되어야 하리라 / 이들의 오랜
아름다운 메아리는 / 우리의 온 일생에 걸쳐 / 고귀한
행동을 고무하였도다 / 독일의 여인, 독일의 성실, / 독일의
와인, 독일의 노래!

3절 : 조국 독일에 권리와 자유 / 우리는 단결하자 모두 손을 잡고/
권리와 자유는 우리의 행복 / 행운 있으라 꽃 피라 빛나는
조국 행운 있으라 / 꽃 피라 빛나는 조국 독일이여!

독일 국가는 하이든이 1797년 오스트리아의 국가로 작곡한 것에 게
르만 민족주의 시인 팔러슬레벤이 1841년 시를 맞추어 붙인 것이다.
1922년 8월 11일에 바이마르 공화국의 초대 대통령 프리드리히 에베
르트가 〈독일인의 노래〉를 국가로 공식 선포했다. 모두 3절로 구성되어
있는데 아돌프 히틀러 집권 시에 노골적인 팽창주의 일색의 1절만 국가
로 불렀다.

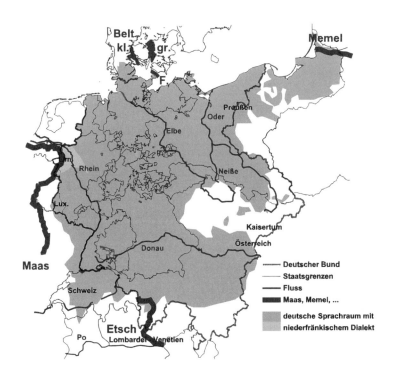

독일은 1945년 제2차 세계대전에서의 패전 후 나치 독일의 국가였던 〈독일인의 노래〉가 금지되면서 독일에는 한동안 국가가 없었으나 1952년에 1절과 2절을 제외하는 조건으로 〈독일인의 노래〉가 국가로 부활했다. 1절은 독일의 유럽 지배를 정당화하는 팽창주의가 농후하여 제외되었으며, 2절 또한 여자와 술을 강조하는 권주가로 국가에서 제외되었다.

1990년 서독과 동독이 통일한 뒤 새로운 국가(國歌) 지정에 관한 논란이 있었으나, 결국 동독을 흡수 통일한 서독의 국가가 독일 국가로 현재까지 쓰이고 있다.

독일 국가 1절이 얼마나 팽창주의 일색일까? 등장하는 지명이 어딘가 하고 살펴보았더니 깜짝 놀랐다. 마스(뫼즈강)는 독일의 서쪽 국경을 넘어 한참 지나 프랑스 벨기에 네덜란드를 흐르는 강이고 메멜(네만강)은 독일의 동쪽 국경을 넘어 한참 지나 리투아니아와 러시아 벨라루스를 흐르는 강이다. 에치(아디제강)는 독일의 남쪽 알프스산맥을 넘어 한참 지나 흐르는 이탈리아 강이고 벨트(페마른 해협)는 독일의 북쪽 바다를 건너 한참 지나 발트해 덴마크 해역이다.

알고 보니 독일의 팽창주의는 1841년 작사 당시부터 움트기 시작했다. 1918년 빌헬름 2세의 독일제국 대신에 들어선 독일 최초의 민주 헌정 체제였던 바이마르 공화국 시절인 1922년 당시에도 이미 독일 국가(國歌)에서 이러한 경향은 감지되었다. 1934년 총통으로 집권한 나치독일 아돌프 히틀러는 1절만을 부르게 하여 게르만 팽창주의를 더욱 노골적으로 명확히 하여 실행했을 뿐이다.

## 4) 폴란드가 생존 비결은 〈폴란드는 아직 죽지 않았다〉 국가에 있다

: 〈폴란드는 아직 죽지 않았다〉 – 폴란드 국가

〈1절〉

폴란드는 우리가 살아가는 죽지 않는다.

어떠한 외적들이 우리를 침략해도 우리는 손에 든 칼로 되찾으리라.

〈2절〉

비스와강을 건너 바르타강을 건너 우리는 폴란드인이 되리라.

나폴레옹이 본을 보여주었다. 우리가 어떻게 승리해야 하는가를

〈3절〉

차르니에츠키가 스웨덴과 싸워 포즈난을 수복한 것처럼
억압의 사슬로부터 조국을 구하기 위해 우리는 바다도 건너리라

〈후렴(3번 반복)〉

행군! 행군! 다브로스키여, 이탈리아에서 폴란드까지, 우리는
단결하리라.

• 〈폴란드는 아직 죽지 않았다〉

폴란드의 국가는 폴란드의 독립혁명가 애국 시인 요제프 비비츠키(Józef Wybicki, 1747~1822)가 지었다. 작곡자는 미상으로 폴란드의 3/4박자 민요인 마주르카 선율이다. "폴란드는 아직 죽지 않았다"라는 국가 제목은 두 번 죽었다가 세 번째 살아난 폴란드 그 자체다. 17세기 유럽에서 가장 국토가 크고 인구가 많은 강대국이었던 폴란드는 1795년 프로이센, 러시아, 오스트리아에 의해 전 국토가 3분 되어 망했다.

1차 세계대전 이후 1918년 독립을 되찾아 부활했던 폴란드는 다시 1939년 나치 독일과 소련의 침략을 받아 서부는 독일에, 동부는 소련에 양분되어 세계지도에서 사라졌다. 2차 세계대전 연합국의 승리로 폴란드는 1945년 해방되어 또다시 부활했다.

셋으로 쪼개져 죽었다가도 살아나고 또다시 둘로 쪼개서 또 죽었는데 다시 살아나는 사는 불사신 같은 나라의 국가 〈폴란드는 아직 죽지 않았다〉에 나오는 지명들을 살펴보자.

'비스와강'은 폴란드 남부 국경을, '바르타강'은 폴란드의 서부 국경을 흐르는 강이다. 그런데 그 강들을 건너는 폴란드인이 되자고 외치고 있

다. 거기서 그치지 않는다. 발트해 건너 스웨덴을 역공하여 폴란드 영토를 수호했던 17세기 명장 스테판 차르니에츠키를 언급하면서 해외 침략(?) 가능성까지 노래하고 있다. 급기야 폴란드는 나폴레옹 보나파르트가 지배했던 유럽의 판도를 꿈꾼다.

희망의 왕국에는 겨울이 없다.
– 폴란드 속담

그렇다. 희망에 사는 사람은 음악이 없어도 춤춘다. 사람은 희망이 있어 위대하다. 실패는 죄가 아니다. 목표가 없거나 낮은 것이 죄다. 공격이 최선이 방어다. 폴란드여 끝까지 죽지 말라!

# 애국가는 없다 1 노랫말

초판 1쇄    2021년 05월 03일

지은이     강효백
발행인     김재홍
총괄 · 기획  전재진
디자인     이근택 김다윤
교정 · 교열  전재진 박순옥
마케팅     이연실

발행처     도서출판지식공감
등록번호    제2019-000164호
주소      서울특별시 영등포구 경인로82길 3-4 센터플러스 1117호(문래동1가)
전화      02-3141-2700
팩스      02-322-3089
홈페이지    www.bookdaum.com
이메일     bookon@daum.net

가격      18,000원
ISBN     979-11-5622-593-5  03330